李白传

梅寒

— 著 —

浙江人民出版社

二人携手同游。前往

州。秋，杜甫来兖州，

中。秋末，启程南下，
带再游吴越。

后又重游金陵。夏，
越中，前往会稽贺知
又重返金陵。

县，拜访时任江阳宰
游霍山，过庐江时，

月，离开金陵。

与宗氏相识结婚。

，前往幽州，欲投安
州节度使幕府所在地
离开幽州。

招之邀，南下宣城。

游金陵。五月，离开
遇追随而来的魏颢，

又来到宣州所属的南
。冬，又返回宣城。

天宝十四载（755）	十一月，安禄山起兵于范阳，安史之乱爆发。
天宝十五载（756）	56岁，岁初由金陵赶到宋城，见到宗氏。夫妇二人踏上了南奔东窜的流亡之路。夏，抵达剡中。
至德元载（756）	56岁，秋，携妻宗氏前往庐山，搭建草堂，暂时栖身其中。
至德二载（757）	57岁，年初，别宗氏，入永王幕府。永王兵败，被捕入狱，得宋若思等人相救出狱，入宋若思幕府。九月，离开宋若思幕府，前往宿松养病。
乾元元年（758）	58岁，二月，被判处"役刑"，流放夜郎。五月，抵达江夏，停留两个多月。八月，在沔州汉阳县与故人尚书郎张谓相遇，二人结伴同游。
乾元二年（759）	59岁，三月，抵达白帝城，计划弃舟登岸，再由陆路前往夜郎。后因关内大旱，肃宗大赦天下，被赦免放还。初夏，抵江夏。秋，南游洞庭。

上元元年（760）	60岁，早春，重返江夏。秋，离开江夏，返回豫章，途中曾上庐山。岁末回豫章。
上元二年（761）	61岁，五月，欲投军，因病未能成行，冬日从金陵去当涂。
宝应元年（762）	62岁，病逝于当涂。

前言：谜一样的李白

那是一个极好的时代，国家统一、政治开明、四海升平、国泰民安，天下百姓仓廪充实，男耕女织，路不拾遗，夜不闭户。人们过的是富足安康而又怡然自乐的生活。

诗圣杜甫曾在晚年的诗里缅怀过那段岁月：

> 忆昔开元全盛日，小邑犹藏万家室。
>
> 稻米流脂粟米白，公私仓廪俱丰实。
>
> 九州道路无豺虎，远行不劳吉日出。
>
> 齐纨鲁缟车班班，男耕女桑不相失。
>
> ——《忆昔》（其二）

《新唐书·食货志》亦载："道路列肆，具酒食以待行人。店有驿驴，行千里不持尺兵。"

因社会秩序安定，出行根本不必考虑会不会饿肚子、人身安全是否有问题。当时的水陆交通很发达，驿传制度的建立，不仅满足了政令传达、官员往来和漕运的需要，就是常人旅行，也十分方便。

那时文人士子漫游成风。从南到北的驿道上，常年有且行且吟的漫游人。他们骑马或者骑驴，挎剑或者背着诗袋，一路走，一路把祖国的大好河山壮丽景色收入诗囊。走累了就停下来，拜谒，或者喝酒。没有哪一个朝代的文人可以如他们那般自在潇洒。

八世纪中叶的长安，已发展成为一流的国际大都市，它拥有世界上最壮丽恢宏的宫殿建筑群，全城110个方形建筑群——坊，被命名为不同的名称。坊与坊之间，有纵横交叉且宽阔笔直的街道。东西两市是繁华的商业区，终日车水马龙，人声鼎沸；城北是威严富丽的皇宫所在地，也是长安达官贵人们的聚居地。

大街上摩肩接踵行走着的是胡人、新罗人、日本人、天竺人、大食人，他们满怀崇拜向往，从陆上、海上汇聚到长安来。长安，不但是中国的心脏，也是中国政治、经济、文化的中心，以其开放包容的英姿，接纳着来自世界各国的文化使者与客商。

朱雀大街是长安城的中轴线，纵贯南北，那条宽约150米的大街道，不仅在当时，就是在当今世界，也让人叹为观止。它可供十辆四马高车并驾齐驱。大街上繁华热闹，人来人往，和尚、道士、游侠、艺人，还有驾着香车宝马的富家子，打扮得艳丽动人的烟花女……

那样的大唐，是年轻帝王李隆基的大唐。这位穿越宫廷斗争的血雨腥风走到权力中心的年轻帝王，目光如炬，嘴角微扬。他身披战袍，手挥长剑，在点将台上，举重若轻，就平息了韦后母女和姑姑太平公主的政治阴谋，走向了大唐权力的巅峰。有贤臣良将相辅，又能广开言路，虚心纳谏，开元盛世的号角响彻大唐，如浩荡的春风吹开了盛世繁花。

那样的大唐，是诗人们的大唐。贺知章亦文亦官，在长安街头的酒肆里大口吃肉，大杯喝酒，喝醉了，掉落到井底还不醒。王维、孟浩然，仕途不顺诗途顺，他们在诗里开辟出自己的山水田园。高适、王昌龄、岑参，在边塞的无边风沙中建功立业，把壮丽的边塞风光冶炼成诗行。还有李白，他直接醉倒在唐玄宗的眼皮子底下，让高力士为他脱靴，让美人杨贵妃为他研墨，醉眼迷离中，汩汩诗句如烟霞飘然落于纸上：云想衣裳花想容，春风拂槛露华浓。若非群玉山头见，会向瑶台月下逢。

"酒入豪肠，七分酿成了月光，余下的三分啸成剑气。绣口一吐就半个盛唐。"千余年后，诗人余光中把目光掠过从洛阳到长安的满途冠盖车骑，掠过皇辇侍从的銮舆铃声叮当，他的耳中，只有李白的傲然长笑，他看到水晶一样的诗句从李白的额头往下淌。

大唐盛世的景象，当然不仅仅体现于此。有诗，有剑，还有书。那个世称"张长史"的大书法家张旭，同李白一样爱喝酒，每每酩酊大醉之后，号呼狂走，援笔铺纸，纵情挥洒。那些龙蛇飞动，奇妙无比的狂草书法作品多诞生于此。李白歌诗，裴旻剑舞，张旭草书，后世的唐文宗皇帝向全国下发诏书，封此为"唐代三绝"。

大唐还有繁华得让人瞠目的东西两都。西京长安，曲江池，芙蓉苑，在一片春光明媚中醒转。岸畔柳依依，春水绿如蓝，雁塔临水而照，与蓝天白云在水底相偎缠绵。那个时节是长安丽人们的节日，她们彩裙飘飘，如一片五彩的祥云飘然降落在曲江边，曲水流觞，举箭射雁，银铃似的笑声，把曲江的春天都染得桃花一样粉艳。

大唐的帝王妃子们沉浸在曲江苑的无边春色里，骊山脚下的华清池里，贵妃娇喘吁吁，在西域广漠漫长的丝绸之路上，一队队的驼队正载着各国的使者、商旅络绎不绝的涌向大唐的心脏。他们来朝拜，给大唐带来了珍珠宝贝，带来了胡椒葡萄，带来了羌笛和胡琴，亦带来了异域火辣辣的胡旋舞、剑器舞。在略显低沉苍凉的胡琴伴奏下，金发碧眼的胡姬女在长安街头的酒肆里跳起粗犷奔放的胡旋舞。她们热情妩媚、俏丽敏捷，那一道亮丽的异域风景，成了诗人们最好的下酒菜。

李白就出生在那样一个时代。他与那个时代的很多年轻士子一样，渴望在那个最好的舞台上振翅高飞，以安四海。他不屑去挤那座千万士子文人都在争抢通过的独木桥，在科举取士为潮流的时代，他身挎长剑，背负一身才情、豪情出发了。求仙学道，四海为家。但他从没有忘记自己为何出发，所有的努力，都朝向那修身、治国、平天下的入世理想。

李白以诗仙的形象深入后世人心，因为他生于诗歌长势最繁茂的大唐。又幸运地被上苍赋予一腔吟诗的才情。用一句话来形容：是诗的祖师爷赏了他这个饭碗。他写诗，似乎从不必费力气，好像那些绝妙的诗句排着队在等他。他不用掐断数根须，"绣口一吐就半个盛唐"。

李白本来胡须就很少的。据称，北京故宫明清库房中，南薰殿所收藏的历代名人画像中，有李白和杜甫，李白白白净净的，胡须稀拉几根，杜甫却是面黑而胖。这有点不符合后人的想象。想象中，李白该是高大倜傥，玉树临风，有迎风飘扬的美髯。历史现实中的李白却是"身长不满七尺，而心雄万夫"。这话是他自己说的。七尺男儿，换成今天的米尺来量，一米七左右。在李白那个年代，他并不会因此而自卑。他一生四次婚娶，两任妻子都是名门之后。

写诗也许只是李白的业余爱好。一路走着，啸着，遇上合适的诗句，就吟出来。吟了也就吟了，他不像他的后辈晚生李贺，出门还要带个书童，书童拿个锦囊诗袋，把他沿途偶得的佳句随时记下来，随时装进诗袋。

李白年纪很轻就迷恋上神仙之道，后来又迷剑术，模仿同乡司马相如作的大赋，大有凌驾其上的傲气。李白的文章也写得不错，尤其是那些求人引荐的散文，旁征博引，气势磅礴……

李白的性格也有点复杂。他狂傲、豪放，他蔑视权贵，有时连皇上也不放在眼里。可如果细读他的诗文，又会从中读到一个无比世俗的李白，那些让人肉麻得浑身起鸡皮疙瘩的应酬之作、拜谒文章，让人无论如何不敢相信竟出自李白之手。要给李白找一个固定的爱好似乎很难，他的身份也便有了多重性，诗人、剑客、侠客、道士、酒仙（称酒鬼亦未尝不可）。要捕捉他的思想亦很难，他一生寻仙好道，又孜孜不倦地奔走在积极入世的路上……

李白的人生，大起大落。他经历过大唐最好的时代，在开元盛世的繁华中载歌载舞，遍游大好河山；他也经历过大唐最坏的时代，烽火战乱，生灵涂炭，他跟着逃难的人群东躲西藏、北上南下；他曾是皇帝面前的文学宠儿，也曾身陷囹圄遭千里流放之苦……

总之，李白是矛盾的组合体，李白是诱人的谜，是大唐绝无仅有的传奇。

目录

第一章　蜀中岁月

家世之谜 ·················1

少长江汉 ·················6

匡山深处 ·················10

十五作赋凌相如 ·················16

拜师学艺，蜀中游历 ·················20

"书剑许明时" ·················27

第二章　仗剑去国　辞亲远游

辞亲远游 ·················32

漫游江南 ·················40

吴越览胜 ·················48

泊居安陆 ·················53

第三章 从安陆到长安

入赘相门 ·············· 61

弹剑悲歌 ·············· 67

西入长安 ·············· 72

寂寞终南山 ·············· 80

行路难 ·············· 86

第四章 诗剑飘零

"欲济苍生未应晚" ·············· 92

却从洛阳下襄阳 ·············· 100

"别来几春未还家" ·············· 105

"与尔同销万古愁" ·············· 110

浮生若梦，为欢几何 ·············· 114

第五章 移居东鲁

移居东鲁 ·············· 122

东鲁风情 ·············· 129

竹溪六逸 ·············· 135

"我辈岂是蓬蒿人" ·············· 139

第六章 翰林待诏

再入长安·····················146

侍从宴游·····················151

醉卧长安·····················159

挥泪别长安···················168

第七章 诗酒天涯

诗坛巨人的相遇···············173

入教与离别···················180

跟随梦境出发·················187

再下江南·····················191

"长安不见使人愁"·············196

达亦不足贵，穷亦不足悲·········201

第八章 乱世飘零

梁园再娶·····················211

心随长风去···················215

幽州之行·····················219

南下宣城·····················226

一人一城，一山一楼···········231

再游江南·····················237

第九章 暮年悲歌

缘愁似个长·······················243

北上行·······················248

奔亡道中·······················253

入永王幕·······················258

永王璘案·······················264

身陷囹圄·······················270

流放夜郎·······················275

最后的飘零·······················284

暮年悲歌·······················290

大鹏远去·······················296

第一章　蜀中岁月

家世之谜

李白是一个谜，看不到开始，也猜不透结局。他留给世间的，只有那个狂放飘逸的背影，还有他的千余首诗。说他是天上谪仙，是因为他那些惊为天人的诗作。李白，终究是一个有血有肉的肉胎凡身，有来处，有去处。

面对连李白自己一生都讳莫如深的身世之谜，后世多少研究者皓首穷经，在茫茫史海中努力打捞，捞一点，再捞一点，希望能清晰地勾勒出李白家族的影子。就像大唐诗坛另外那些响亮的名字一样，杜甫的远祖是东晋名将杜预，祖父杜审言曾在武则天殿前手舞足蹈作《欢喜诗》；王维是太原祁县人，父亲王处廉为汾州司马；李贺为唐王室宗孙，有实实在在的谱牒可寻……

可李白没有这样详尽的履历，就连获得了他的授权书，受他本人嘱托为他写自传的同代人，提起笔来，也是语焉不详。因为李白在给他们讲述的时候就含一半，吐一半，闪烁其词。或许，其中的细节他自己也不知道。也或许，那些或远或近的家族往事，他自己不愿意提。

关于李白的身世，有种种不同的版本。从可信度较高的说起，他的族叔李阳冰在《草堂集序》中所记，也许是最接近历史真相的版本，至少是李白最认可的版本。

那是大唐宝应元年（762），在安徽当涂，62岁的李白于病榻前回首自己的生命历程，他觉得应该对自己的人生作一个交代。他把这个重任交给了当时的当涂县令——他的族叔李阳冰。

"公又疾亟，草稿万卷，手集未修，枕上授简，俾予为序。"李阳冰其实也并非专门为李白作传，他是受托为李白那还未来得及面世的诗歌草稿写一个序言。序中提到李白的来处：

> 李白，字太白，陇西成纪人，凉武昭王暠九世孙。蝉联珪组，世为显著。中叶非罪，谪居条支，易姓与名。然自穷蝉至舜，五世为庶，累世不大曜，亦可叹焉。神龙之始，逃归于蜀，复指李树而生伯阳。惊姜之夕，长庚入梦，故生而名白，以太白字之，世称太白之精，得之矣。
>
> ——［清］王琦《李太白全集》卷之三十一，第1229页

这是李白生前亲自口授，由李阳冰捉笔记录的家族历史，如果这份材料也不够确切可靠，那李白的身世就只能是一个永久的谜了。事实上，从李白一生的行事风格和他那些想落天外的诗句来看，也实在难保证这就是他们家族的真实历史。

李白病逝大约半个世纪之后，与李白家有着通家之好的唐人范传正，又会同当涂县令诸葛纵，将李白在当涂县南十里之龙山东麓的墓迁到了青山，并亲自撰写了《唐左拾遗翰林学士李公新墓碑》，序言写道：

公名白，字太白，其先陇西成纪人。绝嗣之家，难求谱牒。公之孙女搜于箱箧中，得公之亡子伯禽手疏十数行。纸坏字缺，不能详备，约而计之，凉武昭王九代孙也。隋末多难，一房被窜于碎叶，流离散落，隐易姓名，故自国朝已来，漏于属籍。神龙初，潜还广汉，因侨为郡人。父客，以逋其邑，遂以客为名。高卧云林，不求禄仕。

——［清］王琦《李太白全集》卷之三十一，第1246页

与李阳冰病榻前受托不一样，范传正的第一手资料是从李白孙女手上获得的，是李白亡子伯禽生前手疏，又由其女藏于箱箧之中。那张皱巴巴的纸，因年代久远，纸上好多字都已模糊不清，有些甚至残缺不全。范传正的这篇碑文并序，来得如此不易。让人欣慰的是，它正好可以与李阳冰的那篇序互相印证。

两篇有关李白身世的序，第一手资料应该都出自李白，他讲给儿子伯禽，也讲给了族叔李阳冰。这两篇序，也就成了研究李白身世可信度最高的史料。

李白在自己的诗文《上安州裴长史书》中云："白本家金陵，世为右姓。遭沮渠蒙逊难，奔流咸秦，因官寓家。"在《与韩荆州书》中云："白陇西布衣。"《赠张相镐》其二言："本家陇西人，先为汉边将。功略盖天地，名飞青云上。"

本家金陵，陇西布衣，实际指向一处。据郭沫若等人考证，李白所指金陵，并非今日南京，而是指西凉"建康郡"，如今的甘肃兰州一带，应是陇西的另一种说法。用李白自己的叙述，他的先祖曾生活在陇西成纪郡，是飞将军李广之后，凉昭王李暠九世孙。

《晋书·李暠传》中称李暠为李广的十六世孙，故而李白认定李广是其远祖。"世为右姓"，所谓右姓，指一等的皇族名门。依李白自述

的这个身世往回追溯，似乎他的身世又眉目清晰，不再是谜。

刘宋永初二年（421），嗜杀成性的北凉王沮渠蒙逊，率部攻打李暠次子李恂。彼时，李恂固守的敦煌古城，已是西凉的最后一座城池。那应该是一场惨烈的厮杀，蒙逊的二万大军像蝗虫一样扑向敦煌，城门被攻破，城内百姓遭受血洗。那场战争改变了世为西州右姓的李暠子孙的命运，他们死的死，亡的亡，如被大风吹散的草芥，飘向世界不同的角落。

年代太久了，如果李白所言属实，他应该是李广的第二十几世孙。也难为他还能拨开弥漫在家族上空的重重迷雾，把自己的身世同汉代那位威震八方的李广将军联系在一起。

范传正碑序中写"隋末多难，一房被窜于碎叶，流离散落，隐易姓名"，李阳冰亦称"中叶非罪，谪居条支，易姓与名"，说的应该是李白近祖的命运了。大段的历史空白，已经无法填充，从这两段序中，隐约也能嗅出一丝让人不安的血腥气息，那就是：李白的近祖，大约在他祖父前一辈，遭受过朝廷的不赦之罪，其族人或被诛杀，或被流放，或如飘蓬远走他乡，待形势和缓，又隐姓埋名，到了中亚西突厥属地。

这一段历史距离李白出生，也就百年左右。李白本人不应该完全不清楚。他终生都不提，宁愿去与遥远的李广攀亲戚，或许真的有难言之隐吧。依大唐律法，流放之人逃亡要遭处死，逃往异域，则是"谋背国从伪""投蕃国"，直接犯了大逆之罪。李白近祖匿名逃亡，想必是触犯大案，又逃亡西突厥，罪加一等。那恐怕是李白终生都不愿去触碰的伤心之处。

李白后来执意不走科举入仕之路，他说他不屑于去参加科举考试。他那难以启齿的身世，或许才是横在他科举之路上的最大挡路石。唐代科举考试，或是王侯将相贵胄子弟，直接享受祖荫，不用经过层层筛选就进入最高学府国子监学习，或者由县乡长官层层推荐选拔，那是平民子弟跻身仕途的一座独木桥。从西域漂到蜀中的李白，哪一条也沾不上边。所以他干脆放弃。当然，这是笔者的猜测。

总之，无论是远远祖李广，还是远祖李暠，都缺乏更有力的史料来支撑他们是李白先人的这一说法。至于李白的高祖、曾祖、祖父，他们姓甚名谁，历史上一片空白，就连父亲，那个名为李客的男人，在李白自述中也只提过一句，说他大约在李白小时候，命其读《子虚赋》。仅此而已。李客，也是后人给他的名字，因他曾做过客商。

李白是从五岁开始出现在四川北部彰明县青莲乡的，他在那里度过童年。五岁之前，他在哪里生活，已无从考证。比较流行的说法是，他出生于长安元年（701），彼时大唐王朝还是女主武则天的天下。神龙元年（705）十一月，一代女皇武则天魂归天外，五岁的李白跟着父亲由西域来到了四川江油。武则天离世与李白一家来蜀，这中间是否有一些联系，暂不讨论。

李白的生命轨迹从此开始变得清晰倒是真的。

"复指李树而生伯阳。惊姜之夕，长庚入梦，故生而名白，以太白字之。"长庚，太白金星。是说李白母亲生他前夜，梦见太白金星，故而为他取字太白，这样的说法，难免有附会之嫌。

还有一种说法，说李白七岁那年春日的一天，父亲李客在庭院散步，看到满院的繁花绿树，忽然就想考考年幼的儿子。他率先开口吟道："春风送暖百花开，迎春绽金它先来。"识文解字的母亲心领神会，立马接上一句，"火烧叶林红霞落"，李白其时正站在一树怒放的李树底下，仰头沉醉于花香中。听得父亲母亲联手吟出的三句，再扭头看他们满含期待的眼神，立即接了一句："李花怒放一树白"。父亲李客大喜，由此为他取字"李白"。

扑朔迷离，真真假假，远去的历史真容，已经没有谁能去考证了，也没有考证的必要。后人可以记住的，是五岁的李白，在那座叫陇西院的地方，开始了他幸福又不同寻常的童年……

少长江汉

神龙元年（705），一代女皇武则天病重，时任宰相的张柬之发动兵变，杀死张易之、张昌宗兄弟，并派兵包围武则天寝宫。武则天被迫禅让帝位于太子李显，徙居上阳宫，中宗正式登基复位，上武则天尊号为"则天大圣皇帝"。武周王朝就此结束。

二月，李唐复辟，百官、旗帜、服色、文字等皆复旧制，神都洛阳复称东都。

那是一个翻天覆地的时代，朝廷在忙着重新洗牌，百姓则为大唐重新恢复李姓而欢欣鼓舞。被武后迫害的唐室王公子孙蒙赦回朝，恢复旧有的爵位，被流放的朝臣也纷纷被赦回乡。除了罪大恶极者，那些在前朝遭流放的人大都被赦免。

那个叫李客的男人，就是在那一年携妻挈子来到蜀中彰明青莲乡。这可能是历史的巧合，但更可能是受了政治环境的影响，他们一家不必再担惊受怕地漂泊流浪。

从西域到蜀中，天遥路险，一路上要经历多少艰辛，年少的李白可能没有什么印象。他的记忆是从那个叫陇西院的地方开始的。

昌明县，唐代为剑南道巴西郡昌隆县，后因避唐玄宗李隆基讳，改为昌明县，五代又改为彰明县，直至民国。昌明县青莲乡，是历史上公认的李白的家乡。甚至有人说李白就出生在青莲乡，这种说法未得到大多数史学家的认同。李白五岁随父入蜀这种说法更为流行，本书姑且以此为准。

群山环绕之中，一座平坝之上，举目四望，天宝山、太华山、戴天山、紫云山，几座大山将平坝环拥其间，涪江、盘江两条大江，在平坝上一左一右奔流而过。被西域风沙和一路的艰险考验折磨太久，李客被眼前这处山清水秀之地吸引住了。他决定在此安家落户，养儿育女，隐居耕读。

自此之后，陇西院，蛮婆渡，粉竹楼，磨针溪……这些美丽又充满神秘色彩的名字，共同编织了一个伟大诗人的童年岁月。

李客来西蜀，在那片青山绿水环抱的平坝上一砖一瓦建起了一座庭院，他给它命名"陇西院"。这便是李白幼年生活读书的地方。

后人多以为李白之父是一个商人，"李客"这个名字也与他经商有关。客商嘛，故而名李客。但从李白身上所体现出来的诗剑风流之气看，这种说法颇让人生疑。李白曾在《上安州裴长史书》中如此介绍自己："少长江汉，五岁诵六甲，十岁观百家。轩辕以来，颇得闻矣。常横经籍书，制作不倦……"又说："余小时，大人令诵《子虚赋》，私心慕之。"

儿子五岁就要求其诵读六甲，稍长又令其诵《子虚赋》，十岁时已遍读诸子百家。李客倒更像一个"高卧云林，不求禄仕"的隐者，或许经商只是他迫不得已选择的生存之道。在小李白读书的过程中，他口传身授亦是极为正常的事。李客对儿子的教育，起点不低。

关于李白的母亲，李白几乎从未在诗文中提及。据《四川总志》中的一段记载，倒可以隐约触摸到那位神秘母亲的身影："蛮婆渡，在江油青莲坝，相传李白母浣纱于此，有鱼跃入篮内，烹食之，觉有孕，是生白。"吃鱼生子，原本就是荒诞的传说。李母在蛮婆渡浣纱倒还可信。

从那个被后人命名为"蛮婆渡"的渡口，推知李白母亲是西域人，这一点也是顺理成章的。后来可能觉得这个名字不雅，就改为漫坡渡，使其成为青莲乡的又一处人文景观。

这个西域女子跟随丈夫，携带儿子，跋山涉水来到四川，在陇西院定居，不久之后又给李白生了一个妹妹，名唤李月圆。李月圆生于哪一年已无考，《彰明县志》曾载：李白"有妹月圆，前嫁邑子，留不去，以故葬邑下。墓在陇西院旁百步外"。又载："粉竹楼，县西南十五里，青莲场侧，李白为妹月圆造，遗址尚存，土人增葺，中奉太白、月圆木主。"

相传李月圆也是一个才貌兼得的女子，李白24岁去国远游，再未回过家乡，李月圆为代哥哥李白尽孝，虽许配人家，但留而未去，离家之前，李白特为妹妹建造了一座绣楼，算是对妹妹的补偿。李月圆就在这座闺阁绣楼中以琴棋书画自娱，晨昏之时，她把洗脸的脂粉水泼到楼下的竹林上，天长日久，竹上便覆了一层白粉，后人就将此楼称为粉竹楼。千余年过去，今天的粉竹楼还能看到这种外表蒙了一层白粉的粉竹，好不让人称奇。

胭脂水染粉竹子的事虽不太可能，但粉竹楼一直到现在还有的。现在出现在李白故居陇西院的粉竹楼，兴建于清道光十七年（1837），为一四合院式的庙堂，门为朱红色，用宝顶花、鳌鱼鸥、草翼角等加以装饰。正中有竖匾一道，上有青瓷片镶嵌的"粉竹楼"三个大字。门对面是戏台，两侧为厢房，典型的旧式大家闺房。山门前尚立有《重修粉竹楼记碑》，碑文云："粉竹楼者，李青莲先生为其妹李月圆所筑也。自唐迄明，崇祀不绝，迨兵志燹后，庙宇倾圮，基址犹存。"

李白诗中极少提及父母和妹妹李月圆，不过从后来李白为妹妹修建粉竹楼一事来看，对这个妹妹，李白想必也是宠爱的。

李白自述中的那个少年，天资聪颖，勤奋好学。在今天的李白故居陇西院附近，尚存一处洗墨池，那是一口小方井，终年泉水清冽，水面冒着珍珠般的小水泡，那源源泛上来的小水泡，像极了一朵朵开

在井中的小蒲花，因此此井又称蒲花井。据传，少年李白就在此井汲水研墨、洗笔。久而久之，井水就成墨色，故又名洗墨池。

一个五岁诵六甲，十岁观百家的男孩，除了勤奋用功之外，想必还要有过人的天赋才成。有天资的孩子也往往有着不同寻常的顽劣天性。李白家所居的陇西院在阴平古道旁，道上终日商旅不绝，人声嘈杂。李白读书时分心跑神儿的事也常常发生。陇西院李白家门前，有一条小溪经年流淌，那里也是小李白常常玩耍的地方。读书习字累了，他常跑到那里去玩。

那个坐在磨石前磨铁杵的白发老婆婆，就是小李白在小溪边遇上的。一根粗粗的铁棒，老婆婆坐在那里缓慢而细致地磨，她信心满满地对小李白说：只要功夫真，铁杵亦能磨成绣花针。小李白大受启迪，自此收了那颗顽劣的心，回归书斋认真埋头攻读，最终成为一代诗仙。

这个故事家喻户晓。那条无名小溪，成为磨针溪。故事真假已不必考证，这个故事的影响力一直从唐朝延续到当代。20世纪80年代，全国青少年还捐零花钱在磨针溪旁建了一座磨针亭。

李白在陇西院读书习字，广泛阅读先秦诸子百家之典籍，在了解华夏历史文化的同时，他的视野也渐渐变得开阔，思想变得丰厚。那座小小的庭院里，庭前院后的山山水水间，遍布小李白的足迹。

血统的遗传，环境的熏陶，后天的教育，在一个人的成长成才过程中都不可忽略。李白人生观与价值观的树立，或要追溯到他长期流徙在西域的父亲和母亲。李白的父亲李客深受西域文化的影响熏染，而他的母亲很大可能是西域少数民族的后裔，这都为年少的李白提供了一个良好的学习氛围。李白精通汉语，也懂番语，是个语言天才，他后来待诏翰林醉后草签挥笔自如写番书便是明证。

一方水土养一方人，对李白一生影响更深的，应该是他成长于斯的蜀地。李白五岁入蜀，到他二十几岁去蜀远游，近20年的光阴都在蜀中度过，那恰是他的生活习惯奠定、语言行为方式形成、个性思想性格成型的关键时期。

有"天府之国"之称的蜀地，地处群山、高原的环抱之中，气候湿润、土地肥沃，纵横其间的河流，浇灌着千顷良田，让那里成为货物山积、繁花似锦的富饶之地。蜀中的秀美风光，为少年李白打开了第一扇审美之窗。

李白的故乡彰明临近陇南及松、维、茂诸州。那些地区在汉代时即已有羌人聚居，他们冬则入蜀以避边地之寒，夏季返回家乡避暑。在川西平原上，他们学会了修堰打井，筑墙造屋，耕地种田，并把砌石术传给当地人。唐朝初年，原河湟一带的党项羌又南迁到岷江上游，西山诸羌也迁到了成都平原上，李白故乡彰明一带就成了多民族杂居之地。多民族的文化融合，对李白思想性格的形成有着不可忽视的影响。

还有那个被流放异乡、尝尽颠沛流离之苦的男人李客，一旦生活稳定，便开始不遗余力地对儿子进行教育。李客在史书中面目模糊，但从李白所留的只言片语中，能看出那是一位见识不凡且有深厚文化底蕴的男人，不然不会在李白那么小的时候便让他遍读百家诸子之书。

严父，慈母，可爱的小妹妹月圆，陇西院，磨针溪……

那些与少年李白相关联的人与景，对他的影响，深藏在他流传于后世的一篇篇诗文里。

匡山深处

在如今的四川江油让水乡境内，有小匡山和大匡山。小匡山就在离李白家乡青莲乡十余里的地方。传说当年李客怕影响儿子读书，特意把他送到小匡山上，在那里，李白度过了一段难忘的苦读时光。白天读，夜里读，每到夜晚，陪伴李白读书的烛光，在很远的山下都能看得见。故而当地人又把那座山称为"点灯山"。

类似的记载，在史料中亦曾出现。北宋熙宁元年（1068），江油匡山上曾立有《敕赐中和大明寺住持记》碑，上面也刻有李白匡山读书的事迹："翰林学士李白，字太白，少为当县小吏，后止此山，读书于乔松滴翠之平有十载。"这里所记似与父亲李客送他匡山苦读的说法有所出入，传说中是说父亲怕古道往来客商影响儿子，碑刻上却道李白年少时曾任彰明县小吏。但大体十几岁在匡山是没有错的。

十几岁的李白，曾任彰明县一名无名小吏。当地县令杨天惠在《彰明逸事》中对李白做小吏的经历曾做过详细记载。北宋宣和五年（1123）彰明县令在大匡山立的《谪仙祠堂记碑》亦载：李白曾为"邑中小吏"。通俗点说就是县令的小跟班，帮着洒扫庭院、端茶倒水，无职无品不说，还要被呼来喝去。没人知道李白当初为何会去做那样一份差事。但因为是李白，小小的县中小吏还是有不少传奇故事。

那时候的县衙大门与县令家属院大概隔得极近，或者就在一个院子里也未可知。那天，十几岁的小吏李白牵着一头牛慢悠悠经过县衙门前时，正倚栏张望的县令娘子不乐意了，她觉得自己县令夫人的权威受到挑战，县衙之内，岂可随意任牲畜走动！

那天倒也不是李白不懂规矩，是他同情那个拉着牛前来告状的农人，自作主张就帮着农人把牛牵到了院里。不料惹恼了县令夫人。她怒容满面，正欲张口斥责，少年李白倒笑嘻嘻先开口了："素面倚栏钩，娇声出外头。若非是织女，何必问牵牛？"

牛郎织女的典故信手拈来，又把县令娘子的神态表情惟妙惟肖勾勒而出。又是娇声，又是织女，县令娘子虽然没有多少文化，不懂得诗文之妙，但眼前这个小吏的机敏俏皮，还是让她转怒为喜。

县令听闻此事后，也想出题考考李白这个小跟班。恰逢那几日县令刚刚率人去扑灭了一场山火，正可以此为题："野火烧山后，人归火不归。"县令提笔写下这两句，李白接下去："焰随红日远，烟逐暮云飞。"

焰随红日，烟逐暮云，对仗工整不说，从语言的典雅及境界上讲，已足令县令羞愧搁笔。

又有一日，江水大涨，李白奉命陪县令去江边视察。说来也巧，不知谁家女子江中溺亡，尸体随着江水飘荡到了岸边。女子的容颜已被江水浸泡得惨白扭曲变形，但从那飘动的黑发可知，那个女子，年纪应该不大。少年李白的心被揪痛了，望着那具女尸走了神：这是哪家女子，因何丧命在这碧波之中？是遭逢了男人的背叛？还是遇到了秋胡那样的浪荡官僚？

附庸风雅的县令道："二八谁家女，漂来倚岸芦。鸟窥眉上翠，鱼弄口旁珠。"鸟窥鱼弄，在县令的眼里，那个逝去的鲜活生命，变成了鱼鸟窥探垂涎的食物。

对于自己偶然妙得的佳诗，县令挺得意。却不料李白随口接上的四句，又让县令变了脸色："绿鬓随波散，红颜逐浪无。因何逢伍相？应是想秋胡。"

秋胡戏妻，源自汉代刘向的《列女传》，唐代则有《秋胡变文》。秋胡早年离家外出求取功名，得中功名荣归故里，郊外桑田偶遇采桑佳人，秋胡极尽能事对其进行挑逗调戏，无奈佳人冷若冰霜意志如铁，归家后，当两人再度相遇，发现那个调戏自己的男人竟然是自己日思夜想的丈夫，性烈如火的女子决绝跳河身亡……

江边偶遇的溺亡女子，引得李白浮想联翩。毫无疑问，无论人品还是诗品，上司县令和李白不在一个层次上。

给这样的县令做手下，想见李白得有多不甘心多憋屈。他果断结

束了自己短暂的小吏生涯，隐到匡山苦读。这倒是很值得信赖的一种推断。这几则花絮，在《唐诗纪事》卷十八中也有明确记载，可知并非无根据的妄测。

那一年，李白大约15岁。他飘然进入匡山深处，"横经籍书，制作不倦"，也是从那一年起，他开始学习剑术，涉猎奇书，满腔豪情，开始尝试写赋。"十五好剑术"，"十五观奇书，作赋凌相如"，"十五学神仙，仙游未曾歇"，李白后来不止一次回忆起那段难忘的少年时光。

关于李白读书的匡山，历来有种种不一的说法。一说他在大匡山隐修十年。北宋乐史编撰的《太平寰宇记》卷八四"龙州"条言："大匡山在州南八十里，高九百丈，阴洞潜穴，气蒸成川，有飞泉下流，一百里入剑州阴平合白泽水。"宋代龙州在今四川平武县南坝镇，离李白的故乡今江油境八十里。大匡山上有白鹤洞，有一条阴河自洞中流出，形成飞泉直下老龙潭。老龙潭潭水清澈，四周茂林修竹掩映。倒是隐居读书的好去处。也不奇怪李白当年为何会选择那里。

在《上安州裴长史书》中，李白曾言："又昔与逸人东严子隐于岷山之阳，白巢居数年，不迹城市。养奇禽千计，呼皆就掌取食，了无惊猜。广汉太守闻而异之，诣庐亲睹，因举二人以有道，并不起。"

李白的这一记述，曾把后世很多读者引入迷途，甚至引起误解：李白既然在匡山隐修十年，又怎会跑到岷山之阳跟着一个叫东严子的人巢居数年，不迹城市？其实，岷山之阳，不过匡山的另一种说法而已，二者并不矛盾。

清光绪《江油县志》载："郡治之北，有大匡山焉……在唐书为岷山之阳。"

十年，在李白62年的生命旅途中，实在也不算少。那十年，也是他发奋苦读打基础的十年。他好读，好道，好剑，皆从那十年开始。

也许是唐代的游侠成风影响了李白，也许他骨子里天生便有着一

种不安分。李白自少年起即向往行侠仗义的生活，一柄剑，一壶酒，笑傲江湖，纵横四海。匡山上除读书之外，15岁的李白还操起长剑，在清风明月中，一招一式练得认真。那该是很醉人的一个场景吧。

而最浪漫的莫过于他同逸人东严子在匡山上养的那千只奇禽。

东严子，何许人也？他只在李白记述中出现过一次，却是李白早年"学神仙"生活中不可或缺的一位重要人物。李白当年也许正是寻着这位高人的足迹去了匡山。在匡山，他们一起练习剑术，一起研讨学仙之道。匡山的清风流云、清泉流瀑，让他们引吭高歌，乐而忘返。那千只散入云林深处的奇禽，只需一声呼哨，即从四面八方汇聚而来。那是一片五彩的祥云，更是一片欢乐的海洋，上千只奇禽，早已把他们视为亲密的伙伴与朋友，它们从远处飞来，毫无芥蒂地落在他们的肩头、手心，叽叽喳喳，你挨我挤，啄食着他们手心里的食物……

那样的场景，不是传闻，却让人疑为传闻。当地的广汉郡太守听说后，不相信，与随从来到了大匡山。那天，在太守的反复纠缠中，那两位大匡山的隐士当场为他们呼来了千只奇禽。当上千只五色珍禽欢叫着从四面涌来，太守被惊得目瞪口呆。奇人，奇事，奇哉！他连声呼奇，一改先前高高在上的倨傲态度，恳切邀请二位出山。那样的得道高人，正是大唐所急需。

李白后来在诗中表现出来的仙气，是否与那一段经历有关系？想来答案是肯定的。

在匡山，李白一待就是十年。从青葱少年，到翩翩青年。十年间，除了在匡山读书习剑，李白也会以匡山为圆心，四处寻仙访友。

唐代开国之初，便将道教奉为国教，并将老子奉为李唐家族的始祖。李白生活的蜀中本为道教发源地，被世代道教徒尊为"祖天师"的张陵，即于东汉顺帝时期入蜀，并在此创立"五斗米教"。至李白生活的唐代，道教在巴蜀地区更是盛行。青城山、峨眉山等地道观林立，都有著名的道场。李白家乡的紫云山，和他隐居读书的大匡山，也有道观。李白15岁开始就热衷神仙之道，与这种大的氛围影响不无关系。

在与东严子隐逸巢居的数年间，李白曾到戴天山去探访其间道士。遗憾那次因道士外出，李白倚松空等，直到黄昏才恋恋不舍离去。那一年，是开元七年（719），李白19岁。《访戴天山道士不遇》是那次访而未果之后写下的一首诗，也是李白现存最早的诗篇之一。

> 犬吠水声中，桃花带露浓。
>
> 树深时见鹿，溪午不闻钟。
>
> 野竹分青霭，飞泉挂碧峰。
>
> 无人知所去，愁倚两三松。

19岁的隐者李白，出手成诗，已写得有声有色，诗句浅白易懂，却有着"清水出芙蓉"的清新明丽。从这首诗中，更见其当年隐居之环境。

李白诗中的戴天山与匡山，都属岷山，不过属于两个大小不同的山头而已。《西溪丛语》中载《绵州图经》云：戴天山，在县北五十里，有大明寺，开元中，李白读书于此寺。又名大康山，即杜甫所谓"康山读书处"也。《一统志》：大匡山，在绵州彰明县北三十里，一名康山，亦名戴天山。

史料多称大匡山即为戴天山，言戴天山是大匡山的山巅。据说，在大匡山山顶，李白当年访道士不遇处，还有累累瓦砾，即为道士当年的饲鹤池故迹。

位于大匡山和青莲乡之间的小匡山，据说李白当年曾在那里读过书，也就是传说中的"点灯山"，《彰明县志》载："小匡山，县西三十里，亦名读书台。孤峰秀拔，宛如文笔，李白尝读书于此。"清代乾隆年间，小匡山还曾建立太白祠，祠中挂有匾额"古读书台"，正殿塑有李白像。此外，山上还有李白晒书坪、书箱石等遗迹。

大匡山，小匡山，戴天山，紫云山……山山水水间，留下李白吟诗苦读的身影，见证他衣带生风舞长剑的英气。集日月星辰的灵气于一身的少年，如万里长河中一股清泉，李白的人生长旅正始自那个人间风景佳胜之处。

十五作赋凌相如

李白于匡山读书，与东严子饲养奇禽，习练剑术，吟诗作赋，也不时到四面山中的道观里去寻师访友，日子过得丰富而充实。在这期间，他花费心血最多的自然还是读书。大匡山的大明寺，小匡山的读书台，都曾留下李白苦读的身影。李白在那里"三拟《文选》"，年纪轻轻就已经"作赋凌相如"了。

唐代诗人的诗文启蒙，几乎都是从学习、模仿《文选》入手。

这部由南朝梁武帝长子萧统组织文人共同编选的文学选集，是现存最早的一部诗文总集，共收录了自周代至六朝梁以前七八百年间130余位作者的诗文700余篇。在这部总集中，萧统一改先秦两汉以来文史哲不分的弊端，对其间很多作品进行了新的梳理和区分。擅用典故成辞、善用形容比喻、辞采精巧华丽，成为他选文的标准。也正因如此，《文选》所选文章大多是选材严谨、辞藻讲究的典雅之作。这样一部书，在此后的千余年里，都被视为士子文人们修习文学的必读教科书。

杜甫年少时熟读《文选》，后在儿子宗武生日时还写诗切切叮咛："熟精文选理，休觅彩衣轻。"杜甫要儿子继承父志，熟精《文选》，不要70岁了还身着彩衣在父母面前嬉戏。

到了宋代，更有"文选烂、秀才半"的俗谚。

人说李白是天才诗人，世上哪有什么无缘无故的天才？所谓的天才，不过是百分之一的才气，再加百分之九十九的努力。李白努力起来，果真有磨针溪旁那位老婆婆的韧性。《文选》是他学习写作的启蒙教材，一遍遍细读深研，效仿模拟。从文章通篇的结构，到段落句法，甚至句子的长短错落，语法修辞，李白举笔落笔，顾盼不止。写完了，读给亦师亦友的东严子听，读给匡山的清风明月听。不满意，摇头焚掉。再写，再读。一拟、再拟、三拟。一盏孤灯，一轮明月，一个十几岁的少年竟把一部《文选》拟了三遍。

李白"三拟《文选》"的那些早期之作，多已散落在历史的云烟里，无处可寻了，所幸还有一篇《拟恨赋》，是他模仿江淹的《恨赋》所作。

《恨赋》为六朝齐、梁间江淹的代表作，江淹在文中慨叹古人志愿未遂抱恨而死，遂作《恨赋》以致慨。李白的《拟恨赋》可以说从篇首模仿到篇末，段落句法，盖全拟之，甚至连中间的连接词也是一模一样的。

比如篇首江淹云："试望平原，蔓草萦骨，拱木敛魂。人生到此，天道宁论？于是仆本恨人，心惊不已。直念古者，伏恨而死。"

李白则在篇首写道："晨登太山，一望蒿里。松楸骨寒，宿草坟毁。浮生可嗟，大运同此。于是仆本壮夫，慷慨不歇，仰思前贤，饮恨而没。"

十五六岁的少年，人生的美好画图如梦如幻，李白可能还无法从思想深处触摸到江淹的痛苦，他能摹其形却不能摹其神，江淹叹古代志士志不得伸，李白则为以往时代之俊杰写"恨"，到底是有点"为赋新词强说愁"的意味。仿作背后，是少年李白对自己的鼓励与鞭策。

蜀地人杰地灵，李白开始"三拟《文选》"之时正是开元初年，年轻的帝王李隆基登基，锐意进取，以果敢狠辣的政治手腕平定了宫廷内乱，又任用贤臣良相，致力经济发展，大唐亦如一位年轻而富有朝气的青年，正大步朝着开元盛世的时代迈进。身为蜀中人，李白觉得那样的盛世之景，唯有巨丽恢宏、气势雄健、状如雷奔涛涌的大赋才能与之匹配。

李白幼时就在父亲的督促下诵读《子虚赋》，对文学前辈老乡司马相如私心慕之。十五六岁，在他一笔一画苦苦临摹前人之作时，自然少不了对这位前辈的研读。

当年，司马相如凭借一篇《子虚赋》，由杨得意推荐入朝得到汉武帝激赏，自此鲤鱼跃龙门，平步青云。李白正怀着这样一鸣惊人的梦想。他不愿从县中小吏那样的基层做起，去挤科举独木桥对他来说也无甚吸引力。少年李白的目光坚毅而自信，似乎已经看到自己的未来，他要像这位前辈老乡一样，靠着一篇篇华文丽赋搭建起通向天宫的彩虹桥，上达天听，步入仕途，建功立业，之后衣锦还乡去过那闲云野鹤一般的日子。

蜀地的另一位文学大咖，亦让李白倾慕不已，他同样以献赋得官而享誉后世，他就是扬雄扬子云。李白在后来的《答杜秀才五松山见赠》诗中写道："昔献《长杨赋》，天开云雨欢。当时待诏承明里，皆道扬雄才可观。"又在《东武吟》一诗中云："因学扬子云，献赋甘泉宫。天书美片善，清芬播无穷。"诗中流溢着满满的仰慕之意。

司马相如和扬雄，被视为汉赋两大名家，他们两位的作品在《文选》中也占有相当的比重和位置。而在《文选》之中，京都、郊祀、畋猎、宫殿等赋皆被排在诸卷之首。所谓熟读百遍，其义自见，何况李白还要苦心构思、字斟句酌，描红般对其中作品进行摹写创作。司马相如的《子虚赋》，扬雄的《长杨赋》，自是李白研读摹写的重中之重。他的《明堂赋》《大猎赋》，初稿该是此时而作。

《大猎赋》描写开元年间天子唐明皇在秦地畋猎的情景，赋中对玄宗的赞颂可谓感天动地，几近极致。他说虽李唐皇朝与天地契合且元气充沛，五世如草木鲜丽秀美，却唯有开元盛世为政如北斗、北极星一样照亮海宇。

试摘文中数句来欣赏："擢倚天之剑，弯落月之弓，昆仑叱兮可倒，宇宙噎兮增雄。河汉为之却流，川岳为之生风。羽毛扬兮九天降，猎火燃兮千山红。"正因为赋中的词句不凡，气魄宏大，有人怀疑此作不可能出自一个少年之手。

郭沫若在《李白与杜甫》一书中，明确此文作于开元八年（720），李白20岁那年，他对李白的这篇赋评价极高，认为从诗情韵调的清新激越来看，已经超过了汉代的司马相如，更超过了杜甫当年献给玄宗的《三大礼赋》。李白也对自己的大赋颇为得意，说自己"作赋凌相如"。

清代王琦注《李太白全集》中则将此赋作年定为开元元年也即先天二年（713），是年李白13岁。"《旧谱》：开元元年十月甲辰，帝猎渭川，有《大猎赋》。"王琦引用《古赋辨体》评价李白的《大猎赋》："太白天才英卓，所作古赋，差强人意。但俳之蔓虽除，律之根故在，虽下笔有光焰，时作奇语，只是六朝赋尔。"言李白此赋虽有司马相如和扬雄的气势与铺排渲染，但其音律、修辞终究是承六朝余韵，有六朝文的美艳却无汉大赋的浑朴之气。王琦的这段评价倒颇为中肯。

抛开《大猎赋》的思想内容与艺术特点不论，毕竟，在李白存世的作品中，此赋算不得上乘之作，更不能代表他作品的主要特色。只说青春年少的他，如此热衷于创作大赋，他由模仿司马相如和扬雄起步，却又对这两位前辈很不服气。在《大猎赋》序言中，他甚至毫不客气地对这两位前辈评头论足："而相如、子云竞夸辞赋，历代以为文雄，莫敢诋讦。""当时以为穷壮极丽，迨今观之，何龌龊之甚也。"

李白之狂，已在他的弱冠之年强烈外射。那是李白一生行走于世的标签，也是他一生悲剧的起源。

十五作赋凌相如，李白在匡山深处，埋头苦读苦作，显然不仅仅为了玩弄文字游戏。他从年少起就有着清晰的志向。他要靠那些诗赋文章闯天下。

拜师学艺，蜀中游历

匡山深处苦读几年之后，十八九岁，李白开始往来旁郡，龙州、剑阁、梓州、益州、峨眉、渝州等地都是他常去的地方。进山访仙寻道，亦带着他的大赋文章去拜谒当地一些声望颇高的官员，以求引荐。

在这期间，李白曾去梓州拜访著名纵横家赵蕤，并随其学艺一年。

杨天惠《彰明逸事》中载："太白……隐居戴天大匡山。往来旁郡，依潼江赵征君蕤，蕤亦节士，任侠有气，善为纵横学，著书号《长短经》。太白从学岁余，去游成都。"

赵蕤，具体生卒年不详，《全唐文》卷三五八云："（赵）蕤字大宾，盐亭人，后徙居郪，隐居长平山安昌岩。开元中三诏召之不起，或云以谗死。"据称，赵蕤曾在金鸡场（今属四川绵阳盐亭县）置有别业，后又到梓州长平山安昌岩，专心著书立说。朝廷闻其大名，三次下诏让他出山做官，都被他拒绝了。故又有"征君"之称。

自开元四年（716），赵蕤开始在长平山洞窟之中著《长短经》（又名《反经》）。《长短经》全书共九卷64篇，内容上起尧舜，下迄隋

李白传

唐，是唐宋以后从政为官者的必读书，堪与《资治通鉴》相媲美。其内容兼及儒、墨、道、名、法、阴阳、纵横、兵家之义，是一部极为驳杂的书，兼及经济之道，也涉及王霸之略，被归入"杂家"。清纪晓岚等人编撰的《四库全书总目提要·〈长短经〉九卷》曾对此书评价道："此书辨析事势，其源盖出于纵横家，故以'长短'为名。"其宗旨为"随时适度""因物成务"，其中提出的王、霸、强三政说对后来贯穿李白一生的功名情结有着巨大的影响。

满怀济世之心却不走寻常科举路的李白，正苦心搜罗天下奇书，赵蕤和他的《长短经》就此进入他的视野。

赵蕤孤傲不群、特立独行，与年轻的李白气味相投。李白从匡山读书处，打马直奔梓州，在长平山安昌岩旁边的洞窟里幸运地见到了这位隐逸高人，并在那里开始了再读"奇书"的生涯。

那是一段令李白迷醉的日子，博学多才，擅长政治的赵蕤同他亦师亦友，悉数将自己的文韬武略、治国安邦之策都传授给李白，而那部《长短经》集文学、史料、镜鉴三重价值于一体，被今人视为一部空前绝后的智谋奇书。它在李白面前洞开一片神奇的天地。

在《长短经·品目》中，赵蕤写道："德行高妙，容止可法，是谓清节，延陵、晏婴是也；建法立志，强国富人，是谓法家，管仲、商鞅是也；思通道化，策谋奇妙，是谓术家，范蠡、张良是也；其德足以厉风俗，其法足以正天下……其术足以权事宜，是谓器能，子产、西门豹是也……"

李白后来在诗中常以管仲、诸葛亮、鲁仲连、谢安等人自喻。这些历史上著名的谋略家、政治家，也是赵蕤在《长短经》中屡屡称赞的人物。他们像一盏盏明亮的灯，照进青年李白的世界。

有人说，《长短经》对李白一生的影响是空前的。《长短经》在他心中播下的理想种子，让他意欲效仿古人，踏上由布衣到卿相平步青云、一步登天的人生之路。

就是李白后来那种傲视王侯、睥睨一切的傲气，也能从赵蕤那里找到影子。赵蕤一生以傲为礼，任益州（今四川成都）长史的苏颋曾上《荐西蜀人才疏》，其中便荐举"赵蕤术数，李白文章"，此后，玄宗也下诏征赵蕤做官，但被拒绝。

赵蕤如此热衷于天下纵横之术的研究，却又如此强烈地抵触出山做官——也许他在等一个更好的机会与时代。李白却等不及，他还太年轻，急于学以致用。赵蕤也鼓励这个弟子到外面的天地去闯荡。

跟随赵蕤习艺一年多之后，李白辞别这位高士，前往益州，去拜访出任益州长史的前礼部尚书苏颋，那是开元八年（720），李白20岁。《大猎赋》或许就是李白此行的敲门砖。

苏颋是颇有政绩且喜奖掖后进的人，又是著名的辞章家，他曾和"为文俊丽，用思精密"的张说并称"燕许大手笔"。文章能入他的法眼、得他的赞许，应不是太容易的事。

那次谒见，让李白一直念念不忘，后来酒隐安陆，还在《上安州裴长史书》中提及：又前礼部尚书苏公出为益州长史，白于路中投刺，待以布衣之礼。因谓群寮曰："此子天才英丽，下笔不休，虽风力未成，且见专车之骨。若广之以学，可以相如比肩也。"四海明识，具知此谈。

首次拜谒就获苏公如此高的评价，难怪数年过去，李白还要拿出来做新的投谒资本。

苏颋的一番盛赞，很快在蜀地传开，李白的天才英丽，可以与相如比肩的美名，让他一时有些飘飘然，而那满腔的鸿鹄鲲鹏之志，也越发把他年轻的胸腔撑得满涨……

在成都，李白乘兴登上了摩诃池畔的散花楼。散花楼为隋朝时的

蜀王杨秀所建，此楼得名大约源起于"天女散花"，是为当地人所熟知的一处登临之处。那次登临之后，李白留下一首《登锦城散花楼》以记当时游踪及心情：

> 日照锦城头，朝光散花楼。
>
> 金窗夹绣户，珠箔悬银钩。
>
> 飞梯绿云中，极目散我忧。
>
> 暮雨向三峡，春江绕双流。
>
> 今来一登望，如上九天游。

春日登临，朝光暮雨，春水绿云，都让李白有一种神怡之感。诗中形象鲜明，意境飘逸，所用词句也极华丽，正与青年李白那种喜悦得意的心情相合。

李白在成都又先后游览了司马相如的抚琴台、扬雄的草玄堂、诸葛亮的武侯祠……远去的前辈们，或文章盖世，或因功业流芳千古，皆是李白所仰慕的对象。穿行在那些故址旧迹间，李白越发期待苏公的好消息。

苏颋读过李白的《大猎赋》，当众对他赞不绝口，并满口答应要把他推荐给朝廷。

等待，是这个世界上最快乐又最折磨人的事吧。李白满怀希望满心期待，苏公推荐他入朝的消息却一如泥牛入海，杳无音信。穿行在成都的大街小巷间，李白的步履渐渐变得沉重杂乱，眼中的两簇希望之火也越来越淡。

希望之后是失望，失望之后是"迈步从头越"。年轻就是最好的资本。李白决定不再空等下去。他告别成都，继续南游，在眉山象耳山短暂停留后，顺江而下，直达渝州（今重庆）。李白此次渝州之行，目标明确，他要去那里拜谒渝州刺史李邕，顺便结交高人道友。

李邕，广陵江都（今江苏扬州）人，唐代知名学者《文选》注家李善之子，少即知名，曾在武则天朝拜左拾遗，开元中，为陈州刺史，后因累献词赋而得玄宗赏识。历来官场如战场，李邕才高气傲，官场上走得也并不顺利。因为他颇自矜炫，自云当居相位，让时为中书令的张说极为反感，寻机将他贬为遵化县县尉，之后又累转括、淄、滑等州刺史。

《旧唐书》载："邕素负美名，频被贬斥，皆以邕能文养士，贾生、信陵之流，执事忌胜，剥落在外。人间素有声称，后进不识，京、洛阡陌聚观，以为古人。或传眉目有异，衣冠望风寻访门巷。"又称他"性豪侈，不拘细行，所在纵求财货，驰猎自恣……"总之，这位大名士颇为清高，性格也有些偏激，令人捉摸不定，这个倒也可信。后来，李邕接受杜甫拜谒，对杜甫以及他的祖父杜审言都大加赞赏。

不过，李邕不怎么待见李白，他根本没把这个晚辈后生放在眼里，只传话说他的诗赋才气不足，不便接见。李邕激赏杜甫却如此排斥年轻的李白，也许因为他与李白个性太相似了，二人皆狂，一狂见一狂，如同针尖对麦芒。

那次拜访让李白很郁闷，但他也没有垂头丧气现出可怜相，而是给李邕留下一首《上李邕》，之后决然转身而去——

大鹏一日同风起，扶摇直上九万里。

假令风歇时下来，犹能簸却沧溟水。

世人见我恒殊调，见余大言皆冷笑。

宣父犹能畏后生，丈夫未可轻年少。

李白传

诗中，李白以扶摇直上九万里的大鹏自喻，说即使没有好风凭借力，大鹏也能展翅颠覆苍茫的海水。更是毫不客气地对李邕的轻视怠慢表现出愤激之情：连孔老夫子都知道后生可畏，想不到您如此对待我，莫不是您比圣人还要高明？

20岁的毛头小伙子，丝毫不以位卑年少而自卑，却以天才飘逸之笔，向前辈展示了自己的宏大志向。他自信自己的高才胆识远非常人可比，此处不留人，自有留人处，李白转身离了渝州，飘然而上峨眉山。

峨眉山位于今四川省乐山市峨眉山市境内，为中国"四大佛教名山"之一。不过，唐代的峨眉山，还不是佛教道场，而是著名道教圣地三十六小洞天中之第七洞天，山中至今还存有唐玄宗下诏保护山中道教的碑刻。道家讲究清静无为，超脱出世，寻仙访道是李白入世受阻时的一剂妙药。在渝州，虽然他以一首《上李邕》回敬了轻慢于他的前辈，但内心的失落也是挥之不去的。此次登上峨眉山，也许正为平复自己的心情。

"峨眉天下秀"，峨眉山地势陡峭，风景秀丽，《峨眉郡志》云："云鬟凝翠，鬓黛遥妆，真如蟒首蛾眉，细而长，美而艳也"，故名峨眉山。

李白来到峨眉山，踏足其间，周游仙山，立即为那里峰峦秀绝、云雾缭绕的胜景所吸引。那邈远苍茫、直插云霄的青峰，幽深莫测、鬼斧神工的悬崖峭壁，山中的古木怪石、寺中的悠然钟磬声，将李白心中的郁闷之气一扫而光。

李白来峨眉山的第一站，即前往山下的白水寺，在那里，他与寺中的广濬和尚相识。一位是满腹经纶、腰挎长剑的翩翩青年，一位是飘逸出尘、琴技超绝的世外仙人，李白和广濬一见如故。在白水寺中的明月池畔，二人对坐品茗，谈玄论道，谈至兴浓，广濬素手抚琴，李白舞剑长歌，琴声过处，似满山万顷松涛滚滚而过，又似清泉叮咚，洗尽世间尘埃苦恼。不知不觉中碧山已为暮色笼罩，秋云又似暗了几重。

《听蜀僧濬弹琴》记录下了蜀地僧人琴师的高超琴艺，也记录下李白初入峨眉山时的心情。李白琴艺也颇高，有人说他的琴艺正是那位蜀僧所传。

蜀僧抱绿绮，西下峨眉峰。

为我一挥手，如听万壑松。

客心洗流水，遗响入霜钟。

不觉碧山暮，秋云暗几重。

想来，那是一段令人神往的神仙岁月吧。松山月下，白衣素袍的琴师沐手焚香，对着满山的松涛月光，勾剔抹挑、吟猱绰注，泠泠清音自七根古弦之间流泻而出，听琴的人，目光如星，心清似水，世界在那一刻远离了所有的污浊，沉于一片清凉淡远的境界……

《登峨眉山》也写于此行，为李白早期的诗作名篇。

蜀国多仙山，峨眉邈难匹。

周流试登览，绝怪安可悉。

青冥倚天开，彩错疑画出。

泠然紫霞赏，果得锦囊术。

云间吟琼箫，石上弄宝瑟。

平生有微尚，欢笑自此毕。

烟容如在颜，尘累忽相失。

倘逢骑羊子，携手凌白日。

峨眉天下秀，李白此诗写尽了峨眉的雄奇无匹：青苍的山峰展列天际，色彩斑斓如画，峰顶赏紫霞，云间奏玉箫，只觉周身烟霞之气蒸腾，尘世之牵累忽消。那样一个人间仙境，难怪年轻的李白似得修仙成道之术，恍惚中，他渴慕中的仙人正骑着白羊飘飘而来，携起他的手，一起腾云驾雾追日而去……

听高人弹琴，游峨眉仙山。不得不说，那样的游历对后来李白超功利审美情趣的形成有着不可低估的影响。不过这不是他生命的主旋律，干一番经国济世的大业才是李白一生不曾放弃的追求。家乡的大匡山，蜀中的峨眉山，都不能羁绊住他射向远方的理想之箭……

"书剑许明时"

开元八年（720），李白20岁，雄心满怀，求师拜谒，访古寻幽。春上散花楼，秋登峨眉山，从益州到渝州，从希望到失望，从失望再到希望，心绪起起伏伏，脚步走走停停，此行除结交了一些良师益友之外，李白在功业仕途方面的收获，可谓两手空空。

这年冬天，带着满身的倦旅风尘，李白回到了匡山旧居。他要继续在山中修炼攻读，以待时机。

正是隆冬时节，山中已是木叶落尽，只有路旁的常青藤还泛着丝丝绿意。远处的雪峰在阳光下闪烁着冷冷的光芒，山谷的流云似乎也凝滞了。旧居周围的竹子，乱长得没了章法，细密的枝叶已探头探脑挤进了房舍。再看那棵垂垂老去的枯树，已横身于江中。那只曾经朝夕绕着主人乱转的白狗，似乎也老了许多，在村口狂吠不止。越发加重了旧居小村的荒凉之感。

李白踏着层层落叶，拨开身边不时探出的竹枝，走向那间熟悉的旧屋。推开门,一股浓烈的霉味扑鼻而来。蜀地多雨,加之屋子长久无人居住,墙上已生出厚厚的一层绿苔。那小小的厨房,早已成了山鸡的乐园,忽听有人来,受了惊,"嗖"的一下破门而去,临行又似不甘心,还要回头来悄悄偷窥一下这个熟悉又陌生的男人。屋后的猿猴,用那一声悠长的哀鸣来问候旧主人。

愣怔良久,李白开始动手整理这间已面目全非的屋子。床铺还在,被褥却已生苔,两只老鼠在李白抖动被褥时钻了出来,"吱"一声逃掉了。书箧倒了,有些册页已被山中潮气浸得泛黄,字迹漫漶不清。那些以啃食故纸为生的蠹鱼,也被惊觉……

纵有豪情在怀,有治国平天下的凌云壮志,眼前满目的颓败,还是让李白有了沮丧之意。好在,他是一个天生豁达的人,伤心失意到狂放飘逸,心情的转换往往只在一瞬间。整理笔墨纸砚,清除门前杂草枯叶,大半天的修整之后,一派破败的旧居又有了生机。他将继续在这里埋首苦读,执笔洗砚修良策,敲击松柏以明志。

> 未洗染尘缨,归来芳草平。
> 一条藤径绿,万点雪峰晴。
> 地冷叶先尽,谷寒云不行。
> 嫩篁侵舍密,古树倒江横。
> 白犬离村吠,苍苔上壁生。
> 穿厨孤雉过,临屋旧猿鸣。
> 木落禽巢在,篱疏兽路成。
> 拂床苍鼠走,倒箧素鱼惊。
> 洗砚修良策,敲松拟素贞。
> 此时重一去,去合到三清。

——《冬日归旧山》

李白一生都在儒家的入世与道家的出世之间矛盾挣扎，他既怀求仙访道、长生不老的希望，又舍不下跻身庙堂、济世安民的理想。不可否认的一点，后一理想应该是他终生不懈的追求。寻仙访道，仗剑走江湖，也多是为这一理想服务。

此次周游访谒，让年轻的李白第一次体味到世态之炎凉，让他意识到走拜谒举荐之路的艰难。唐时选官，主要有四条途径：科举取士，从军立功，举荐入朝，流外之流。李白一开始就执意不走科举之路，试图求人引荐又受阻。回到匡山旧居之后，李白把目光重新聚焦于求仙学道。"去合到三清"，也不失为一条终南捷径。

道教在李唐王朝受到前所未有的推崇，蜀中作为道教发达之地，更受皇家关注。有蜀中道士曾以"能以精诚致魂魄"而天下闻名。道教学者李荣被召入长安，成为京城道学魁首。唐玄宗数次下诏召赵蕤入朝为官，亦是一例。如此看来，唐朝很多所谓的高人隐士不过是假隐而已，他们试图以这种方式吸引朝廷的注意，从而被召入朝，平步青云。

彼时，蜀地的名山仙山，已是"五里一宫，十里一观"。青城山的天师洞、成都的青羊宫、都江堰的二王庙、江油天苍山的太乙洞，都是当时人们寻仙朝拜、寻求精神寄托的重要场所。李白的故乡彰明，距离道教发源地鹤鸣山仅数十公里，彰明的天苍山、紫云山、太华山、老君山以及戴天山，也都有道观。

这就不奇怪李白何以年纪轻轻就如此痴迷于此道了。

接下来的那几年，一直到24岁辞亲出蜀，李白大多时间都待在匡山苦读。在埋头攻读的几年里，他当然也少不了继续往来旁郡，寻仙学道，拜访名士高人。

一只蓄势待飞的大鹏鸟，努力积蓄力量，只待机会来临。

开元十二年（724），李白24岁，经过在匡山近十年的修炼攻读，他已是一位学富五车的倜傥青年。而彼时的大唐王朝，国力空前强盛，社会经济极为繁荣，人口也较前朝有了大幅度增长，正是河清海晏，一派欣欣向荣的盛世之景。

乱世出英雄，唐玄宗这位大唐帝王是从血雨腥风的宫廷斗争中脱颖而出的，不但有精力魄力，还有极为丰富的政治斗争经验。自神龙元年（705）武则天失权起，至先天元年（712）李隆基即位间，大唐政坛可谓风雨飘摇动荡不止。六次政变，五易皇位，帝后妃嫔公主王孙丧命，将相大臣横死。即位之初，唐玄宗面对的就是这样一个吏治混乱、腐败横行、朝廷元气大伤的艰难复杂局面。

面对这种艰难处境，唐玄宗冷静应对。他相继平定了韦后与安乐公主的宫闱之乱，又果断斩杀姑姑太平公主及其党羽，稳固了皇权。之后，玄宗开始整顿朝纲，任用极富政治经验的正直大臣姚崇、宋璟为相，大力改革弊政，从开元元年至开元八年（713—720），短短几年时间就做到了"赋役宽平，刑罚轻省，百姓富庶"。

此时的唐玄宗年富力强，英明神武，不仅能慧眼识贤相，大力整顿吏政，还十分重视农业生产，全力发展经济，文教、商业也有了空前繁荣。中国历史上的"开元盛世"大幕正徐徐开启，这一切都让年轻的李白心潮澎湃，难以自抑。

> 晓峰如画碧参差，藤影风摇拂槛垂。
> 野径来多将犬伴，人间归晚带樵随。
> 看云客倚啼猿树，洗钵僧临失鹤池。
> 莫怪无心恋清境，已将书剑许明时。
>
> ——《别匡山》

挥一挥手，与这座座青峰告别，门前藤影，野径犬吠，山间流云，林间啼猿……这是一个让李白醉心的世界，它们陪伴他埋首攻读，亦在他失意之时给他抚慰。临别之际，自是不舍。远方的未知，是一种巨大的诱惑。他终究不甘心终老于这方青山绿水之间。匡山，甚至秀丽的西蜀，这个舞台已经无法满足这只大鹏展翅高飞的欲望。他欲辞亲去蜀，去开启他真正的济世之旅……

第二章　仗剑去国　辞亲远游

辞亲远游

从15岁离开家进入匡山读书，李白就与家中亲人渐行渐远，聚少离多。他于山中读书习剑，四方结交豪雄，如闲云野鹤一般，往来旁郡，寻仙拜师。年轻的心，向着外面的世界全方位敞开。

开元十二年（724），李白24岁，这年秋天，他做出一个重要决定：他要离开蜀地，到更广阔的天地去闯荡，实现他济世报国的宏大理想。

"以为士生则桑弧蓬矢，射乎四方，故知大丈夫必有四方之志，乃仗剑去国，辞亲远游。"在他后来写的《上安州裴长史书》中，李白曾如此描述自己当年离家的初衷。

这个决定，得到了父亲李客的大力支持。他为儿子准备好了足够的旅行资金，叮嘱李白外出求谒须注意的种种事项。母亲则在那些天里进进出出给李白打点行装。衣袍裤袜、头巾鞋靴，每每夜里，母亲都会在灯下穿针引线忙碌不止，眼中满是不舍和忧伤。

这么多年，李白似乎已经习惯了，他就像家中客人一样，匆匆而来，匆匆而去，家如驿站，他并不曾感觉有什么不妥。这一次，却有隐隐的离情自李白的心里蓦然泛起，此时一别，何时能归？他自己也不知道。

事实上，那一个转身，即是他与故土的永别。他如一只越飞越远的孤鸿，再没有飞回家乡去。

24岁，正是一个青年男儿最好的年纪，血气方刚，满心燃烧着闯天下的热情。李白有一股天生的豪侠之气，他拿得起，放得下，从不会为儿女私情所羁绊。

"眸子炯然，哆如饿虎，或时束带，风流蕴藉。"这是时人魏颢在《李翰林集序》中对李白的描述。魏颢是李白的忠实粉丝。他为人狂傲，目下无尘，曾在王屋山筑室隐居。可他后来听说了李白，李白的为人、诗文、行事风格，都让他为之倾倒。为了一睹李白风采，魏颢曾历时半年，跋山涉水，追随着李白的仙踪剑影，终在广陵见到了李白。一首四十八韵的长诗《金陵酬李翰林谪仙子》，将魏颢对李白的赞誉倾慕倾洒得淋漓尽致。李白也为这位不远千里追随而至的倾慕者所感动，二人遂结为忘年交。

关于李白的外貌，也多有记载：他个头不高，面白少须，属于那种清秀儒雅的类型。可他那炯然灿亮的双眸，放浪不拘的性格，却让这个中等个子的年轻人有着无形的魅力。他喜怒形于色，喜则纵情大笑，怒则肆意咆哮，安静时温文尔雅，热烈时又有说不出的风流倜傥。

那年秋天，24岁的李白腰挎家传的龙泉宝剑，头也不回地离开了家。

先去成都、再登峨眉，在蜀中流连数月之后，李白雇舟东下。一路走一路吟，秀丽的巴山蜀水，终于一点点被抛在身后。故乡渐行渐远，离愁渐行渐生。

一轮明月下，李白在嘉州犍为的清溪驿登船，经峨眉山下，向渝州进发。是夜风平浪静，半轮月影沉于水中，夜静山空寂，只有声声桨橹声在寂寂的水面上回荡。此情此景，让李白心底的离情别绪悠然升起，他写下了那首著名的《峨眉山月歌》：

> 峨眉山月半轮秋，影入平羌江水流。
> 夜发清溪向三峡，思君不见下渝州。

"此是太白佳境，二十八字中有峨眉山、平羌江、清溪、三峡、渝州，使后人为之，不胜痕迹矣。可见此老炉锤之妙。"明代王凤洲如此评价此诗，可谓恰切。这首诗在四句中巧妙嵌入了五个地名，读来却毫无滞涩之感，自然流畅如行云流水，直抒李白对峨眉山月的一片深情，被后世读者视为古今之绝唱。

李白从渝州走水路出三峡。沿途雄奇壮丽的景色，惊险又刺激的水上旅程，无时无刻不让年轻的诗人心潮澎湃。一叶小舟，在白浪喷卷的波涛中时起时伏，箭一般飞射向下，江边危峰高耸，山岩陡立，沿岸名胜古迹遍布。李白一双"哆如饿虎"的眸子，被一路的好山好水染醉。更让他沉醉的，还有途中随时闪现的巴女，巴山蜀水育出她们的天生丽质，让李白忍不住为她们赋一首《巴女词》：

> 巴水急如箭，巴船去若飞。
> 十月三千里，郎行几岁归？

巴女多情，巴水之上送别夫君，担心着路途之遥，又关心着郎君几时得归。李白借诗中巴女的不舍，来表达自己对故乡的留恋之意。

那一日，船至万县，正是夜晚时分，李白下船上岸，沿着一层层

高高的石阶，走过这个素有"小三峡"之称的古城。他是来寻亲的，这里有一位经商的从弟。在《万愤词投魏郎中》一文中，他曾写："兄九江兮弟三峡，悲羽化之难齐。"而奉节当地的说法更为明确一些，言李白有位弟弟曾在奉节东三十里的石马河畔经商。李白此次在万县下船，就是来找这位弟弟的。

李白在万县的具体行迹无法考证，只知他此次在万县停留了一段时间，万县的山山水水也因此沾上诗仙之雨露，其驿站遂改为青莲铺，石马河亦改为青莲河——"青莲河因李青莲而得名"，这份记载见于《奉节县志》。万县西边的万邑西山，亦因李白曾在此读过书，遂改名为太白岩。清代同治年间《增修万县志》云："……万邑西山名太白岩，相传太白读书于此……"

出三峡，经巫山，过荆门，一叶小舟，载着满腔抱负的诗人，进入江平水阔的江汉平原。其间，李白又在巫山停驻过一段时间，还曾登上过著名的巫山阳台。

巫山阳台，在巫山县西北，因宋玉曾赋"楚王游于云梦之台，望高唐之观"而闻名后世。事实上，阳台不过一个小土包而已，亦无殊秀景色可观。后来"神女峰"的传说，不过是从辞赋中演化而出。可这一切让这个不起眼的普通小土包平添几多神秘气息和浪漫色彩。

李白登临之后，曾为巫山、阳台留下一首古风诗：

> 我行巫山渚，寻古登阳台。
>
> 天空彩云灭，地远清风来。
>
> 神女去已久，襄王安在哉！
>
> 荒淫竟沦没，樵牧徒悲哀。
>
> ——《古风五十九首》（其五十八）

宋玉在《高唐赋》中言楚王梦游高唐，遇见了"旦为朝云，暮为行雨，朝朝暮暮，阳台之下"的巫山之女。神女自荐枕席于楚王的风流传说，在李白看来不过是楚王荒淫的一个见证。俱往矣，风流荒淫皆被风吹雨打去。

在《荆门浮舟望蜀江》中，李白写道："春水月峡来，浮舟望安极。正是桃花流，依然锦江色。"三月桃花盛开，江水碧绿。江还是那条江，滔滔江水依然是从故乡蜀地流来。开元十三年（725），春满大地，李白已泛舟楚地。与山峦叠嶂的蜀地相比，荆楚大地可谓海阔天空。异乡别样的风景，激起李白的豪情，也撩拨起他的乡愁。

抵楚地之后，李白写下《渡荆门送别》《秋下荆门》等诗以记其行。

渡远荆门外，来从楚国游。

山随平野尽，江入大荒流。

月下飞天镜，云生结海楼。

仍怜故乡水，万里送行舟。

——《渡荆门送别》

此诗把雄健的风格，高远的意境与绵绵无尽的乡愁融于一体，极为太白诗本色。尤其"山随平野尽，江入大荒流"更为后人称道。杜甫后来在《旅夜书怀》中亦曾写："星垂平野阔，月涌大江流。"似有李白诗的影子。

在楚地江陵（今湖北荆州），李白遇上了生命中极为重要的一位朋友——司马承祯。

司马承祯（647—735年）字子微，法号道隐，自号白云子，河内温县人，是唐代著名的道教大师，为道教上清派第十二代宗师。

《旧唐书·隐逸传》曾载："道士司马承祯……少好学，薄于为吏，遂为道士。"少而好学，却无心仕途，琴棋书画无所不通，曾上嵩山拜名道潘师正为师，得授上清经法、符箓、导引等道术，隐居天台山。武则天朝，司马承祯就曾被召入朝，武则天降手敕对他予以赞美，后来睿宗也曾召之入京引入宫中，问以阴阳术数之事。司马承祯数次被召，数次执意请还。至玄宗朝，司马承祯的声名达到巅峰。

开元九年（721），玄宗又遣使迎其入京，亲授法箓，问以养生延年之事，并赐其丰厚的礼物。翌年，玄宗临幸洛阳，司马承祯受命随驾东行。宫中花团锦簇鲜衣怒马的喧嚣，渐渐使他厌倦，开元十一年（723），司马承祯坚请还天台山。玄宗不舍，赋诗以遣之。开元十三年（725），重返天台山的司马承祯正好路过江陵。

李白闻讯，专程前往拜访。司马承祯与李白年龄相差50多岁，二人却因道结缘成为忘年交。在李白的眼中，这位名满天下的大道士，仙风道骨，鹤发童颜，毫无苍老之态；在司马承祯眼中，李白衣带飘飘，目光如电，玉树临风，一派超凡脱俗之姿。看过李白呈上的诗文，司马承祯更是对他赞不绝口，道他"有仙风道骨，可与神游八极之表"。

司马承祯一生清高狂傲，不轻易开口赞美人，对满心凌云志的李白来说，那样的夸奖无异于一剂良药。自司马承祯处回来，李白按捺不住激动的心情，挥笔写下著名的《大鹏遇希有鸟赋》（后定名为《大鹏赋》）。

很显然，赋中的稀有鸟喻司马承祯，大鹏则为李白自况。

乃蹴厚地，揭太清。亘层霄，突重溟。激三千以崛起，向九万而迅征。背嶪太山之崔嵬，翼举长云之纵横。左回右旋，倏阴忽明。历汗漫以夭矫，邟阊阖之峥嵘。簸鸿蒙，扇雷霆。斗转而天动，山摇而海倾。怒无所搏，雄无所争。固可想象其势，仿佛其形。

纵读李白《大鹏赋》，不仅其大鹏形象直接脱胎于庄子寓言，好多物象及典故也来自其中。但与庄子相比，李白更加投入，庄子以旁观者的角度来描述大鹏，李白直接化身大鹏。他借此赋向司马承祯言志，希望他能助其腾飞。

余昔于江陵见天台司马子微，谓余有仙风道骨，可与神游八极之表。因著《大鹏遇希有鸟赋》以自广。此赋已传于世，往往人间见之。悔其少作，未穷宏达之旨，中年弃之。

——《大鹏赋·并序》

从此赋前面的序言来看，此赋初稿即作于李白江陵初遇司马承祯时，及至中年，回头再读，颇多不满意处，遂再作修改，最终定稿为《大鹏赋》。

此次与司马承祯的相见，对李白影响很大，越发激起他对神仙道教的向往。"五岳寻仙不辞远，一生好入名山游"，李白原表示要跟随司马承祯神游八极，可惜愿不从人，江陵一别，二人天各一方，直至开元二十三年（735）夏，司马承祯仙逝，二人再未见面。

开元十五年（727），玄宗再召司马承祯到京都问道，考虑到天台山路途遥远不便，便在济源王屋山修建阳台观，让其在此住持，并让其妹玉真公主跟随宗师学道修炼。开元二十三年夏，司马承祯在阳台观羽化。

李白一直不曾忘记这位恩师，之后他曾多次登临天台山，瞻仰恩师修道遗迹。天宝三载（744），李白又携杜甫同游司马承祯最后的修道处——王屋山阳台观，深情赋《上阳台》四言诗以示悼念之情，并亲笔书写成帖："山高水长，物象千万，非有老笔，清壮何穷？十八日，上阳台书，太白。"

《上阳台帖》，现藏于北京故宫博物院，成为李白现存的唯一的真迹。这幅《上阳台贴》一共25字，与李白浪漫飘逸的诗风及其豪爽奔放的性格一样，其书苍劲雄浑，气势飘逸，用笔纵放自如，雄健流畅。后世酷爱书法的宋徽宗赵佶曾以其瘦金体在正文右上书题"唐李太白上阳台"，清乾隆皇帝以楷书题"青莲逸翰"四字。此帖被视为国家珍宝。

李白与司马承祯的故事就此告一段落。从李白后来写的《上安州裴长史书》中可知，李白出蜀后曾"南穷苍梧，东涉溟海"，说明他曾抵达湖南南部。

在洞庭湖畔，发生了一件让李白伤心至极的事情，与他一同出蜀的蜀中好友吴指南突得疾病，殁于洞庭湖上。对这一段伤心往事，李白曾自言——

又昔与蜀中友人吴指南同游于楚，指南死于洞庭之上，白禅服恸哭，若丧天伦，炎月伏尸，泣尽而继之以血。行路闻者，悉皆伤心。猛虎前临，坚守不动。遂权殡于湖侧，便之金陵。数年来观，筋肉尚在。白雪泣持刃，躬申洗削。裹骨徒步，负之而趋。寝兴携持，无辍身手。遂丐贷营葬于鄂城之东。故乡路遥，魂魄无主，礼以迁窆，式昭朋情。此则是白存交重义也。

——《上安州裴长史书》

"剔骨葬友"，民俗学上称为二次捡骨葬，主要流行于南方蛮族地区。后来李白亲自讲述给裴长史听，也为证明自己的情义重于天。

洞庭湖畔暂时埋葬了好友吴指南，李白再次雇舟东下。

在李白初出蜀中的诗作中，有一首《秋下荆门》：

霜落荆门江树空，布帆无恙挂秋风。

此行不为鲈鱼鲙，自爱名山入剡中。

剡中，地处浙东，风景佳丽，附近有天台山、天姥山、剡溪等，自六朝以来，常有高人文士隐于其间。天台山是著名的道教名山，李白才结识未久的司马承祯即隐于其中。南朝著名的山水诗人谢灵运也曾在剡中隐居。

一生爱入名山游的诗人，在山水中寻仙访道，自得其乐，也是在寻找着入世的机会。从荆楚大地，到浙东山水，李白且行且吟。岭上白云，松间明月，他自带一身的仙气；大鹏展翅，搏击海天，他又携一腔壮志。世界那么大，前路莫测又充满诱惑。

漫游江南

江南好，江南山温水软。江南是多水的江南，多雨的江南，多湖的江南。江南有荷叶田田，有采莲的女子，如水柔情，一开口就似一杯醇厚的酒，醉了千年。

江南有王谢旧巷，有吴越古战场，有浣纱的西施，有云蒸雾绕的庐山和飞流直下的瀑布，有长江洞庭湖黄鹤楼岳阳楼。江南，有看不尽的风景，也有吟不完的诗。它是一个巨大的磁场，吸引着古往今来的文人骚客，打马而来，又依依不舍惆怅而去。

李白来过，杜甫来过，后来的刘禹锡、杜牧、白居易、苏东坡、秦少游他们都来过。江南，也因他们的相继到来，留下了更多的佳话和传说。

却没有哪一个，像李白，一生都与江南紧密相连。他的童年少年，在地处长江上游的巴蜀度过，青年时期仗剑远游，走的是水路，自蜀中乘船沿长江、出三峡，来至长江中游的荆楚大地。壮年的漫游，晚年的漂泊，除却短暂的北上时光，李白终生的足迹都绕不开江南。

"我似鹧鸪鸟，南迁懒北飞。"在《醉题王汉阳厅》一诗中，李白丝毫不掩他对江南的热爱。江南是温柔乡，那里有太多的吴侬软语、纸醉金迷；江南亦是盛产诗词歌赋的文化胜地，江南的秀山丽水是文人吟诗作赋的最好温床；江南还有刀光剑影，在远去的古战场上闪着寒光。这一切，都那么符合李白的气质与天性，难怪他一到江南，就再也不愿意走。尽管后来他为追随自己的理想，曾打马北上，长安，洛阳，齐鲁大地，几番辗转漂泊，他最终还是选择了回江南。就连最后生命凋零的地方，他也选择了那条哺育他的长江。

开元十二年（724），李白辞亲别蜀，出游襄、汉，泛舟洞庭，之后又东至浙东，领略了越中山水之后，李白又沿长江一路东下。

途经江西时，李白登庐山，为庐山留下那首千古名诗《望庐山瀑布》：

　　　　日照香炉生紫烟，遥看瀑布挂前川。

　　　　飞流直下三千尺，疑是银河落九天。

此诗在前，后世的苏东坡再登庐山，上山前就给自己定下了一个规定：此番入山不作诗。可当他读到徐凝的"一条界破青山色"时，还是忍不住把他奚落了一番：帝遣银河一派垂，古来惟有谪仙词。飞流溅沫知多少，不与徐凝洗恶诗。

庐山瀑布，因李白而名传千古。

下庐山，李白继续沿长江东下，途经安徽当涂县东南的天门山。此地两岸高山夹峙，一叶轻舟飘荡江面，如同破门而出。李白又在此留下一首名诗《望天门山》：

天门中断楚江开，碧水东流至此回。

两岸青山相对出，孤帆一片日边来。

家乡渐行渐远，江南的山水最可遣愁。李白的诗句中，能读出他日渐飞扬的那颗心。

此番行程，金陵被年轻的诗人点了一个粗重的逗号。这个他向往已久的地方，他要在这里好好游历一番。曾经的六朝古都，说不尽的名士风流往事。竹林七贤的散淡清狂，谢家子弟的纵情山水，那里的一砖一瓦，一亭一阁，都散发着浓浓的历史人文气息。更不消说那里还有红粉佳丽，歌喉婉转，舞意翩跹。

李白醉在了这样的江南。一袭阔袖圆领白袍，一柄龙泉宝剑斜挎腰间，父亲为他准备的旅行资金丰厚，加上他自己一支诗笔，随走随写，随时就能给他挣来一笔不菲的润笔费。让那走在江南的李白，昂首阔步，无尽从容，随心挥洒，诗酒风流。

李白少年苦读《文选》时，就对江南的那些前朝才子充满景仰。鲍照、庾信、江淹，尤其是被后世称为山水诗鼻祖的谢灵运，更是李白终生膜拜的偶像。谢灵运的"池塘生春草，园柳变鸣禽"（《登池上楼》），早已在李白的心里生根，那些纸上的风景而今鲜活地铺展在眼前了。漫步金陵古城的大街小巷，登临金陵的亭台楼阁，前贤故居中凝神凭吊，酒楼歌肆中纵酒狂歌。出蜀这么久了，似乎只有到了金

陵，李白的天性风流才得以尽情挥洒。

这一时期，李白频频留诗，凤凰台、瓦官寺、金陵西亭等都留下了李白的萍踪剑影，也留下他的清词丽句：

晨登瓦官阁，极眺金陵城。

…………

灵光何足贵，长此镇吴京。

——《登瓦官阁》

金陵夜寂凉风发，独上高楼望吴越。

…………

解道澄江净如练，令人长忆谢玄晖。

——《金陵城西楼月下吟》

在尽情挥洒男儿豪情壮志之时，李白细腻多情的目光也偶然会投注给江南多情的红尘男女："妾发初覆额，折花门前剧。郎骑竹马来，绕床弄青梅。同居长干里，两小无嫌猜……"一曲《长干行》，李白在中国古典诗坛的艺术长廊中留下这位商贾之妇的动人形象，她对理想生活充满着执着的追求，对远行的丈夫有无尽的挚爱与思念。此诗熔叙事、状景、抒情于一炉，写得缠绵感人，风格深沉柔婉。

青梅竹马，两小无猜，这些清澈透明的成语，均来自此诗。

另外，《杨叛儿》《白纻辞》等诗中，李白亦借鉴吸收了江南民谣俚曲中的精华。

前朝旧事，六代繁华，历史的脚步匆匆，从不为哪一朝、哪一个人而停留。俱往矣。李白徜徉金陵古城，沉醉于古城的亭台楼榭，也难免有光阴老去，逝水难返的惆怅之感。尤其在踏足名胜古迹之时，昔日熟知的历史人物与轶事典故纷至沓来。

游齐朝南苑，那里亦是陆机故宅，留有二陆读书堂，而今却成了一位王处士的雅居。李白重游此处，看园林中处处树色苍郁，池上水波潋滟，倒映着高楼华阁。华堂之上，明月高悬，李白与此园的现任主人举杯高歌，他又想起了那个拿鹅与王羲之换取《道德经》的山阴道士，想起了爱竹子的王子猷。醉罢欲归之时，听园中枝上宿鸟喧呼，李白心中竟生不舍之意："何时复来此，再得洗器烦。"（《题金陵王处士水亭》）

李白畅游金陵，足迹遍及古城的角角落落。寻古探幽，吟哦山水，他的心中却始终有一个挥之不去的情结——此次游历江南，当然不仅仅是为游山逛水，他一直记得自己出蜀的初衷。大鹏展翅，搏击长空，正当盛世，大好的青春年华怎可虚度。他来金陵有段时间了，他不惜一掷千金，广结朋友，拜谒当地名流。可这些人对他的帮助并无多大，除了在一起吃吃喝喝，酒醒人散，留给李白的只有满腔的不得意：

············

六帝沦亡后，三吴不足观。

我君混区宇，垂拱众流安。

今日任公子，沧浪罢钓竿。

——《金陵望汉江》

《庄子》中的任公子，于东海垂钓，他用的是大鱼钩和粗黑的绳子，他把50头肥壮的牛作为鱼饵，蹲在会稽山上，把钓钩甩进东海，苦守一年终于钓上一条超级大鱼。

胸怀大志者，想成就一番伟业，必要有所舍弃，持之以恒，朝着既定的目标一直走下去，方能达到目的。此诗中李白借用任公子钓鱼

李白传

的典故，既有向朝廷明志之意，也有志不得伸的淡淡哀愁。

这份失意落寞，在李白清秋月下登上金陵城外的望远楼时，更是浓如秋云，挥之不去。望远楼，又名劳劳亭，三国吴时建，在金陵城南，为古时送别之处。

李白登上劳劳亭之时，正值深秋，蔓草侵道，西风含悲，想起自己才不减于袁宏、谢灵运，却空有满腹抱负无人赏识，只能一人空帘独宿，甚觉寂寥。

> 金陵劳劳送客堂，蔓草离离生道旁。
> 古情不尽东流水，此地悲风愁白杨。
> 我乘素舸同康乐，朗咏清川飞夜霜。
> 昔闻牛渚吟五章，今来何谢袁家郎。
> 苦竹寒声动秋月，独宿空帘归梦长。
>
> ——《劳劳亭歌》

《江南通志》载，在金陵古城东南30里处，有一土山，人称谢安东山。当年谢安先在会稽山隐居，来金陵后怀念旧时隐居地，就在该土山上营建楼馆，遍植竹林，每每携中外子侄往来游集。谢安的名士风采，一直为李白所仰慕。当年谢安每出游，必携妓。李白来金陵，重游谢安东山旧地，也携带着金陵美妓金陵子，并自称李东山，作一首《东山吟》，以吊这位东晋大名士。

> 携妓东土山，怅然悲谢安。我妓今朝如花月，他妓古坟荒草寒。白鸡梦后三百岁，洒酒浇君同所欢。酣来自作青海舞，秋风吹落紫绮冠。彼亦一时，此亦一时，浩浩洪流之咏何必奇。

时在秋日，秋意萧瑟，那天的李白着紫袍紫帽，有娇艳如花的美妓款款相伴。李白的心情并不太好。也许是眼前那座淹没于荒草的故人之坟勾起了他的伤感吧。想起300余年前，谢安的身边也有着这样的红颜，他曾有着泰山崩于前而面不改色的冷静与从容，如今却皆已为浩浩的历史洪流吞没了。

　　他自己，又何尝不是如此？今日他祭谢东山，明日谁知李东山？

　　那天，李白在谢安坟前亦酒亦歌，与那位隔世的知音倾诉无尽心事。酒酣之际，李白起身跳起了自编自导的青海舞。那带着异域风情的西域之舞，让李白满腹的怅然得到了发泄，他越跳越疾，闪转腾挪，连头上的紫色冠冕被风吹落都无法停下来……

　　魏颢《李翰林集序》中曾对李白在金陵的这段生活做过描述："间携昭阳、金陵之妓，迹类谢康乐，世号为李东山。骏马美妾，所适二千石郊迎，饮数斗，醉则奴丹砂抚青海波。满堂不乐，白宰酒则乐。"

　　金陵自古是个销金窟，秦淮河的波光艳影脂粉浓香，是个男人来此地后都可能心摇意荡。何况李白，天生的风流多情种子，口袋里亦有钱。来金陵后，李白请了一个小书童陪侍左右。他为他取名丹砂，亦可见李白寻仙求道的心思从来就没有淡过。金陵美妓多，李白出手阔绰，又生得风流倜傥，自然深得那些佳人们的青睐，日则呼朋引伴，游山逛水，夜则丝竹缭绕，红粉相依。李白在金陵的日子，看上去过得花团锦簇，热闹非凡。

　　不过，那也不过一种表象吧。一张豪放飘逸的浪漫主义标签，把跟随李白一生的痛苦都轻轻遮掩过去。他亦不说，越愁越张扬。

　　又一个春天来临，是开元十四年（726）的春天了，李白离开金陵，前往扬州。临行前，相交日久的金陵子弟在酒楼上设宴为他送行。彼时春风正暖，柳花正扬，风情万种的吴姬在热情招徕顾客。李白喝醉了，醉在江山的风情里，亦醉在朋友们的友情里：

李白传

风吹柳花满店香，吴姬压酒唤客尝。

金陵子弟来相送，欲行不行各尽觞。

请君试问东流水，别意与之谁短长。

——《金陵酒肆留别》

一杯接一杯，从日出到日落，一轮明月冉冉升起了，李白才醉意朦胧地步出酒楼，从金陵的征虏亭登船下广陵。月色之下的长江，波光如碎银般闪烁，江中渔火似流萤飞舞，江畔野花如少女姣好的面颊，散发着阵阵幽香。李白回望一眼身后的金陵城，转身上船。他总是能很快地从感伤中脱身出来，他向朋友拱手道别：诸君且回吧，与这滔滔江水相比，这点离情别绪又何足道哉？

心中有一份不灭的理想豪情，别金陵，往广陵，李白依然激情满怀。

大运河，历来承载着国家朝廷运送盐粮兵甲的重任，一代代的王朝命运，便也与之息息相关。古运河从瓜洲入江口到宝应的黄浦，百余公里的河面上，亦是樯帆林立，官舫商船，穿梭不绝。广陵，今日扬州，虽无金陵六朝古都的龙盘虎踞之气象，但因其依大运河而生，是四通八达的水陆交通枢纽，也有着非同一般的繁华。这里遍布园林亭台、古寺高塔，多少盐商大贾与官场名流，都选择在这里建立他们的宅第。扬州的琼花竹影，扬州的声色犬马，不比金陵逊色，倒比金陵更风流。

比李白晚生一个多世纪的杜牧，在扬州十年一梦，赢得青楼薄幸之名。李白在扬州，当然也免不了这样的诗酒风流。只是李白比杜牧更洒脱一些，他轻易不会为情所困。更多的时候，他选择与豪友文士们痛饮狂歌。

在他后来作的《上安州裴长史书》中，李白曾颇自豪地自言道：

"曩昔东游维扬，不逾一年，散金三十馀万，有落魄公子，悉皆济之。此则是白之轻财好施也。"

唐代的钱币换算成人民币是一个较为复杂的过程，且不一定可靠。三十万金是多大的数目，也就不太容易算清。总之，是很大一笔钱。那时又没有现在的银行卡或微信、支付宝，真金白银有着实实在在的体积重量——莫说消费，携带也是个问题。李白诗中常用夸张，他的散文中其实也常有此嗜好。在扬州，到底有没有三十万金供他挥霍，且一年内散尽，似乎找不到答案了。不过李白出言阔，出手也阔，一年散尽三十万金也不是没有可能。只是那三十万金，从哪里来，又如何携带，倒是个谜。

吴越览胜

玉瓶沽美酒，数里送君还。

系马垂杨下，衔杯大道间。

天边看绿水，海上见青山。

兴罢各分袂，何须醉别颜。

——《广陵赠别》

李白的脚步在路上，灵魂亦在路上。从荆楚大地，到古都金陵，从金陵到广陵，聚合，分离，于他来说已成常态。面对朋友举起的离别酒杯，李白一饮而下。转身上马，扬长而去。这一次他要前往剡中：从广陵乘船南下，沿运河入会稽，进剡溪。那里还有李白心向往之的天台山和天姥山。

《会稽志》载："天姥山在新昌县东南五十里，东接天台华顶峰，西北联沃洲山。上有枫千余丈。"更有《天地宫府图》将天姥列为七十二福地之一。那样一处福地洞天，对好神仙的李白自有着非凡的吸引力。

离别扬州前，好友储邕置酒相送，李白赠诗而别——

借问剡中道，东南指越乡。

舟从广陵去，水入会稽长。

竹色溪下绿，荷花镜里香。

辞君向天姥，拂石卧秋霜。

——《别储邕之剡中》

李白离开扬州，开元十四年（726）夏，正是竹碧溪涨、荷花盛开时节。因为远方有天姥山神仙的召唤，那一趟行程变得轻松而充满诱惑。

一路上饱览越地山水，体味越地民俗风情。当年随越王破吴归来衣锦还乡的英雄义士，如花一样满春殿的宫女，如今皆已归尘土，只有鹧鸪声声，惹人闲愁。倒是那些随处可见的越女，让李白眼前一亮，留下会心一笑。她们一个个眉目明朗美若星月，白皙的小脚穿着越地特有的木屐，穿梭在若耶溪的莲荷间，嘴里哼唱着婉转悠扬的越地小曲儿。见有人来，便佯装害羞躲入荷花后面去。李白一口气写下《越女词五首》，送给这些可爱的越中娇女儿。

探访越地名胜，登天台，观沧海，李白把豪情与诗意泼洒了一路。

天台山位于今浙江省天台县北，西南连仙霞岭，东北遥接舟山群岛，素以"佛宗道源、山水神秀"而著称。

据《台州府志》载：天台山在天台县北三里。从神迹石起，到华顶峰，皆为天台山之城，为城邑诸山之总称。

《天台山全志》载天台山"高一万八千丈，周围八百里，山有八重，四面如一"。

东晋文学家孙绰在《游天台山赋》中对天台山更是赞不绝口："天台山者，盖山岳之神秀者也……夫其峻极之状，嘉祥之美，穷山海之瑰富，尽人神之壮丽矣。"

多年后，李白在《梦游天姥吟留别》中亦曾写道："天台四万八千丈，对此欲倒东南倾。"李白诗中夸张，但天台山之险绝还是可见一斑。

四明山与天台山紧邻，李白先登四明山，之后又经赤城山前往天台山。

赤城山乃天台山之南门，满山都是赤红色的岩石，状似云霞，山色之美自不必言。由此山直登天台极处华顶峰，虽山路险绝，但一路上明艳如霞的山石，还是让年轻的李白如有神助，脚下生风。他一路走，一路流连，待登上绝顶，极目远眺，但见脚下的大海一望无际，波涛翻滚，猎猎天风鼓动衣袍，荡涤了一路的疲惫。李白的眼前似又现那只展翅翱翔的大鹏，看到了波涛汹涌之中时而出没的巨鳌："云垂大鹏翻，波动巨鳌没。风潮争汹涌，神怪何翕忽。"

《天台晓望》一诗中，李白大赞天台盛景，又表自己寻仙学道之鲲鹏之志。他在诗中道："观奇迹无倪，好道心不歇。"看来李白此次登山，主要还为寻仙求道而来。

从天台山下来，李白又登上天姥山。多年后，他再度梦游天姥山，写下那首《梦游天姥吟留别》。因"梦游"二字，有后世学者便据此断定李白完全是凭自己超凡的想象力完成此诗，他一生可能都没去过天姥山。事实上，李白年轻时已登临此山了。

越地的山神水秀，依然留不住李白匆匆的步履。自天姥山下来后，李白又返苏州。已是开元十五年（727）的春天了。

　　这座两千年前的吴国都城，如一位沧桑的老人，其衣褶皱纹间，随处都可能藏着一段令人追思回味的往事。

　　登上苏州城西南姑苏山上的姑苏台，眼前的旧苑荒台，哪里还有昔日吴宫盛迹？人去台空，唯有一片柳色青青；馆娃歌舞早歇，唯有民间的菱歌清唱。融融春光中，李白的思绪飘飞回两千年前——

　　那时的吴王夫差何等威武，他耗巨资花三年时间建成这座周旋诘屈、横亘五里的姑苏之台。那时的姑苏台又是何等壮观，千名宫妓，在春宵宫中陪侍吴王彻夜欢娱。为长夜饮，夫差命人造千石巨型酒盅。为与美人戏水，又作大池，池中造青龙舟，日与西施水戏。

　　而今，这一切都已烟消云散了。唯有一轮西江月，曾照吴王宫里人。短暂的是帝王家的奢华，长久的是寻常百姓的日常生活。

> 旧苑荒台杨柳新，菱歌清唱不胜春。
> 只今惟有西江月，曾照吴王宫里人。

　　万千感慨，凝于笔端，化成这首含蓄浑雅的盛唐怀古绝句《苏台览古》。

　　长期的漂泊流浪，一路上又出手大方，李白的口袋渐渐瘪了下去。酒肉场上的朋友，你有钱时他们如众星捧月，你落魄了他们躲得没了踪影。李白变穷了，又加之生病，冷凄凄的夜晚，孤身一人躺在客栈的床上，唯有窗外一轮明月相伴。

> 床前明月光，疑是地上霜。
> 举头望明月，低头思故乡。

　　离家那么久，李白想家了。一首《静夜思》，没有任何雕琢修饰，就那么自然而然脱口而出。轻轻低头的那一刻，似乎可以看到诗人腮边晶莹的泪滴。

这首乐府体小诗，代表了李白学习古代风谣之体的成就，也成为后世人寄托故乡之思的代表作。凡有汉语处，就会有这首诗。多少孩子的唐诗启蒙亦从此诗开始。

《国风·魏风·园有桃》："心之忧矣，我歌且谣！"情满心中，脱口而出，丝毫不加构想之力，正是风谣本色。那个不能寐的夜晚，那一地冷如秋霜的月光，撩动李白的乡愁，也为后世留下这首千古绝唱。

"露从今夜白，月是故乡明。"杜甫诗中的秋露，李白诗中的秋霜，皆因那一轮共同的月亮而晶莹深情。天下的思乡心是相通的，而落魄之中流落异乡，会让那份乡思加倍的浓重。

再返扬州，李白已明显没有第一次来扬州时的潇洒。钱挥霍得差不多了，功业依旧无任何起色，又适逢卧病，愈发让李白想念蜀中故土。相如台、子云宅、大匡山，频频入梦，尤其是老师赵蕤，他的叮咛言犹在耳……自己雄心满怀出蜀，四海一番游荡，却是一事无成。那夜的月下，李白披衣起身给赵蕤写了一封信，附诗《淮南卧病书怀，寄蜀中赵征君蕤》于其后。那是他出蜀后第一次在诗中提及蜀地故人，好像也是最后一次。在彼时李白的世界中，赵蕤也许是最能理解他心意的人吧。

> 吴会一浮云，飘如远行客。
>
> 功业莫从就，岁光屡奔迫。
>
> 良图俄弃捐，衰疾乃绵剧。
>
> 古琴藏虚匣，长剑挂空壁。
>
> 楚怀奏钟仪，越吟比庄舄。
>
> 国门遥天外，乡路远山隔。

李白传

朝忆相如台，夜梦子云宅。

旅情初结缉，秋气方寂历。

风入松下清，露出草间白。

故人不可见，幽梦谁与适。

寄书西飞鸿，赠尔慰离析。

身若浮云，随风飘荡，东南西北，功业无成，就好似那古琴虚藏于匣不得鸣，长剑空悬壁上而无用武之地。这首诗，可视为李白对自己游历江南、越中那段岁月的一个小结。诗中他一改往日豪放飘逸、志得意满之形象，言语中充满怀才不遇的感慨与忧伤。

他是李白，伤感但从不沉溺。他把忧愁郁闷打包，寄走。再如初出发时那样，义无反顾上路！

泊居安陆

"吴会一浮云，飘行如远客。"浮云浪子，浪迹江湖，这一句诗，似是李白一生的真实写照。

开元十五年（727）暮春，李白结束了在吴越、浙东的漫游，从扬州出发，准备沿江西上，返回蜀中老家。几年游历，他也许真的有些累了。

船至湖北安陆，李白在涢水之滨的平林渡（古应山平林市府河渡口）泊船过夜。是夜风清月明，撩动李白无限诗思。他不由步下船头走上岸来，准备整理一下思绪赋诗抒怀。蓦然间一抬头，在他的西南方向，茫茫月色之下，那座黛青色的山峦跃入眼帘。虽然距离遥远，光线也不甚好，李白还是有种怦然心动的感觉。凭他的直觉，那会是一座充满灵性与仙气的山。

那座山，即白兆山，又称碧山。《太平寰宇记》卷一三二"淮南道安州安陆县"载白兆山在"县南三十里"。《舆地纪胜》卷七十七"德安府"载桃花岩"在白兆山，即太白读书之处"。

很多的史载记录都表明，李白与这座山发生过密切的联系。

白兆山上，有风景极佳的桃花岩，白兆山西麓有一天然而成的山洞，如从百仞峭壁中腾出，山顶上有千年的银杏一株，下有一眼绀珠泉，泉水常年青绿色，会有串串水泡从水底翻腾上来……左为读书台，右有笔架山，中间为桃花岩。这样背倚青山、左环右护的风水宝地，不正是文人高士们苦苦寻觅的理想栖居地吗？

白兆山下，有江淮一带最显赫的豪门望族——安陆许圉师、郝处俊两族。许圉师曾贵为高宗朝宰相，郝处俊是许圉师的外甥，高宗即位后官拜中书侍郎，后迁中书令。自古权贵不分家，这两大家族又有着如此亲密的亲属关系。故在安州当地，有民谣称"贵如郝许"。

也许，这才是李白最为看重的一点。

有传记说李白泊居安陆，是因偶然路过并喜欢上这里，也有说是扬州的朋友介绍他来这里。笔者倒更愿意相信，他是特意前来。安陆许、郝两家的名声，对急于步入仕途的青年李白来说，吸引力也许更胜那里的山山水水。

在平林渡的东北方向，也有一座黛青色的山峦，正与白兆山遥遥相对。

那座山就是寿山，寿山亦是鄂北岗地上百里闻名的仙山。《方舆胜览》记载，寿山，在德安府安陆县西北六十里，昔山民有寿百岁者，故名。又因山在县城北，故称北寿山（今湖北广水寿山）。按唐时的行政区划，淮河以南的河南、湖北、安徽一直东到大海，都归淮南道管辖，寿山正在其辖区内，故当时亦称为"淮南小寿山"。

此山清秀幽雅，古木森森，山上有道观和寺院多处，很多高人隐士会选择到这里参禅悟道，读书养性。这改变了李白直接落脚白兆山的初衷，他把自己旅居安陆的第一站，定在了寿山。

李白一生迷恋漫游，纵情山水，是当时的时代风气使然——士子文人为开拓视野增长见识，也为寻求仕进的机会，漫游成风。除此之外，李白的道教情结也是一个重要原因。

李白的脚步，被寿山牵绊住了。漫步山中，他发现自己果真到了一处"攒吸霞雨，隐居灵仙"的仙境中。此山虽高不过百丈，但奇峰叠翠，烟岚环绕，尤其是东西二峰，更有"阆风接境"，大有"与昆仑抗行"之势。若能在此地隐居，朝饮清露夜闻泉吟，抚绿绮和流水清音，自然能让自己道学精进。

仅短短几天时间，李白便游遍了寿山的奇山秀水，三观十八寺。

白兆山与寿山，中间只有一条涢水相隔，真正的"一水担二山"。李白不仅在寿山拜谒了龙泉寺和紫霞观，游览寿山之西石门山上的石岩寺，还越过涢水登上白兆山的桃花岩和白兆寺。

那段时间，李白几乎天天往来于寿山和白兆山，沉醉于山水之间，也不时去拜访一下安陆的社会名流，蔡十、廖候、李幼成、李令问等。安陆城里的茶坊酒肆间，自此多了一个陌生的年轻身影。李白能诗，且善饮，文朋酒侣聚在一起，觥筹交错，吟诵唱和，一时搞得安陆城中酒肆里的涢酒都成了抢手货。酒肆老板一看见李白的身影便笑逐颜开。

寿山之阳，有一座长寿观。虽然此观看上去已有些破败不堪，其气势、香火也根本无法与寿山之阴的龙泉寺和寿山东峰之巅的紫霞观相比，但那个掌门的道士，却让李白毫不犹豫地选择那里做了自己在寿山的落脚点。

那位道士，是当时隐居随州的著名道士胡紫阳的弟子，他的师爷，也就是胡紫阳的师傅，则是李白早在江陵就曾拜会过的天台道士司马承祯。如此渊源，让李白与这位掌门道士格外亲热，相处甚是融洽。

时光在不觉间悄然流走。暮春时节登寿山，转眼已是夏末秋初。这个季节的寿山，流泉飞瀑遍布，茂林修竹郁葱，虽是三伏天，坐于长寿观前的千年古树下，只觉清风习习，遍身凉意。神仙的日子，恐怕也就如此了。淤积李白胸中的郁闷不得意都被挥散，他甚至有了长期在此山隐居的想法。

李白哪里会想到，那样平静恬适的日子，竟被一封不约而至的信给扰乱了。信是扬州的孟少府寄来的。这位孟少府是一年前李白在扬州结识的好友。他极为欣赏李白的才气，李白游历扬州期间，曾得他的不少帮助，尤其在李白穷困潦倒，病卧扬州旅馆时，是孟少府雪中送炭帮他渡过难关。

李白将自己有意隐居寿山的想法写信告诉了他，原本是想与他一起分享自己的快乐，孰料孟少府一接到信就急了，在他的心中，李白是有冲天之志的大鹏，理应到更广阔的天地去展翅，岂可贪图眼前安逸，而隐于这寂寂无名的小山丘中？

孟少府在信中对李白说了些什么，不得而知，但从李白给他的回信中，可知他在信中一定对李白提出了批评，大意就是责备李白不该胸无大志，不该如此"小隐"，更不该以"特秀""多奇"自居。他希望李白认真攻读诗书，走科举之路。

科举之路，谈何容易。李白就是一商人的儿子，没背景，无资历，只有满满一腔报国志。在他看来，隐居深山，潜心修炼，或许终有一日，他会像春秋时期的管仲、晏婴，像晋代的谢安，三国时的诸葛亮那样，被慧眼识英才，破格录用，从而实现自己济世之志。

李白传

《代寿山答孟少府移文书》，李白几乎一气呵成。

该文以寿山的口气作答，对孟少府言其"小而无名"给予有力回复：

寿山言自身生于远古宇宙洪荒之间，经大自然之气的化育，而成为楚之分野，控荆、衡之远势。所谓"盘薄万古，邈然星河。凭天霓以结峰，倚斗极而横嶂。颇能攒吸霞雨，隐居灵仙。产隋侯之明珠，蓄卞氏之光宝，馨宇宙之美，殚造化之奇"。

李白如此盛赞寿山，当然是为下面言明自己的理想追求、功名情结作铺垫。在这篇奇文中，李白借寿山之口写道：

> 近者逸人李白自峨眉而来，尔其天为容，道为貌，不屈己，不干人，巢、由以来，一人而已。乃虬蟠龟息，遁乎此山。仆尝弄之以绿绮，卧之以碧云，嗽之以琼液，饵之以金砂。既而童颜益春，真气愈茂。将欲倚剑天外，挂弓扶桑。浮四海，横八荒。出宇宙之寥廓，登云天之渺茫。

"天为容，道为貌"，隐居寿山的李白，服丹炼药，饮玉液琼浆，高卧松云，弹绿绮清音，过着虬龙盘曲、神龟静息的神仙生活。自尧帝时巢父、许由以来，仅此一人而已。李白一支如椽巨笔狂扫，将上下五千年的圣贤名士一笔扫过。这已不仅仅是傲气凌人，而是狂气冲天了。

李白之所以敢如此写，是心中始终有着一份"达则兼济天下，穷则独善其身"的理想之火在猛烈燃烧。他接着写道：

> 吾与尔，达则兼济天下，穷则独善一身。安能餐君紫霞，荫君青松，乘君鸾鹤，驾君虬龙，一朝飞腾，为方丈、蓬莱之人

耳，此则未可也。乃相与卷其丹书，匣其瑶瑟，申管、晏之谈，谋帝王之术。奋其智能，愿为辅弼，使寰区大定，海县清一。事君之道成，荣亲之义毕，然后与陶朱、留侯，浮五湖，戏沧洲，不足为难矣。

这篇《代寿山答孟少府移文书》是李白生平极为重要的文字。他把一生的抱负追求、功成名就后退隐江湖的美好愿望都倾注其中。文字里的李白，自视极高，自信、自傲甚至有几多自负。有人将此文视为李白立世的宣言书，亦有人说这样的自傲自负恰是他极度自卑的表现。以极度的自负来掩饰极度的自卑，恰如他经常以豪迈飘逸来掩饰心底浓愁。

不知道这样一篇文字抵达孟少府手中，孟少府会做何感想。从人性的普遍共性来说，如此张扬、傲岸不羁的性格，在人群中就像一轮炽热的太阳，偶会灼伤别人，亦可能灼伤自己。李白后来处处碰壁，与此不无关系。

开元十五年（727）冬天，李白来寿山隐居已近一年时间了。一场大雪过后，寿山和白兆山变成一派银装素裹的世界。大雪阻断了进山出山的路，李白与安陆城的酒朋诗友们，已有一个多月不来往了。曾经在信中对朋友津津乐道仙山之美的李白，忽然被一股莫名的孤寂包围。他想起了随州的紫阳道人。紫阳道人姓胡，是天台道士司马承祯的嫡传弟子，此时就隐居在随州的道教名山仙城山。

"入神农之故乡，得胡公之精术"（张旭草书《李清莲序》），也许为着胸中这样一股冲动与热情，李白顾不得风大雪急，身披蓑衣头戴斗笠，从寿山步行出发了。此行路上艰辛略去不提，李白最终在随州的仙城山苦竹院如愿见到了他仰慕已久的紫阳道人，并与之结为"神仙交"。

此次随州之行，还让李白结识了另一位重要的道友——元丹丘。

元丹丘，字霞子，自号丹丘子，叶县人。茅山派第七代嵩山传人，师从胡紫阳，为司马承祯的三传弟子。李白则是司马承祯的"仙踪十友"中的第十位。大约正为这层关系，二人在随州一见如故。

在李白眼中，元丹丘是一位长生不死的仙人。一生骄傲的李白，单为元丹丘写的诗便有20首之多。二人的交往时间长达22年。这在李白一生交游的人中，实为罕见。

在仙城山的那段日子里，李白常常与紫阳道人、元丹丘围炉夜话，彻夜长谈。临别之际，李白欣然为紫阳道士题壁一首，是为《题随州紫阳先生壁》，他甚至以为自神农、季梁之后，随州实"无一物可记"，只有这个紫阳道人让他激动不已：

神农好长生，风俗久已成。复闻紫阳客，早署丹台名。喘息餐妙气，《步虚》吟真声。道与古仙合，心将元化并。楼疑出蓬海，鹤似飞玉京。松雪窗外晓，池水阶下明。忽耽笙歌乐，颇失轩冕情。终愿惠金液，提携凌太清。

李白此次随州之行，可谓收获多多。与紫阳道士多日谈经论道，终让他明白自己的狭隘之处。亦如孟少府信中所劝，没有功名，不进仕途，谁又能知道这寿山山中还有他这样一个无名小辈。谁又会像刘备那样三顾茅庐请他出山呢？再看司马承祯、胡紫阳，无不是在功成名就后选择了隐居，这也让他们的名声越响，身价倍增。

李白决定再向前迈步，为自己的前途努力一搏。

开元十六年（728），又一个春天来临。漫山的冬雪化尽，满山的春花盛开。桃花红，杏花白，梨花李花开满寿山的沟沟坎坎。清明刚过，李白便背起行囊宝剑，辞别仙城山长寿道人，向洛阳进发了。此次陪他一起北上的，还有李白在安陆结识的李幼成、李令问等四位朋友。他们听说李白意欲去洛阳与许、郝两家后人联络，决定陪他一同前往。多一个朋友多一份力，朋友们的义气，更加助长了李白北行的信心。

李白的这次洛阳之行，似乎并不太顺利。许、郝两家的后人倒是见到几个，他们对李白的才气也颇为欣赏，但谈到推荐，就都唯恐避之不及。李白的狂傲之名在洛阳也早已传开。他们可能担心推荐这样的人入朝终究会给自己带来灾祸。

万般无奈之中，李白想起此前在随州结识的元丹丘。自寿山出发之时，长寿观的主持道士亦曾提及他，言李白若在洛阳遇到难处，可以前往颍阳去找元丹丘。

洛阳这一带，人们可能不知道谁是当朝宰相，但绝没有人会说不知道元丹丘。在时人眼中，元丹丘可是一位神一样的人物，他穿梭于上流社会中，能呼风唤雨。上至皇帝公主，下至王公大臣，几乎都对这个会炼丹的道士尊崇有加，他们奉他为座上宾，以能邀请到他为荣为傲。若由他出面来推荐，李白的仕途也许会走得顺畅许多。事实上，李白后来能西入长安，走到皇帝身边做文学侍从，也正得益于元丹丘的举荐。当然，那是后话。

李白顺利地在颍阳找到了元丹丘。元丹丘早已知道李白要来的消息，提前备了好酒好菜好茶。他决定助这个满身狂傲气也满怀抱负的年轻人一臂之力。眼下，元丹丘要推荐李白去见的人还不是皇帝，而是河南丞许诛。正是这位许诛，在李白和安陆许家的高门大院之间搭起了一座桥梁，也让李白有了生命中的第一段姻缘。

第三章　从安陆到长安

入赘相门

李白个子不高，以现在姑娘们的求偶条件，单单报出身高可能就遭疯狂灭灯。李白也没什么背景，只身一人背着剑囊书袋，走出四川，四海为家。李白也有有钱的时候，譬如当初在扬州，他自道一年挥霍三十万金。今朝有酒今朝醉，李白是有钱就花，且是大把地花。

在洛阳一带畅游，李白与新朋友老朋友们，过的依然是黄金白璧买歌笑的潇洒日子。等重返安陆时，他的口袋又空了。可就是这样一个穷得只剩下一身骨气的落魄书生，却在安陆结上了他生命中的第一场姻缘。

他得到前宰相许圉师孙女的青睐。

说起许家与安陆的渊源，不得不说一下安陆与李唐王朝的关系。

安陆是李唐王朝发迹地之一。早在北周年间，唐高祖李渊之父李昺便任安州总管，李渊的青少年时代亦曾在此度过。唐太宗时，又将自己颇为喜爱的三子吴王李恪任为安州都督，李恪妃杨氏死后则葬在安陆的王子山。可见安陆与李唐宗室的渊源之深。

安陆许家与唐皇室的关系，自许圉师的父亲许绍那一辈起变得尤为紧密。许绍之祖许弘，父亲许法光，俱为楚州刺史。李渊幼时，曾与许绍同在官学馆内读书，是关系很不错的同学。后来李渊起兵，许绍以隋夷陵郡通守之职率黔安、武陵、沣阳等郡起义归唐，义无反顾地支持昔日老同学。因有此功，许绍被封安陆郡公。李渊登上皇位后，曾亲笔作书给许绍，追忆少时同游同学的快乐时光，又亲来安州与之相聚。李渊在信中道：

> 昔在子衿，同游庠序，博士吴琰，其妻姓仇，追想此时，宛然心目，荏苒岁月，遂成累纪。且在安州之日，公家乃莅岳州；渡辽之时，伯裔又同戎旅。安危契阔，累叶同之，其间游处，触事可想。虽卢绾与刘邦同里，吴质共曹丕接席，以今方古，何足称焉！而公追砚席之旧欢，存通家之襄好，明鉴去就之理，洞识成败之机。爰自荆门，驰心绛阙，绥怀士庶，纠合宾僚，逾越江山，远申诚款。览此忠至，弥以慰怀。

> ——《旧唐书·列传第九》

从这封亲笔信亦可知当时许家与李唐宗室关系之密。

《旧唐书·许圉师传》载："……圉师，有器干，博涉艺文，举进士。显庆二年（657），累迁黄门侍郎，同中书门下三品，兼修国史。三年，以修实录功封平恩县男，赐物三百段。四迁，龙朔中为左相。俄以子自然因猎射杀人，隐而不奏，又为李义府所挤，左迁虔州刺史……上元中，再迁户部尚书。仪凤四年（679）卒。"

从此记载中可知，许圉师的仕途还是颇顺遂的，若不是后来发生隐而不报儿子猎射杀人的事，许圉师的官途可以说几乎没什么风浪。

那时的许家，也真称得上高门巨第，相门之家。但到了许圉师的儿子这一辈，那份风光显然就弱了许多。史载许圉师共有五个儿子：自持、自遂、自正、自然、文思。其中除自正曾任泽州刺史，文思曾为静福府果毅，自然任奉辇直长，因猎射杀人被免职外，其余几子皆无授官记录。至于许圉师的孙子辈儿，更是一片空白。开元年间，让许家保持其世家荣耀的，不在许圉师这一支了，而皆在他的侄孙辈中。

嫁给李白的许氏，是许圉师的亲孙女，但出于五子中的哪一家，无考。

许家虽说昔日的荣耀不再，但毕竟是曾官至高位且博通艺文的相门之后，且当时家族其他支还有许多人在朝为官，声名显赫，居于京洛。许氏家族的女儿，也应该算得上是知书达理的大家闺秀，择婿条件自然不会太低。而李白虽然家庭出身不太好，但一身才气，满怀大志，河南丞许谏欲把李白介绍给前宰相的孙女，上门为婿，对双方来说都算得满意。此事一拍即合，在李白北游重返安陆不久之后即成定局。

"赘婿"一词，大抵汉代出现。司马贞《索隐》对此词的解释："女之夫也，比于子，如人疣赘，是余剩之物也。"是说赘婿对于女家来说，犹如人身体上长出的疣赘，是多出来的废物。这个解释实实在在道出赘婿地位的尴尬。故自汉代以来，只有那些家贫子壮娶不起媳妇儿的人家，才会在无奈中把自己的儿子送出去给人当赘婿。即便是现在，在贫困落后的山区，农家男孩儿也只有在娶不起亲时才给人当上门女婿。上门女婿在妻家的地位，就如在公婆面前受气的小媳妇一样，其滋味一言难尽。直到现在，提到"上门女婿"一词，还会让当事人觉得难堪。

以李白的骄傲个性，他自然不能以那样难堪的身份入赘许家。事实上，至李白生活的唐代，择婿风尚已打破了六朝以来独重门户的风俗，在悄然间发生了改变；加之科举制度日渐完善，为寒门弟子入仕提供了有利的条件，所以很多高门望族会主动招一些寒门才俊之士入赘为婿。李白倜傥风流，才大志高，当时又颇有几分诗名，被许家看中不足为奇。

开元十六年（728）冬，安陆许家华堂装饰一新，张灯结彩，合府上下喜气洋洋，都在忙碌着李白和许小姐的婚事。

李白老家远在四川，其婚姻大事只能由自己做主。这桩婚事，有明显的政治因素，李白欲以许家为梯，达跻身仕途的目的。当然也不乏两情相悦的爱情。许氏出身名门，秀外慧中，知诗书，善持家，与年轻浪漫的李白，新婚燕尔，如鱼水相谐，琴瑟和鸣，道不尽的缠绵。二人在许家过了一段不知晨昏日月的甜蜜时光。但时间一久，问题就来了。许府再好，毕竟是女方的娘家，以李白的个性，让他长此以往过着这种寄人篱下的日子，他肯定不乐意，也无法接受。

嫁夫随夫，许氏倒能理解李白的心思，李白说到白兆山桃花岩筑室单住，搬离许家，许氏二话不说就跟着他来到了白兆山桃花岩。

李白在后写给朋友监察御史刘绾的诗中，曾表达他与许氏在桃花岩隐居岁月的情深：

云卧三十年，好闲复爱仙。

蓬壶虽冥绝，鸾凤心悠然。

归来桃花岩，得憩云窗眠。

对岭人共语，饮潭猿相连。

时升翠微上，邈若罗浮巅。

两岑抱东壑，一嶂横西天。

树杂日易隐，崖倾月难圆。

芳草换野色，飞萝摇春烟。

李
白
传

入远构石室，选幽开山田。

独此林下意，杳无区中缘。

永辞霜台客，千载方来旋。

——《安陆白兆山桃花岩寄刘侍御绾》

《唐宋诗醇》卷六云："此等篇咏，与鲍参军、谢宣城自是神合，不徒形似。"李白的山水纪游五言诗，多渊源于大谢，但他又能学古而不泥，此诗的叙事写景，句句超拔有奇致，脱离尘俗之气。

李白这段时间的日子，过得确实赛过神仙。

有资料称许氏亦颇有才情，李白曾作乐府诗《长相思》：

日色欲尽花含烟，月明如素愁不眠。赵瑟初停凤凰柱，蜀琴欲奏鸳鸯弦。此曲有意无人传，愿随春风寄燕然。忆君迢迢隔青天，昔日横波目，今作流泪泉。不信妾断肠，归来看取明镜前。

诗以妻子思夫的口吻写出，写得情意绵绵，也多有伤感之意。那日，李白与许氏共坐窗下，李白忽然想考考妻子的诗才，遂随口吟出此诗，看许氏如何评价。孰料许氏听后，良久无语，却缓缓吟诵出另一首《如意娘》来：

看朱成碧思纷纷，憔悴支离为忆君。

不信比来长下泪，开箱验取石榴裙。

此诗为当年武则天在感业寺出家时写给唐高宗的情诗，诗虽短，情却曲折有致，写尽相思愁苦之感，也隐隐含有大胆的情挑之意。许氏不对夫君的《长相思》作评，却随口吟出武则天的这一首七言绝句，两首诗的高下评判，尽在无言的微笑中了。李白也不得不佩服妻子的鉴赏力。

一朵小小的日常浪花，折射的是李白那一段山中岁月的静好。

自搬离许家后，在白兆山桃花岩下，李白营建了一间温暖结实的石头房子，又在山中选幽胜之处开荒种地，自给自足。闲时高卧云窗，偶或与对面岭上人家隔空对话，共语家常。在山中相处久了，山里的猿猴都不怕人，不时会攀着岩石树木跳下来，到桃花岩下的绀珠泉去饮水。

无事的时候，李白会登上苍翠的山顶，极目四望。但见白兆山两翼的青龙、白虎二山，环抱着桃花岩壑；太阳每日在杂树间隐没，月亮在陡峭的崖壁后升起。山中四时杂花生树，芳草不时装点变换着山野的颜色；家中许氏勤劳贤惠，夫妇二人琴瑟和鸣，岁月如此复何求哉？李白竟有长隐此处，再不问世事的打算了。

山中无甲子，寒尽不知年。婚后三年，李白哪里也没去，就守在桃花岩，守着一个温馨的家，读书，种田，偶尔也会和远道而来的朋友对饮：

> 两人对酌山花开，一杯一杯复一杯。
> 我醉欲眠卿且去，明朝有意抱琴来。

这首《山中与幽人对酌》作于何时，不可考，诗中的山是白兆山，终南山，还是后来的敬亭山，或者其他的山？这个也许并不重要，重要的是诗中透露出的诗人那份闲适散淡之情，倒与他隐居桃花岩的这段岁月颇为契合。

当然，面对这样一个不问世事，只流连山水间的李太白，许多人也表示不理解。他们也许是李白的朋友，也许是普普通通的安陆百姓。总之，等他们问出那个在李白看来很可笑的问题时，那人就被李白毫不客气的归入到俗人的行列。《山中问答》（一作《山中答俗人》），李白不屑于回答，又答得无比巧妙：

> 问余何意栖碧山，笑而不答心自闲。
> 桃花流水窅然去，别有天地非人间。

黄叔燦《唐诗笺注》云："《山中答俗人》及《与幽人对酌》，皆是太白绝调。"

一幽人，一俗人，在李白笔下，都绝无尘世烟火气。然而，那神仙一样的日子，终究难抑李白心底深处的理想。一只有着冲天之志的鲲鹏，还未及展翅翱翔，怎可为儿女情长的红尘所牵绊？

弹剑悲歌

洛阳归来，千金散尽，依然两手空空，虽然有幸得佳人许家小姐赏识，在桃花岩成家立业，但李白心中始终摆脱不掉自己老大无成的伤感。

苦闷烦忧时，李白会下山到安陆城中，与朋友大醉一场。

唐时所酿造之酒多为米酒，初入口绵软香甜，毫无酒之烈性，待到一杯接一杯喝下去，后劲奇大，常常让人醉得不省人事。

那天，李白在不觉中就喝高了，随便找了个地方，倒头就睡，再睁开眼，天光大亮，已是日上三竿。拍拍脑袋，宿酒未醒透，脑袋还是昏沉沉的。想到在桃花岩家中等候自己一夜的妻子，李白强打起精神返家。马儿似乎也被主人醺醉了，一路上走得歪歪斜斜不成样子。

一醉马，一醉汉，就那么毫无防备地闯进了迎面而来的一队车马中。

李白是被极大的一声斥责声惊醒的。清醒过来，知道自己所冲撞的竟是安州李长史的车驾时，李白慌得一下子从马背上跌落下来。

李长史，李京之，堂堂正五品的大官员。

他何其鲁莽，竟然惊了长史的车驾。

面对眼前这个满脸惊慌又带有醉态的年轻人，李长史只淡淡地瞟了一眼，便极不耐烦地吩咐侍从继续赶路。他那抹凌厉的眼神，却像刀子一样从李白的心上划过，让李白站在原地心悸了大半天。一身的冷汗出来，所有的醉意都没了。

李白原本想找个时间去拜访这位李长史的，没想到竟以这样的方式相见。回头越想越懊恼，也越想越后怕。他决定要凭自己一支笔，把这次冲撞之罪的恶劣影响降至最低。

《上安州李长史书》，李白写得极是缓慢，也极为痛苦。与他以往写诗作文答朋友书不一样，这是写给李长史的道歉信，要表明自己真诚的歉意，但又不能是纯粹的道歉信，李白渴望李长史能透过这封书信看到他的才华：

> 　　白，嵚崎历落可笑人也。虽然，颇尝览千载，观百家，至于圣贤，相似厥众，则有若似于仲尼，纪信似于高祖，牢之似于无忌，宋玉似于屈原。而遥观君侯，窃疑魏洽，便欲趋就，临然举鞭，迟疑之间，未及回避。且理有疑误而成过，事有形似而类真，惟大雅含弘，方能恕之也。

信一开始，李白就巧妙的给李长史戴了一顶高帽子，也在不经意中表明自己博览群书，对历代圣贤形貌了若指掌。李长史您气度不凡，与古圣贤形似而类真，以至我临然举鞭而忘记回避，希望您"大

李
白
传

雅含弘"而宽恕。

在信中，李白一改往日的自信，谈及自己的处境，竟是满腹怅然与凄然："白孤剑谁托，悲歌自怜，迫于恓惶，席不暇暖。寄绝国而何仰，若浮云而无依，南徙莫从，北游失路……"他还在信中向李长史真诚解释，因前夜与一老朋友饮酒贪杯而导致他的失礼冲撞，又没有黄帝时离朱那样百步之内明察秋毫的锐眼，没有晋时王戎仰视太阳眼不花的能力，竟是有眼不识泰山，惊了李大人的车驾，对于此无礼之举，他已是魂飞魄散。

至于后面对李长史的赞颂之词，更是尽显谄媚：

> 伏惟君侯，明夺秋月，和均韶风，扫尘词场，振发文雅。陆机作太康之杰士，未可比肩；曹植为建安之雄才，惟堪捧驾。天下豪俊，翕然趋风，白之不敏，窃慕馀论。

把李长史喻作秋天朗月、温暖的韶风还情有可原，说李长史才超陆机、曹植，让天下名士俊杰风靡而至绕其左右，不知李白下笔时是否有过迟疑。这与以往、后来那个仰天大笑傲视群侯的李白，好像不是一个人。

我们也就能明白李白在安陆隐居这段岁月里的真实心态，所有的云淡风轻花好月圆，很可能只是掩饰其内心痛苦的一种方式。

写给李长史的信，终是没了下文。那封信丝毫没有改变李白的命运，倒给他的人生履历添上了不太光彩的一笔。因为李白在此文中极尽恭维之能事，又把自己的姿态放得如此之低，让很多他的粉丝无法接受。

李长史没理睬李白。后来，李白又曾谒见安州郡都督马公，恰李长史也在场。初次相见，郡都督即为李白的才华风采所折服，不由扭头对李长史道："诸人之文，犹山无烟霞，春无草树。李白之文，清雄

奔放，名章俊语，络绎间起，光明洞彻，句句动人。"（《上安州裴长史书》）

纵然如此，李长史还是没把李白当回事儿。

好在安州很快来了另一位长史裴长史，李白继续投书问路。也许有了前次的经验教训，这一次，李白的《上安州裴长史书》写得不卑不亢，将自己的家世、生平、志气、抱负、德才以及自己轻财好施、重情重义的性格特征，娓娓道来。这篇文章亦成了后世研究李白生平的重要资料之一。

> 白本家金陵，世为右姓。遭沮渠蒙逊难，奔流咸秦，因官寓家。少长江汉，五岁诵六甲，十岁观百家。轩辕以来，颇得闻矣。常横经籍书，制作不倦，迄于今三十春矣……乃仗剑去国，辞亲远游。南穷苍梧，东涉溟海。见乡人相如大夸云梦之事，云楚有七泽，遂来观焉。而许相公家见招，妻以孙女，便憩迹于此，至移三霜焉。曩昔东游维扬，不逾一年，散金三十余万，有落魄公子，悉皆济之。此则是白之轻财好施也。又昔与蜀中友人吴指南同游于楚，指南死于洞庭之上，白禅服恸哭，若丧天伦。炎月伏尸，泣尽而继之以血……

后人读到的很多关于李白的奇闻逸事，多出于此篇，少年时代隐居匡山与东严子饲养奇禽千只，青年时代与朋友吴指南同游湘楚、洞庭湖畔剔骨葬友，维扬一年散金三十万……

李白此文，可谓情辞并茂、刚柔并济。文中的他，时而趾高气扬，时而俯首帖耳，亦可见李白写此文时的复杂矛盾心情。信的最后，他对裴长史道：

　　愿君侯惠以大遇，洞开心颜，终乎前恩，再辱英盼。白必能使精诚动天，长虹贯日，直度易水，不以为寒。若赫然作威，加以大怒，不许门下，逐之长途，白即膝行于前，再拜而去，西入秦海，一观国风，永辞君侯，黄鹄举矣。何王公大人之门，不可以弹长剑乎？

　　李白如此剖心析肝，向裴长史坦陈自己的家族、故乡、行止、人品、性格、才华及时人对自己的评价，其目的无非就是能得裴长史的赏识提携。若能如此，李白表示愿意"士为知己者死"，若是裴大人也如众人一样对他不理不睬甚至怒而追逐之，他将如黄鹄高举，西入长安去观光，到王公大人之门去求助，再不回来……

　　话到最后，说得已不那么客气。裴长史显然没有给李白他渴望的回应，接下来，李白真如自己信中所道，飘然而入长安。

　　那是开元十八年（730）的春夏之交，李白决定离开安陆，西入长安。关于这个时间的认定，学术界正是从李白在《上安州裴长史书》的自述中得来。

　　与以往的出门游历不同，这一次，李白有了家室的牵绊，心中也多了几多顾虑与不舍。婚后三载，与妻子许氏未曾久别，感情日深。李白眼中的不舍，许氏最懂，但她更懂丈夫心中的凌云壮志。没有抱怨和泪水，许氏将家中诸事揽去，让李白放心前往。

　　在后来李白写的《幽歌行上新平长史兄粲》一诗中，可知他离家的时候正是荷花初红柳条碧的初夏季节，"忆昨去家此为客，荷花初红柳条碧"。

　　李白此去长安，自然依旧是为着自己报效明主、功成身退的人生理想。可长安皇门深似海，他一介布衣平民，一无显赫身世地位，二无权贵名流引荐，虽有一身傲骨一身才气，谁又会认识他李白是谁呢？必定要有人为他搭桥铺路才好。

故而李白去长安之前，先想起了昔日道友元丹丘。元丹丘神通广大，与皇宫内苑多有交往，他能自由出入九重宫阙，常与天子谈仙论道，与玄宗热衷于修仙学道的妹妹玉真公主颇熟。若能得他帮助推荐，李白也许能更快捷地接近李唐皇朝的权力中心。

在嵩山元丹丘山居，李白再次见到了这位令他仰慕不已的老友。元丹丘仍然一派仙风道骨，在他的颍州山居之中，云卧空林，日则畅游山林之美，夜则炼丹养生，过着"松风清襟袖，石潭洗心耳"的神仙生活。见李白前来，元丹丘忙着与他品清酒论诗文，谈玄论道。因有求而来，李白心事重重，哪有心思陪老友谈这些。李白的苦恼，终究还是被元丹丘识破。元丹丘遂向李白介绍了玉真公主。

玉真公主，法号无上，字玄玄，号持盈，为唐睿宗和昭成顺圣皇后窦德妃之女，唐玄宗之胞妹。也许是幼年生活深宫的经历，玉真公主小小年纪就厌倦了宫中的钩心斗角，而沉溺于神仙道学。天宝二年（743），玉真公主正式出家为道士。

除玉真公主之外，元丹丘还向李白推荐了当时的宰相张说。在元丹丘看来，李白要跻身仕途，最终少不了朝中权贵的引荐。他让李白前去长安拜访张说。

据有些李白的传记中记载，那次嵩山之行，李白收获颇丰。元丹丘不但为他指点迷津，还亲自陪他前往长安。对于此说，笔者存疑。若那次元丹丘同行，李白也许就不用在终南山苦等，最终无功而返了。

西入长安

24岁辞亲远游，至开元十八年（730）30岁西入长安，这中间几年，李白的足迹踏遍蜀中、江南，东至滇海，北到洛阳一带，什么样的名胜古迹名山胜水，都见识过，也遍结世间仙朋道友，权贵名流。可当他来到大唐王朝最繁华的西京长安时，还是有些目不暇接。长安城的恢宏繁华，远远超出了他的想象。

长安，历史上第一座被称为"京"的都城。从周文王开始定都于此，一直到唐朝，先后曾有13个朝代在此建都。其建都朝代之多，建都时间之长，在中国六大古都中居于首位。尤其到了隋唐时期，长安更是得到了空前的发展。

中国著名建筑学家梁思成在《中国建筑史》中曾对长安的历史及城市布局做过详细的介绍：

> 隋文帝以周长安故宫"不足建皇王之邑"，诏左仆射高颎，将作大匠刘龙等，于汉故城东南二十一里龙首山川原创造新都，名曰大兴城。城东西十八里余，南北十五里余。城内北部为皇城；皇城内北部又为宫城；即文帝之大兴宫也。自两汉南北朝以来，京城宫阙之间，民居杂处；隋文帝以为不便于民，于是皇城内唯列府寺，不使杂人居止，区域分明，为都市计划上一重要改革。后世所称颂之唐长安城，实隋文帝所创建也。

至武德元年（618），唐高祖李渊称帝建立大唐，定都长安，几代帝王又先后对长安进行扩建，大明宫、兴庆宫等新宫殿拔地而起，更显这座皇城的雄伟气概。以大明宫为例，将它与世界上其他国家的著名宫殿相比，一组数字足以让人震惊：唐大明宫占地3.2平方公里，相当于3个凡尔赛宫、12个克里姆林宫、13个卢浮宫、15个白金汉宫。

长安城的规模之宏伟，布局之严整，更是世间稀有。从"唐代长安平面图"来看，整个长安城犹如一个方方正正的棋枰，南北方向道路有11条，东西方向的道路有14条，这些横平竖直的道路，将城市划分为网状的方格。那些为四面街道所划定的方格之内区域，称为坊，一坊为一小城，四面都有门。整座长安城，有110坊。

朱雀大街是纵贯长安城南北的一条中轴线，这条宽阔的大街像长安的大动脉，把宫城、皇城和外城连接在一起，也把长安城分成东西对称的两部分，东部属万年县，西部属长安县，东西两部各有一处繁华的商业区，称为东市和西市。

不到长安，不知城市的布局可以如此恢宏、规矩方正。清初顾炎武曾在《日知录》中写道："予见天下州之为唐旧治者，其城郭必皆宽广，街道必皆正直，廨舍之为唐旧创者，其基址必皆弘敞。宋以下所置，时弥近者制弥陋。"

大唐长安的建制之气魄，正是大唐大国气象与风度的展现。

开元十八年（730）前后，唐玄宗已登基十几年，正是海晏河清、天下太平的盛世。大唐长安，不光皇城宫阙巍峨，一派富贵，就是城中的寻常百姓，亦是家家有院落，户户有风景。街市上熙来攘往，和尚、道士、游侠、艺人、权贵、平民还有从五湖四海慕名前来的番邦人，把长安的街市挤得热闹异常。

那样的热闹，却让初来乍到的李白有些无所适从。站在长安城的朱雀大街上，李白像一滴水之于大海。没有人在意这个满脸期待又满目凄怆的异乡人。

依朋友元丹丘的指引，他应该先去拜谒宰相张说，若张说能引荐，他再与玉真公主联络，那将再好不过。张说任左丞相，颇有文名，官声也不错。据《新唐书》载，张说"善用人之长，多引天下知名士，以佐佑王化"。或许，正为这个原因，元丹丘才力荐李白来长安找他。

在长安城，许家也不过是明日黄花，李白这个上门女婿就更算不得什么人物。李白去拜谒张说的路走得并不顺利，几经辗转，受尽白眼冷遇，李白才勉强与张说的次子，当时的驸马都尉、卫尉卿张垍接上头。

张垍，张说次子，尚宁亲公主，亦是玉真公主的侄女婿。张垍继承了父亲的文学才华，又加上是皇上女婿这层关系，当时在玄宗面前正红得发紫。《旧唐书》载："玄宗特深恩宠，许于禁中置内宅，侍为文章，尝赐珍玩，不可胜数。"

结识了皇上的女婿且是皇上宠爱异常的女婿，李白的好运应该随之而来才是。可惜这位名相之子、皇上的驸马爷，才德不甚匹配，一贯的嫉贤妒能。李白的文名才名早已让他心中不爽，他怎么可能伸手帮助？不但不帮，后不断在玄宗耳边进谗排挤李白的也是他。可以说，李白从一开始就认错了人。

张垍倒也是帮了忙，但仅仅只是把李白安排到终南山北麓的玉真公主别馆，之后就再没有过问过他了。彼时玉真公主已久不在山中，别馆早已荒废多时，破败不堪，室内结满蜘蛛网，又适逢秋日阴雨连绵，室内潮湿，连厨房的案板上都长满了绿色的苔藓。秋雨一下数日，雨霖霖直如井水倒悬，把终南山锁进了茫茫雨雾之中。咫尺之间，已成山川之隔。加之雨水汇聚，泥沙塞道，外出亦变得困难。

李白来长安，身上本就没带多少钱，别馆中也没什么好吃的，菜地里也只能看见一些稀稀拉拉的野菜。实在饿得没办法时，李白会向周围的山民伸手讨些吃的。想要借酒浇愁时，只好解下身上的鹔鹴之裘，换来美酒喝醉在北堂。

除了缀补旧书为事，李白更多的时光只能是苦挨苦等。看别馆的情形，玉真公主怕是等不来了。只有那个介绍他来的张垍，希望他还能记得在这个荒凉破败的别馆中，有李白这样一位朋友。

秋坐金张馆，繁阴昼不开。

空烟迷雨色，萧飒望中来。

翳翳昏垫苦，沉沉忧恨催。

清秋何以慰，白酒盈吾杯。

吟咏思管乐，此人已成灰。

独酌聊自勉，谁贵经纶才。

弹剑谢公子，无鱼良可哀。

——《玉真公主别馆苦雨，赠卫尉张卿二首》（其一）

李白一直自信自己是有管仲、乐毅之才的，可惜的是再无鲍叔牙、燕昭王这样的赏识者。所以，他只能如当年在孟尝君门前的冯谖那样，弹剑高歌，一表心志。

在这首诗中，李白直接将张垍比作孟尝君，而将自己比冯谖。此诗抒写了李白的穷困处境与苦闷心情，风格沉郁，与其一贯的豪放诗风不同。可惜的是冯谖的好运没有降临到他身上，李白寄给张垍的求助信，没得到对方的任何回应。

玉真公主，更是遥不可及。她的仙姿玉容有时会出现在李白的梦里，给李白苦涩无聊的生活带来一点点亮色。

玉真之仙人，时往太华峰。

清晨鸣天鼓，飙欻腾双龙。

弄电不辍手，行云本无踪。

几时入少室，王母应相逢。

——《玉真仙人词》

因为这首《玉真仙人词》，有人断定李白此次终南山之行见到了玉真公主。事实上这是一种误读。李白真正谒见玉真公主是在天宝年间第二次入长安时，这一次，他是扑了空的。彼时，玉真公主已去河南嵩山见焦炼师了。

焦炼师是司马承祯的弟子之一，也是玉真公主的师父。

李白去嵩山，曾慕名前往拜谒。无奈焦炼师更是一位来去无踪的"活神仙"，李白根本无法追踪到她的仙踪萍影，只好留下一诗一序怅然而去：

> 嵩山有神人焦炼师者，不知何许妇人也。又云：生于齐、梁时，其年貌可称五六十。常胎息绝谷，居少室庐，游行若飞，倏忽万里。世或传其入东海，登蓬莱，竟莫能测其往也。余访道少室，尽登三十六峰，闻风有寄，洒翰遥赠。

> ——《赠嵩山焦炼师序》

卫尉张卿不来，玉真公主无影，李白在苦雨中终日闷坐，借酒浇愁。那些王公大臣、皇亲国戚如那个秋日难得露面的太阳一样，李白只好走出终南山，到长安城中，自谋生路。长安城里倒有一些和他性情相投的人，却多是一些品秩较低的小官，仕途上帮不上什么忙，顶多只能在他困窘之时给他一点点资助，一点点安慰与温暖。

崔宗之即是李白这一时期在长安结识的一位重要的朋友。

崔宗之，名成辅，宰相崔日用之子，袭封齐国公。崔祐甫《齐昭公崔府君集序》载："公嗣子宗，学通古训，词高典册，才气声华，迈时独步。仕于开元中，为起居郎，再为尚书礼部员外郎，迁本司郎中。时文国礼，十年三入，终于右司郎中。年位不充，海内叹息。"

崔宗之与杜甫、李白以文相知，两位大诗人都曾在诗中为他写传画像。尤其杜甫的那首《饮中八仙歌》，崔宗之酒仙形象更是深入人心："宗之潇洒美少年，举觞白眼望青天，皎如玉树临风前。"而李白则有《赠崔郎中宗之》《月夜江行寄崔员外宗之》《忆崔郎中宗之游南阳，遗吾孔子琴抚之潜然感旧》诸诗。

这样一个"才气声华，迈时独步"的美少年，与李白自能声气相投，一见如故了。

二人相见，即为开元十八年（730）深秋，李白困居终南山几个月，迫于生计不得不下山来到长安城。也许彼此早已听闻双方文名，在长安的昆明池畔，崔宗之与李白在那次诗朋文友的聚会上一见倾情，二人倾杯抵掌，无话不谈，诗酒定交情。

彼时的李白，正满腹苦闷，又值深秋，但见朔云横高天，万里起秋色。一池浩渺的秋水，一轮将落的红日，更增添了李白功业无成、壮志难酬之感。酒至酣处，李白抚剑起舞，寒影闪烁，且舞且吟，把满腔的不得意借着酒意肆意挥洒。

> 胡雁拂海翼，翱翔鸣素秋。
>
> 惊云辞沙朔，飘荡迷河洲。
>
> 有如飞蓬人，去逐万里游。
>
> 登高望浮云，仿佛如旧丘。
>
> 日从海旁没，水向天边流。
>
> 长啸倚孤剑，目极心悠悠。
>
> 岁晏归去来，富贵安可求。
>
> 仲尼七十说，历聘莫见收。
>
> 鲁连逃千金，珪组岂可酬。
>
> 时哉苟不会，草木为我俦。
>
> 希君同携手，长往南山幽。
>
> ——《赠崔郎中宗之》

李白传

　　酒逢知己千杯少，同为饮中八仙的李白与崔宗之，以酒为媒，以诗为桥，在瞬间抵达彼此的内心。

　　李白自比素秋之胡雁，辞朔方沙漠远道而来却迷失在河洲；又如飞蓬之人逐万里之游，终日与浮云相伴。所有这一切的漂泊流浪换来的又是什么，是长啸倚孤剑，目极千里而心伤。所谓侯门深似海，富贵实难求。孔子他老人家欲行王道也不能为世所容；鲁仲连谈笑之间退秦军，功成之后却耻于受赏。我李白若无遇合之时，宁可长隐南山，终老林下……

　　一袭白袍，一柄长剑，李白周身为剑气与诗酒情怀所绕。但见他面颊微红，双眸如炬，越舞越欢，声调也越来越高亢："希君同携手，长往南山幽。"吟完最后两句，李白手中的长剑也已利落入鞘。他把目光投向崔宗之，看到了对方眼里亮闪闪的欣赏与怜惜。

　　李白的一番表演令四座扬眉惊叹，尤其是崔宗之，他简直要为李白倾倒，当场为李白赠诗：

凉风八九月，白露空园庭。

耿耿意不畅，梢梢风叶声。

思见雄俊士，共话今古情。

李侯忽来仪，把袂苦不早。

清论既抵掌，玄谈又绝倒。

分明楚汉事，历历王霸道。

担囊无俗物，访古千里馀。

袖有匕首剑，怀中茂陵书。

双眸光照人，词赋凌子虚。

酌酒弦素琴，霜气正凝洁。

平生心事中，今日为君说。

我家有别业，寄在嵩之阳。

明月出高岑，清溪澄素光。

云散窗户静，风吹松桂香。

子若同斯游，千载不相忘。

——《赠李十二》

李白如此才气纵横，又怀如此擎天之志，却在终南山住得如此不得意。崔宗之毕竟还是年轻，有着年轻人的冲动与意气。他也许没能领会李白赋诗相赠的真正目的，李白期待崔宗之助他一臂之力，为他搭起上达天庭的梯子。崔宗之想，既是在终南山如此不快乐，何不到我家嵩山别业去一起居住。我们一起朝夕同游，岂不乐哉优哉？

这样的回答，让李白既感动又无奈。在接下来的回赠诗《酬崔五郎中》一诗中，他委婉回绝了朋友好意，他说："幸遭圣明时，功业犹未成。奈何怀良图，郁悒独愁坐。"又道："举身憩蓬壶，濯足弄沧海。从此凌倒景，一去无时还。"

李白的意思很清楚了，他还是希望自己功成名就之后再退隐林泉，而不是现在就逃离。

寂寞终南山

终南山，在长安之南五十里。《史记正义》中载《括地志》云："终南山，一名中南山，一名太一山，一名南山，一名橘山，一名楚山，一名泰山，一名周南山，一名地肺山。"《图书编》则称："陕西西安府山曰终山，乃关中南山，西起陇、凤，东逾商洛，绵亘千里有余。其南北亦然。随地异名，总言之则曰南山耳。"

晋代陶渊明曾在他的田园诗里悠然写道："采菊东篱下，悠然见南山。"

陶诗里的南山，便成了世代文人隐士心中的圣地。

李白现在所隐的南山，却与陶氏笔下的南山有着天渊之别。

唐朝开国之后，至太宗朝出现第一个盛世时期"贞观之治"。贞观八年（634），唐太宗曾下诏："若有鸿材异等，留滞末班，哲人奇士，隐沦屠钓，宜精加搜访，进以殊礼，务尽使乎之旨，俾若朕亲睹焉。"

隐逸，本是中国古代文人所崇尚的人生哲学与生活方式，多为高人雅士所为。许由、巢父、列子、庄子，可为历史上隐士们的楷模。

终南山为道教发祥地之一，楚康王时的天文星象学家尹喜为函谷关关令，曾于终南山结草为楼隐居。后来，老子身披五彩云衣，骑青牛翩然而至，尹喜对老子以弟子之礼相见，请他在草观中讲经著书。在终南山的那座楼观中，老子留下五千言的《道德经》，之后又飘然而去。

自尹喜草创楼观之后，历代的隐逸者都曾慕名前来，姜子牙、赵公明、张良等人，皆曾前往隐居。

至唐代，这种隐逸已悄然变味儿，变成了很多士子文人跻身仕途的跳板，他们有为参加科举静心读书而隐，有为邀名声以获征召而隐。像当时的司马承祯，就曾称"隐逸终南"为"仕宦之捷径"，卢藏用则被视为"随驾隐士"，他以退为进先在山中隐逸，后被召授左拾遗。

李白自15岁开始隐居匡山读书习剑，与东严子巢居数年不迹城市，后与赵蕤于安昌岩洞中习《长短经》；与许氏成婚之后，也选择在桃花岩隐居。李白的这种隐逸情结，可说伴随其终生。但这一次选择在终南山隐居，实是迫不得已之举。

求荐无门，离去不甘。那个繁华的大都市长安，哪里有李白的容身之处？只好在终南山的松龙，暂时安顿下来。

松龙依山傍水，李白在山岩旁筑屋而居。推开门即可见远处的紫阁峰，满目苍翠，山顶上白云时卷时舒。若不是心中有所挂碍，那样的地方，幽人云卧，颐养天年，倒也真是不错的选择。可李白只能把它当成一处暂时的驿站，他的政治理想还未实现。

李白给长安城中的一些朋友写过不少求荐信，可多是石沉大海。那些朋友，位高权重者冷眼相待，位卑权轻者有心无力。夜色朦胧中，李白在终南山中怅然望向长安，星光、灯火交织下的长安城，如同一位渺于云端的美人，让李白既爱又恨，五味杂陈。

> 长相思，在长安。络纬秋啼金井阑，微霜凄凄簟色寒。孤灯不明思欲绝，卷帷望月空长叹。美人如花隔云端。上有青冥之高天，下有渌水之波澜。天长路远魂飞苦，梦魂不到关山难。长相思，摧心肝。
>
> ——《长相思》

借男女之情抒胸中之志，自来有之。从屈原楚辞中的香草美人，到后世历代诗词歌赋中的闺怨相思，文人雅士们借着这一层温柔的外纱，委婉表达自己理想无成的苦闷与期待。现在的长安城，九重宫阙近在咫尺，举目可望。可那中间，又似隔着关山万重，只能任人空相思。

从李白初入长安时的数首诗作来看，诗中有自视甚高的豪言壮语，有求人引荐、交游唱和的酬谢之词，也有言不由衷、极尽恭维的溢美之词，但细细梳理，发现李白这一时期的诗作，孤独落魄是其最基本的底色。诗中苦语多，闲情逸致的情怀少。所以这首《下终南山过斛斯山人宿置酒》也就显得尤为珍稀。

李白传

暮从碧山下，山月随人归。

却顾所来径，苍苍横翠微。

相携及田家，童稚开荆扉。

绿竹入幽径，青萝拂行衣。

欢言得所憩，美酒聊共挥。

长歌吟松风，曲尽河星稀。

我醉君复乐，陶然共忘机。

下终南山，偶遇山人，二人在山人家中举杯共饮，将世事全忘。山中的清幽之景，山人一家的朴实热情，把李白暂时从红尘失意中解脱出来。可惜那样怡然自得的时光实在太少。

一场欢饮结束，深醉醒来，李白眼前的终南山，依旧寂寞无言，而远方，却在不断地向李白传来神秘的召唤，让李白欲罢不能，一次次走下山去。他的活动半径越来越大，为了求人引荐，他决定离开长安西游邠州、坊州等地。

邠州，即古豳国，其州治在新平县，辖境相当于今陕西彬州、长武、旬邑、永寿四市县地。来到新平县时，已是深秋，登上新平楼，但见远山衔落日，水净寒波流，岭树苍苍，胡雁哀鸣。缕缕去国离乡的浓愁从心底升起。

李白在新平，依旧是十分不得意。

在这期间，他曾为那些新平新结识的朋友赠诗，诗中描尽他的艰苦际遇与苦闷心境——

韩信在淮阴，少年相欺凌。

屈体若无骨，壮心有所凭。

一遭龙颜君，啸咤从此兴。

千金答漂母，万古共嗟称。

而我竟何为，寒苦坐相仍。

长风入短袂，内手如怀冰。

故友不相恤，新交宁见矜。

摧残槛中虎，羁绁韝上鹰。

何时腾风云，搏击申所能。

——《赠新平少年》

　　诗中的新平少年为何许人不得而知，或许是同李白一样的天涯沦落人，但从诗最后所寄予的期望来看，对方更有可能是一位富家子弟，在李白旧友疏新友离的困窘中曾出手相助，让李白感慨顿生：眼下生活困顿、仕途不遇，自己的处境与昔日落魄淮阴的韩信何其相似。韩信终有漂母的一饭之恩，助刘邦完成大业。他不知道自己哪一天能虎跃龙腾，若有那一天，他也将如韩信，不忘当初的救助之恩。

　　在新平期间，李白还曾去族兄李粲府上寻求过帮助。彼时，李粲任新平长史，仕途正顺。李白缺衣少食，一派狼狈之相："哀鸿酸嘶暮声急，愁云苍惨寒气多。""寒灰寂寞凭谁暖，落叶飘扬何处归。"另一边的李长史府上，却是日夜欢歌，笑语盈盈，满堂皆是长歌善舞的赵女燕姬："吾兄行乐穷暄旭，满堂有美颜如玉。赵女长歌入彩云，燕姬醉舞娇红烛。"

　　同为族人，一荣一枯，鲜明的对比让李白心中颇不是滋味儿，但他是有求而来，还要对族兄赔尽笑脸，望族兄能对他略施援手，以长史荣华余泽惠及于他："前荣后枯相翻覆，何惜馀光及棣华。"

　　李粲很可能再度让李白失望了，因为不久之后，李白就离开了邠州，于这年冬末到了坊州。坊州地处长安之北，即今日的黄陵县。坊州司马王嵩对李白倾慕已久，此前李白暂隐终南山时，他曾慕名前往

拜谒，可惜因种种原因二人错失见面机会。此番前来，李白正是奔王司马而来。

王司马没让李白失望，他专门请了当地另一位姓阎的官员陪同，那些天三人同游同饮，把酒言欢，好不畅快。

适逢彼时天降大雪，雪夜围炉共饮，觥筹交错间，想起自己前番受到的种种冷遇，再看眼前宴席之上朋友们的热情，李白不由想起了昔日山阴王子猷乘小舟雪夜访友戴安道，"乘兴而行，兴尽而返"。他挥笔写下《酬坊州王司马与阎正字对雪见赠》一诗，以谢两位朋友的盛情：

> 宁期此相遇，华馆倍游息。
>
> 积雪明远峰，寒城锁春色。
>
> 主人苍生望，假我青云翼。
>
> 风水如见资，投竿佐皇极。

诗寄情，更言志。此诗最后，依然能看出李白强烈的入世之心，他渴望两位主人能借他腾飞的青云之翼，他必将能辅佐帝王成就大业。

李白的希望再次落空了。王司马也好，阎正字也罢，不过是一些位卑言轻的地方小官，为李白提供些衣食资助倒是不难，可在仕途功名上，也是有心无力，爱莫能助。如此，李白在坊州大约过了年关，不得不于次年（开元十九年，即731年）春天离开坊州，再次返回终南山松龙旧隐之地。

春日的松龙一片生机盎然，东窗上的蔷薇开得正盛，脉脉花香袭人面，北面的墙壁上，女萝丝丝缕缕爬满墙壁，门前溪流依旧潺潺而流。一别数月，周围的草木长得更深更茂密，已有数尺之高，将李白整个旧居淹没于一片青翠之中。李白动手洒扫庭除，整理床铺书籍。

一切收拾妥当，荒凉的小屋里又有了些生机。把盏临轩小坐，李白这才长长松了口气。回首数月来的经历，东奔西走，如浮云飘蓬，终日无所依，何其凄惶。

如此这般，一山一草庐，与山花对饮，邀清风明月共醉，不亦乐乎？

行路难

山水是诗，是诗人的灵魂栖息地，是李白的终极向往。梦归田园，终老林下，却须是在自己的青云之志得以伸展功成名就之后。现在的终南山，于李白来说，是困住他的牢笼，偶然的风花雪月，哪里能遮挡住那漫天满地的寒山冰雪。

一入长安，秦草三绿。李白此次长安之行，以终南山为暂时的驿站，然终未在这里找到入仕捷径。他曾在长安城内遍谒公侯，历抵卿相，遭受的却多是冷言冷语；他曾去寻求新朋旧友的帮助，虽也偶有人热情出手相助，但更多是让他体会到了世态炎凉。西走邠州、坊州，亦是两手空空而回。

重返终南山后，李白在松龙过了一段波澜不惊的隐居生活，又按捺不住心中寂寞，下山再入长安城。经历了此前的种种挫败，李白再难鼓起勇气去敲那些王侯公卿的大门，他开始以酒买醉，与长安市井中的少年混在一起。这些少年可不是什么良家少年，他们多是一些富家子弟，聚居于长安五陵一带，整日里斗鸡走马，喝酒赌博。李白混迹其中，也不过勉强混口饭吃。

有次李白与其中几位少年在长安北门（玄武门）发生了矛盾，竟被数人围攻，幸好有位叫陆调的朋友匆匆赶来，搬来救兵，才救他脱

李白传

离险境。那件事，对李白的内心冲击无疑是巨大的，多年后他还记得此事，曾写诗感谢："风流少年时，京洛事游遨。腰间延陵剑，玉带明珠袍。我昔斗鸡徒，连延五陵豪。邀遮相组织，呵吓来煎熬。君开万丛人，鞍马皆辟易。告急清宪台，脱余北门厄。"（《叙旧赠江阳宰陆调》）

任侠情结，是李白生命中重要的一部分。他曾数次在诗中表达自己对侠客生活的倾慕，对拯危济难、用世立功生活的向往。尤其那首《侠客行》："赵客缦胡缨，吴钩霜雪明。银鞍照白马，飒沓如流星。十步杀一人，千里不留行。事了拂衣去，深藏身与名。"此诗让后世的很多读者将李白误认为一个不折不扣的杀人犯，甚至有人言之凿凿地说他年少意气杀过人，之后逃离家乡隐于峨眉山，也正因为有如此劣迹，才导致他终生无缘于科举入仕之路。如此解读，实在是牵强附会。李白诗中爱用夸张语，诗中那位十步杀一人的侠客也许只是他想象中的人物而已。若李白真个是个少年杀人犯，大唐律例哪会那么轻易就放过他。

五陵那些"赤鸡白狗赌梨栗"的少年，显然与李白心中的侠士相去甚远。他很快厌倦了同他们混迹一起的生活。李白果断止住了自己滑向世俗泥潭深处的脚步，举目四顾，内心却愈发茫然而苦闷。

熙来攘往，泱泱天下，世间道路千万，为何就没有他李白的出路呢？

> 金樽清酒斗十千，玉盘珍羞直万钱。
> 停杯投箸不能食，拔剑四顾心茫然。
> 欲渡黄河冰塞川，将登太行雪满山。
> 闲来垂钓碧溪上，忽复乘舟梦日边。
> 行路难，行路难，多歧路，今安在？

长风破浪会有时，直挂云帆济沧海。

——《行路难》（其一）

《行路难》，古乐府《杂曲歌辞》旧题，表达的多是世路艰难和离别忧伤的主题。鲍照是中国文学史上第一个大量写作七言诗的人，他的《拟行路难》十八首，多抒发怀才不遇的郁闷之情及其愤怒的抗争。鲍照是李白极为喜欢的一位诗人，当年他在匡山苦读，"三拟《文选》"，对鲍照作品多有研究和模仿。

如今身困长安的李白，境遇心情都与昔日鲍照相似，他的《行路难》三首也大抵是受鲍照的影响与启示而创作的。尤其是三首中的其一，与鲍照《拟行路难》其六颇为相似，其中的"停杯投箸不能食，拔剑四顾心茫然"句，直接脱胎于鲍照诗句："对案不能食，拔剑击柱长叹息。"

"欲渡黄河冰塞川，将登太行雪满山。""行路难，行路难，多歧路，今安在？"李白的诗中，喜怒哀乐的情绪常常大起大落，前一刻他还在为前路的艰险莫测而悲叹呼号，下一刻已经扬起乐观自信的帆："长风破浪会有时，直挂云帆济沧海。"

三首《行路难》，虽均作于李白第一次入长安之时，但从诗的内容来看，其写作时间也有一定的间隔。第二首诗中，李白的情感再度发生变化。

他不愿意再追随那些长安城中的富家子，终日斗鸡走马，赌博游戏；也不愿像冯谖那样弹剑作歌发牢骚，更不愿意在权贵门前卑躬屈节。当年淮阴市上，世人讥笑韩信怯懦无能，汉朝的公卿大臣嫉妒贾谊才华超群。古时燕昭王重用郭隗，拥彗折节、谦恭下士，毫不嫌疑猜忌。剧辛、乐毅感激知遇之恩，竭忠尽智，以自己的才能来报效君主。然而燕昭王早就死了，还有谁能像他那样重用贤士呢？世路艰

难，我只得归去啦！

> 大道如青天，我独不得出。羞逐长安社中儿，赤鸡白狗赌梨
> 栗。弹剑作歌奏苦声，曳裾王门不称情。淮阴市井笑韩信，汉朝
> 公卿忌贾生。君不见昔时燕家重郭隗，拥篲折节无嫌猜。剧辛乐
> 毅感恩分，输肝剖胆效英才。昭王白骨萦蔓草，谁人更扫黄金
> 台？行路难，归去来！
>
> ——《行路难》（其二）

李白每每以管仲、晏婴、诸葛亮自比，渴望如他们一样得遇明君
赏识，从而实现自己济世报国之志。此时的长安，正处在开元盛世的
歌舞升平之中。年富力强的皇帝李隆基下诏广揽人才，可他身处九重
宫阙，于李白来说遥远得如同天边之日。

李白决定离开了。

那段时间，恰好也有一位朋友离京入蜀。

五六年前，李白辞亲去蜀，开始了他的漫游之旅。对于那片他生
活了20多年的土地，那里的一山一水，一草一木，他都太熟悉了。还
有入蜀出蜀那一路上的艰险。蜀道难，难于上青天。那样的艰险，一
定是出乎朋友的意料之外的。朋友临行之前，李白赠《送友人入蜀》
叮嘱再三：

> 见说蚕丛路，崎岖不易行。
>
> 山从人面起，云傍马头生。
>
> 芳树笼秦栈，春流绕蜀城。
>
> 升沉应已定，不必问君平。

这首诗，在李白的诗集中并不显眼，但它让李白的另一首名作横空出世。

《蜀道难》，千百年来公认为李白的代表作，亦有人称其是登峰造极的作品，连李白本人也难以超越。可惜关于这首诗的创作年代与创作背景实在无从查考。

此诗以非凡的想象力、超常的赋法技巧，以及杂言歌行自由开放的体制，为李白赢得了千古声誉。

《乐府诗集》中亦载有梁刘孝威、陈阴铿、唐张文宗等人写的《蜀道难》，其主旨多在极力形容蜀道之难与险。李白此诗，借乐府旧题写难状险，远远超过这些人，他写道："上有六龙回日之高标，下有冲波逆折之回川。黄鹤之飞尚不得过，猿猱欲度愁攀援。青泥何盘盘，百步九折萦岩峦。"

这些烘托形容之词，多自李白的非凡想象而来。其豪放飘逸的诗风，在此诗中已达出神入化之境。

这首诗，背后的寓意也远比前人作品丰富。对于这首诗的内涵，前人亦作过种种猜测。讽严武说、讽章仇兼琼说、谏玄宗入蜀说，不一而足。这些说法，多起于中唐北宋，考之俱无实据，站在今天读者的角度来看，也确实有牵强附会之嫌。故在此不细辨。

韩作荣先生在《天生我材：李白传》中如此评价此诗：它只写蜀道之难，却可以包含诸多的言外之意，它可以是政治讽喻，也可以是人生路途的艰险，甚至是战争开疆拓土的征战，国之兴亡的警示，也可以是求仙学道、仕途险恶，以及经商求富、爱情失望、学艺难精等。或许诗人写作之时，尚没有这么多想法，但当他创造出这样一首诗，它就有了诸多的理解和可能。

一部文艺作品，常常是作者与读者共同完成，作者完成作品本身，读者则可以无限延伸它的内涵。韩作荣先生所说的那"诸多的理

解和可能"，应该是由后世的读者来完成。所谓的"有一千个读者就有一千个哈姆雷特"是也。

"锦城虽云乐，不如早还家。蜀道之难，难于上青天，侧身西望长咨嗟。"洋洋洒洒300余字的长诗，最终以一声"长咨嗟"而收住。所有的豪放洒脱，所有的炽烈如火，所有的狂风暴雨，所有的龙腾虎啸，在此一声长叹息之后，悉归宁静。只有天心一轮月，静静俯瞰人间，还有两个沉默无言、对坐而视的人……

初次入长安，对于想步入仕途的李白来说，是一次彻底失败的行程，因为在此行中，他一无所获。这次失败的旅行，于诗人李白来说，却是前所未有的成功之旅，因为这次行程中，他创作出了《行路难》《蜀道难》等千古名作，从而奠定了他在大唐诗坛无可撼动的地位。

第四章　诗剑飘零

"欲济苍生未应晚"

开元十八年（730）荷花红绽之际，李白离家西入长安，转眼来到开元二十一年（733）的春末夏初，李白已在长安待了整整三年。三年里除结识了一些文朋好友，游历过长安周边的山山水水，在仕进之路上，可以说李白一无所获。

他想家了，亦思念远方的朋友。在那期间，他一口气写了12首寄内诗——《寄远十二首》，给远在安陆的妻子。这在李白的人生旅程和诗歌创作史上都是极为罕见的事。

> 阳台隔楚水，春草生黄河。
>
> 相思无日夜，浩荡若流波。
>
> 流波向海去，欲见终无因。
>
> 遥将一点泪，远寄如花人。
>
> ——《寄远十二首》（其六）

在这首诗中，李白像个思家的孩子一样，毫不隐瞒他的浩荡相思，点点泪光。远方的许氏，收到这样的情诗，该是如何柔肠寸断，望穿秋水？

不过，李白多情又薄情，尤其对女人。生性放浪不羁的他，一生中曾与四位女子有过情感瓜葛，曾先后有两位相门小姐钟情于他。

爱情世界里的李白如浪子浮云，友情世界里的李白则情深似海。他一生中结交的朋友有记录的就有400多位，其中与元丹丘的情感尤其特别，他们是道友，亦是心灵、事业上彼此相知相扶的朋友。在长安期间，李白收到元丹丘寄来的问候信，他以诗代书，款款作答：

> 青鸟海上来，今朝发何处。
>
> 口衔云锦字，与我忽飞去。
>
> 鸟去凌紫烟，书留绮窗前。
>
> 开缄方一笑，乃是故人传。
>
> 故人深相勖，忆我劳心曲。
>
> 离居在咸阳，三见秦草绿。
>
> 置书双袂间，引领不暂闲。
>
> 长望杳难见，浮云横远山。
>
> ——《以诗代书答元丹丘》

当年，元丹丘极力鼓励李白入长安，他虽然未曾亲自陪同前往，却无时无刻不在关注着李白。收到朋友贴心暖肺的书信，李白心中五味杂陈，酸甜苦辣齐涌心头。三年，不长，亦不短。他却一事无成，实在不想再空等下去了。

开元二十一年（733）春末夏初，李白离开长安，从黄河乘船而下。那是一趟充满艰险的水上行程。自古黄河九十九道弯，其河道的曲折越发增加了它的凶险程度。这条被李白喻为天上来的滔滔大河，波浪翻滚似连绵小山起伏不尽。一叶小舟，如一片叶子，在浪峰波谷间时隐时现。这倒越发激起了李白胸中的豪情：人生不亦如此吗？如逆水行舟，不奋力搏击，便只有被命运吞噬。

从长安，沿黄河水路，一路到大梁（今河南开封），又到宋州（今河南商丘）。李白且行且住，访古寻幽，借酒浇愁。不久之后，他来到了梁园。李白匆匆的步履终为这座古园牵住。

梁园，又称梁苑、菟园、修竹园等，俗名竹园，是西汉梁孝王刘武所建的一处游赏延宾之所，故址在今河南省商丘市睢阳区东。《史记·梁孝王世家》载："孝王筑东苑，方三百余里，广睢阳城七十里。"

"三百里梁园"，在当时名满天下。尤其暮春初夏时节，园内茂林修竹遍布，奇花异草香气成海，邯郸、襄国等地的红粉丽人及燕汾游子，往来穿梭。梁孝王又喜欢招揽天下文人谋士，当时的大名士司马相如、枚乘等人皆为其座上常客。司马相如，竟在梁园一居数年。

李白来宋州，昔日的名士风流不再，曾经的夜夜笙歌也已散尽。热气腾腾的酒楼上，李白不由对酒高歌，即兴来了一首《梁苑醉酒歌》。他想起阮籍的"徘徊蓬池上""渌水扬洪波"，想起了当时的信陵君何等富贵豪华，而今他的墓地又在何方？昔日繁盛一时的梁王宫殿如今安在哉？当年的园中常客枚乘和司马相如皆已远去，当年的舞影歌声也都消散于一池绿水之中了……

五月的梁园，太阳高悬。李白亦歌亦舞，加上酒的作用，很快就汗意涔涔。他旁边的平头奴子倒是善解人意，不断为他挥舞着扇子。侍女端上玉盘，盘中鲜艳的杨梅和如雪的吴盐，瞬间赶走炎热，倒让人有一种十月清秋的凉爽……

端起酒杯，李白的眼泪莫名就滑落下来，他从那些远逝的古人身上看到了自己的影子，想到了长安。长安离梁园远呵，他带着满腔失意逃离长安，以后可能再无机会回去，但他不会气馁，他会学高卧东山的谢安，耐心等待时机，以实现他的济世之志。

李白又喝醉了，醉人不醉心的醉。他开始吆五喝六，与在座的人分曹赌酒。那些狂放的诗句亦如滔滔黄河水，乘醉汹涌而出：

> 我浮黄河去京阙，挂席欲进波连山。
>
> 天长水阔厌远涉，访古始及平台间。
>
> 平台为客忧思多，对酒遂作梁园歌。
>
> 却忆蓬池阮公咏，因吟渌水扬洪波。
>
> 洪波浩荡迷旧国，路远西归安可得？
>
> 人生达命岂暇愁，且饮美酒登高楼。
>
> 平头奴子摇大扇，五月不热疑清秋。
>
> 玉盘杨梅为君设，吴盐如花皎白雪。
>
> 持盐把酒但饮之，莫学夷齐事高洁。
>
> 昔人豪贵信陵君，今人耕种信陵坟。
>
> 荒城虚照碧山月，古木尽入苍梧云。
>
> 梁王宫阙今安在？枚马先归不相待。
>
> 舞影歌声散绿池，空馀汴水东流海。
>
> 沉吟此事泪满衣，黄金买醉未能归。
>
> 连呼五白行六博，分曹赌酒酣驰晖。
>
> 歌且谣，意方远，
>
> 东山高卧时起来，欲济苍生未应晚。
>
> ——《梁园吟》

这首《梁园吟》，也有人认为是李白天宝中赐金还山后所作，但那时李白离京走的是商山道，去寻找"商山四皓"，欲学四皓隐居出世，与这首诗中所透露出的积极入世思想不符。

"商山四皓"，是指秦朝末年四位信奉黄老之学的著名学者：东园公唐秉、甪里先生周术、夏黄公崔广、绮里季吴实，四位高士因不满秦始皇暴政，到商山（今陕西商洛）长期隐居，他们曾向汉高祖刘邦讽谏不可废除太子刘盈（后来的汉惠帝），后出山辅佐汉惠帝，功成名就后，继续回商山隐居。四人出山时已经很老了，须眉皆皓，后人便用"商山四皓"来泛指有名望的隐士。

其实，李白曾多次游梁园，此作为初游梁园时所作应无疑。从诗中传递出的诗人情感来看，又颇符合李白一入长安时的情景。五月抵梁园，一直到这年冬日，李白才离开梁园去了洛阳。在这期间，他似曾到东鲁游历过，《鲁郡尧祠送张十四游河北》《鲁城北郭曲腰桑下送张子还嵩阳》，两首诗可证明其行迹。

从东鲁再回梁园，已是大雪纷纷，越发显得荒凉寂静。荒凉寒寂中，李白幸运地在这里遇上了一位好朋友——岑征君，岑勋。

岑勋，岑参的从兄。征君，曾应征而未出仕的人。

是年秋季，岑勋曾和岑参一起到长安去应征。岑参有诗曾详细记录兄弟俩的此次长安行：当时长安秋雨连绵，城内泥泞不堪，越发增加了应征士子们的紧张之感，士子们夜不成寐，刚闻鸡鸣就匆匆起身备马前往，聚于考场门前守候。只有岑勋不以应征为意，他睡够了才舒膝而起，之后，不穿袜子，不戴头巾，昂首阔步而进。岑勋应征的结果亦可想而知，落选无商量。落选也不在意，照样去梁园快意畅游一番。

岑勋所居之地在河南府陆浑县的鸣皋山，那次梁园之游后，他就打算同岑参一道回鸣皋山隐居去了。

岑勋的名士风流，让李白既欣赏又艳羡。在梁园清泠池（梁孝王故宫钓台），他写下那篇著名的长篇歌行体《鸣皋歌送岑征君》，赠予

李白传

岑勋：

　　若有人兮思鸣皋，阻积雪兮心烦劳。洪河凌竞不可以径度，冰龙鳞兮难容舠。邈仙山之峻极兮，闻天籁之嘈嘈。霜崖缟皓以合沓兮，若长风扇海涌沧溟之波涛。玄猿绿罴，舔谈鬈崟；危柯振石，骇胆慄魄，群呼而相号。峰峥嵘以路绝，挂星辰于岩嶅。

　　送君之归兮，动鸣皋之新作。交鼓吹兮弹丝，觞清泠之池阁。君不行兮何待，若返顾之黄鹄。扫梁园之群英，振《大雅》于东洛。巾征轩兮历阻折，寻幽居兮越巇崿。盘白石兮坐素月，琴松风兮寂万壑。望不见兮心氛氲，萝冥冥兮霰纷纷。水横洞以下渌，波小声而上闻。虎啸谷而生风，龙藏溪而吐云。冥鹤清唳，饥鼯嚬呻。块独处此幽默兮，愀空山而愁人。

　　鸡聚族以争食，凤孤飞而无邻。蝘蜓嘲龙，鱼目混珍。嫫母衣锦，西施负薪。若使巢、由桎梏于轩冕兮，亦奚异于夔龙蹩躠于风尘？哭何苦而救楚，笑何夸而却秦！吾诚不能学二子沽名矫节以耀世兮，固将弃天地而遗身。白鸥兮飞来，长与君兮相亲。

　　一场大雪之后，梁园内冰雪三尺，平日波光潋滟的清泠池也被寒冰封住。想着朋友岑勋秋季的应征受挫，回家的旅途中也是冰封雪飘、山高路险，再想想自己西入长安，一事无成，被阻在这梁园之内，眼前严冬的酷寒与二人人生际遇、心境上的心灰意冷，何其相似。

　　此诗名为送岑征君，实为李白满腔愤懑之情的宣泄。在这首诗中，李白以想象手法描绘岑勋旅途中的艰险情景及鸣皋山幽深寂静的环境，借昔日梁园内梁孝王广揽天下人才之旧事，赞美岑征君一扫梁园群英，大雅之诗名震京洛。

　　如此英才，却在应征中遭阻不被重用，只能寻一处山崖幽居，空寂度流年。

诗的后半部分，诗人用了一连串的比喻，鸡聚族，凤孤飞，螓蜓嘲龙，鱼目混珍，嫫母衣锦，西施负薪，来揭露和抨击当时政治的黑暗，正直有志之士遭妒忌羁身于轩冕之中，奸佞小人却志得意满横行于世。

其诗所承载的意义，已远超一首普通送别诗。

从此诗的外部形体来看，诗句长短不拘、参差错落，以含混、暧昧、朦胧的意象形成梦幻般的艺术效果，设想奇妙，气势奔放，具有声势夺人的气魄，正符合李白此时愤激情绪的抒发吧。

与岑勋一行人在梁园别后不久，这年冬天，李白离开梁园去了洛阳。在洛阳，他游历了龙门石窟和香山寺等名胜古迹。

寒冬夜晚，李白醉宿龙门客栈。夜半忽然惊觉，起身点亮案上油灯。窗外，大雪正簌簌而下，打开窗户，一股寒气扑面而来，李白不由打个寒战，已是拂晓时分，那一场大雪更加映衬出河冰的壮观。

李白却无法为眼前的壮观之景而喜，倒有阵阵哀歌从心底升起。综观历史上那些成就大业之人，哪一个不曾经历百折千难？贤臣傅说曾经做过夯土的工作，李斯在做丞相前曾是个鹰犬狩猎人。而今他自己，不也是如此吗？在龙门客栈里独自长叹息：

> 富贵未可期，殷忧向谁写？
> 去去泪满襟，举声梁甫吟。
> 青云当自致，何必求知音？
>
> ——《冬夜醉宿龙门，觉起言志》

举目天下，茫茫人间，似乎谁都指望不上。要想建一番功业，唯有奋发图强。这是那个冬日的大雪之夜，李白在龙门客栈里的一番沉

痛感悟。

此后不久，他写下了那首著名的《梁甫吟》。詹锳《李白诗文系年》谓此诗与《冬夜醉宿龙门，觉起言志》等诗为同时作。

《梁甫吟》，本为乐府古题，其主题多表现世路艰难，怀才不遇。古辞《梁甫吟》咏"二桃杀三士"的故事，是地地道道的一首悲歌。后来陆机、沈约等相继拟作，感慨时节迅逝、志业难酬。李白在继承传统主题的基础上，又汲取借鉴《离骚》的情调与风格，将自己天马行空的想象力注入其中，就有了这首意象横绝古今、变化神奇莫测，从而力超前人的长诗。

> 长啸《梁甫吟》，何时见阳春。君不见朝歌屠叟辞棘津，八十西来钓渭滨。宁羞白发照清水，逢时壮气思经纶。广张三千六百钓，风期暗与文王亲。大贤虎变愚不测，当年颇似寻常人。君不见高阳酒徒起草中，长揖山东隆准公。入门不拜骋雄辩，两女辍洗来趋风。东下齐城七十二，指挥楚汉如旋蓬。狂客落魄尚如此，何况壮士当群雄。我欲攀龙见明主，雷公砰訇震天鼓。帝旁投壶多玉女，三时大笑开电光，倏烁晦冥起风雨。阊阖九门不可通，以额扣关阍者怒。白日不照吾精诚，杞国无事忧天倾。猰貐磨牙竞人肉，驺虞不折生草茎。手接飞猱搏雕虎，侧足焦原未言苦。智者可卷愚者豪，世人见我轻鸿毛。力排南山三壮士，齐相杀之费二桃。吴、楚弄兵无剧孟，亚夫咍尔为徒劳。《梁甫吟》，声正悲。张公两龙剑，神物合有时。风云感会起屠钓，大人嵼岋当安之。

诗中，李白引用西周姜太公和秦末郦食其的历史故事，来寄予自己的理想与抱负，也是在艰难处境中，作自我激励语。

西周姜太公，长期埋没民间，50岁尚在棘津当小贩，70岁还在朝歌当屠夫，80岁时垂钓于渭水之滨，苦等十年，才等来赏识他的文王。秦末郦食其，在刘邦眼中原本是一个平平常常的穷书生，但他最终凭自己的雄辩改变了自己的命运，刘邦青睐于他，他亦不辜负刘邦，成功说服齐王率七十二城降汉，从而成为楚汉相争中的风云人物。

当年的狂客落魄尚且如此，他今天所遇的这点挫折又算什么呢？

可转念再想到自己频频受阻的经历，想到世人对他的不理解与轻视，一腔满涨的豪情又在瞬间偃旗息鼓。李白旷达，但也是一个感性的诗人。但无论怎样声悲神伤，他心中那个坚定的声音从未游移："歌且谣，意方远，东山高卧时起来，欲济苍生未应晚。"

却从洛阳下襄阳

花谢花开，冬去春来。已到开元二十二年（734）春天了。

春天的洛阳城，春风骀荡，柳丝摇曳，处处显露春的生机。李白却无法开心起来。尤其到了万家灯火渐熄的夜晚，白日的喧嚣退去，李白孤零零一人置身于客栈中，思家的情绪会如潮水一般涌上来。

那个夜晚，夜深人静之时，李白伫立窗前，遥望着天际一轮玉盘似的明月发呆。一阵悠扬的笛声，破空而来。笛声由低沉而嘹亮，由凄清而婉转，伴随着阵阵春风，由远及近，如朵朵杨花柳絮，飘落在洛阳城的角角落落，亦轻轻落在李白的心上。

是一支《折杨柳》，一支李白非常熟悉的汉乐府古曲。

古时离别之人，分手之际常常在路边折柳相送，以表达依依惜别之意。柳，留也。在这异乡的春夜，猛听这样一曲抒写离别旅行之苦的古曲，李白的心里如何不油然升起浓浓的乡愁。

李白传

谁家玉笛暗飞声，散入春风满洛城。

此夜曲中闻折柳，何人不起故园情。

——《春夜洛城闻笛》

何人不起故园情？那夜的春风月下，李白闻笛而起的乡思，是为他自己，更是为天下的游子。只不知，那一刻，他想到的是蜀中的陇西院，还是桃花岩那个一直在苦苦等待他的许氏。

游子情，亦如他们的脚步，飘忽不定。前一夜，李白为那阵忧伤的笛声撩起满腔思乡意，恨不得插翅飞回故园。今夜，月落笛声消歇，李白再次融入洛阳城的滚滚红尘中去。他去找新老朋友喝酒，论剑，挥洒豪情，亦发发牢骚。归家的日子，又变得无期。从春至秋，大半年时光一晃而过，李白的身影还时常出没在洛阳的歌楼酒肆间。

元丹丘、元演、崔侍御，都是李白酒友。他有时去元丹丘的山居小住几日，但更多时间是在洛阳。

李白与元演初次结识，是在歌筵酒席上。那天的酒宴上，海内贤豪群集，一向狂放的李白，却于众人中一眼看到元演。不久之后，二人就结下了"回山转海不作难，倾情倒意无所惜"的深厚友谊。元演几乎是使出浑身解数来招待李白。

"忆昔洛阳董糟丘，为余天津桥南造酒楼。黄金白璧买歌笑，一醉累月轻王侯。海内贤豪青云客，就中与君心莫逆。"李白在后来写给元演的一首《忆旧游寄谯元参军》中曾深情回忆他与元演交往的种种，说元演曾在洛阳桥南专为他造酒楼，黄金白璧买歌笑。

有人将这首诗定为李白第一次访洛阳之时的作品。想李白第一次访洛阳时，还未与许氏成婚，那次访洛的主要目的是为结识洛阳许家人，不可能如此放浪形骸。倒是长安失意归来之际，事业上一事无成，又觉得无颜回家，与朋友在洛阳以酒买醉，倒是合情合理的解释。

李白大约又在洛阳待了半年，于这年秋天才离洛阳下襄阳。

这一年，朝廷初置十道采访使，荆州大都督府长史韩朝宗受命兼任山南道采访使，驻节襄阳。对于韩朝宗，李白早有耳闻，据说他颇能奖掖拔擢后进。崔宗之、房习祖、黎昕、许莹等人，皆曾因才干声名或品行清白而被韩朝宗赏识。就连那个大名鼎鼎的山水诗人孟浩然，他也曾力荐过。可惜在约定的时间里，孟浩然因与朋友喝酒而错过赴约。这事让韩朝宗十分恼火，孟浩然却并不以为意，打道回府，回襄阳田园种地去了。

李白此次襄阳之行，是怀着一识韩荆州的美好愿望而来的。同以往的拜谒一样，在拜访韩荆州之前，李白也写了一封热情洋溢的自荐信给韩朝宗，即他的散文名篇《与韩荆州书》。

"白闻天下谈士相聚而言曰：'生不用万户侯，但愿一识韩荆州。'"大约天下古往今来的拜谒文都是一个调子吧，李白在此篇一开头就给韩朝宗戴了一顶高得不能再高的帽子。他说天下名士，海内豪杰皆集韩荆州门下，因他有周公吐哺、握发接待贤者的美德。

李白不遗余力地恭维韩荆州，称赞他"岂不以有周公之风，躬吐握之事，使海内豪俊，奔走而归之，一登龙门，则声誉十倍……"他极力推销自己："白陇西布衣，流落楚、汉。十五好剑术，遍干诸侯。三十成文章，历抵卿相。虽长不满七尺，而心雄万夫。王公大人，许与气义。"

又言："请日试万言，倚马可待。"

这篇自荐信，自始至终充满激情，文中表现出的气势和力量，正是李白自信和豪迈个性的体现。这样的自信与豪迈，于诗人李白来说是珍贵的羽毛，于试图跻身仕途的李白来说，却是让人遗憾的硬伤。官场等级森严，李白却时时以傲视王侯的姿态，试图与他们平起平坐，得到的只能是冷落。从后来李白在襄阳写下的那些诗作来看，韩荆州并没有帮他。

巨大的期望之后是更巨大的失望，失望之中，唯有酒可化解心中惆怅。那天黄昏，红红的落日隐没在岘山之西，李白醉酒归来。他头戴一顶山公的白帽子，步态踉跄，看上去憨态可掬。街上的襄阳小儿见李白那个样子，纷纷围着他唱《白铜鞮》。路旁行人好奇，问那些孩子所笑何事，孩子们笑得更欢了："看他，像山公一样喝得烂醉如泥呢。"

李白并不以为意，他喝得更欢。提起鸬鹚杓把酒添得满满的，高举起鹦鹉杯开怀畅饮。百年共有三万六千日，每天都要畅饮三百杯。

　　落日欲没岘山西，倒着接䍦花下迷。襄阳小儿齐拍手，拦街争唱《白铜鞮》。傍人借问笑何事，笑杀山公醉似泥。鸬鹚杓，鹦鹉杯。百年三万六千日，一日须倾三百杯。遥看汉水鸭头绿，恰似葡萄初酦醅。此江若变作春酒，垒曲便筑糟丘台。千金骏马换小妾，笑坐雕鞍歌《落梅》。车旁侧挂一壶酒，凤笙龙管行相催。咸阳市中叹黄犬，何如月下倾金罍？君不见晋朝羊公一片石，龟头剥落生莓苔。泪亦不能为之堕，心亦不能为之哀。清风朗月不用一钱买，玉山自倒非人推。舒州杓，力士铛，李白与尔同死生。襄王云雨今安在？江水东流猿夜声。

《晋书》："羊祜乐山水，每风景必造岘山，置酒言咏，终日不倦。卒时年五十八。襄阳百姓于岘山祜平生游憩之所，建碑立庙，岁时享祭焉。望其碑者，莫不流涕。杜预因名为堕泪碑。"

从李白的这首《襄阳歌》中，可知李白此时的心情是十分复杂的：他一边纵酒行乐，表现出蔑视功名富贵的思想，一边又对西入长安功业无成而深感悲愤不平。

日日以酒买醉，是需要雄厚资金支持的。几年来，李白北上南下，早已囊中羞涩。在襄阳，李白竟然到了穷困不堪难以度日的窘迫地步。孤傲自负当不得饭吃，此情此境之下，李白也不得不低下他高傲的头颅，低声下气去求人了。

当时的襄阳县尉李皓，是李白的堂兄。他给堂兄的求助诗《赠从兄襄阳少府皓》一诗，大约也写于此时。诗中详细记录了李白长安之行归来的种种窘迫之状，故成为研究李白生平的重要资料之一。

> 结发未识事，所交尽豪雄。
>
> 却秦不受赏，击晋宁为功。
>
> 小节岂足言，退耕春陵东。
>
> 归来无产业，生事如转蓬。
>
> 一朝乌裘敝，百镒黄金空。
>
> 弹剑徒激昂，出门悲路穷。
>
> 吾兄青云士，然诺闻诸公。
>
> 所以陈片言，片言贵情通。
>
> 棣华傥不接，甘与秋草同。

诗之最后，李白直言：若兄长不能给予接济，他将像秋草一样枯萎，活不下去了。诗仙落魄至此，怎不令人唏嘘？

就在李白失落时，远道而来的两位朋友又让他重绽笑颜，是元演和元丹丘。李白离开洛阳后，元演留在了洛北，后因思念李白，竟然同元丹丘一同追随李白的脚步南来。

这年冬天，三人曾一同拜访随州的胡紫阳道士。在《忆旧游寄谯元参军》一诗中，李白亦曾详记此事："我向淮南攀桂枝，君留洛北愁梦思。不忍别，还相随。相随迢迢访仙城，三十六曲水回萦。一溪初入千花明，万壑度尽松风声。"

李白传

另一篇《冬夜于随州紫阳先生飡霞楼送烟子元演隐仙城山序》中，李白亦曾写道："吾与霞子元丹，烟子元演，气激道合，结神仙交，殊身同心，誓老云海，不可夺也。"

在汉东太守的酒筵上，三人又作意气相倾之浪饮狂歌，仿佛洛阳生活再现。可惜天下没有不散的筵席，之后，李白准备回安陆桃花岩，元演则渡黄河北上，到太原省亲去了。

"别来几春未还家"

东汉人周泽做太常，为官奉公克己，果敢直言，颇得时人敬畏。太常主管祭神，常常需要斋戒。有一次，他正斋戒时忽然病重，妻子放心不下，遂入斋宫中去探望问询，谁料惹得周泽大怒，他认为妻子冲撞了神灵，竟让人把妻子捉到官府定罪。

人们笑他迂腐不通人情，说："生世不谐，作太常妻。一岁三百六十日，三百五十九日斋。"

嫁与周泽那样的男人，周泽妻不知要独自忍受多少痛苦寂寞。

李白熟知周太常这个典故，有时也会对许氏产生些许愧疚感。婚后两人一直聚少离多，难得的相守时光里，他也常常和朋友们喝得烂醉如泥。

"三百六十日，日日醉如泥。虽为李白妇，何异太常妻。"李白写诗给妻子，半为调侃，半为致歉。

随州与元演、元丹丘分手之后，李白似乎并没有急着归家，而是沿汉水东下，继续到江东游历去了。

开元二十三年（735）早春时节，李白抵江夏（今湖北武汉）。

《早春于江夏送蔡十还家云梦序》一文，正可说明其行。

蔡十，蔡侯，李白眼中的奇人，才高气远，有四方之志。他周游四方，如闲云野鹤，让李白钦羡不已。二人在江夏一见如故，同游同卧，"穷朝晚以作宴，驱烟霞以辅赏。朗笑明月，时眠落花，斯游无何，寻告睽索"。及至分手之际，李白又恋恋不舍，与蔡十相约："秋七月，结游镜湖，无愆我期，先子而往。敬慎好去，终当早来。无使耶川白云，不得复弄尔。"

秋七月，再一起游历越地啊，我先行一步，你一定要记得赴约。

李白文中又说："海草三绿，不归国门。又更逢春，再结乡思。"

大地上的春草已绿了三次，他都不曾还家，而今又逢春，已是离家后的第四春了。李白归家的脚步依然迟迟没能迈起。

在江夏，李白还遇到了另一位朋友宋之悌。宋之悌，初唐诗人宋之问的弟弟，他由河东节度使被贬官到朱鸢（安南都护府交趾郡），正路过江夏。朱鸢治所在今越南境内，唐时的蛮荒之所。宋之悌的遭遇，让李白很是同情。在江夏的那段日子，二人可谓意趣相投，同游数日，才依依洒泪而别，李白赠诗道：

楚水清若空，遥将碧海通。

人分千里外，兴在一杯中。

谷鸟吟晴日，江猿啸晚风。

平生不下泪，于此泣无穷。

——《江夏别宋之悌》

李白虽经历磨难重重，却很少为自己的遭遇而流泪。李白的柔软，多是为朋友，他的泪水，也多为朋友而倾。正是他重情重义，让李白在此后的人生路上多次逢凶化吉。李白后因永王事件而身陷囹圄，宋之悌之子宋若思不顾自身危险，顶着重重压力为李白呼号奔

李白传

走，将他救出困境。此属后话。

有人说，人生就是一场又一场的离别。迎来送往，来时欢喜，去时忧伤。回首人的一生，似是别时更多，欢聚总是那么短暂。送别父母，送别子女，送别爱人，送别朋友，到最后，所有的繁华热闹都一一远去，这世间，只有一个孤零零的自己。

江夏的春天，在李白与朋友们携手同游中悄然远去，给李白带来短暂的快慰之后，又给他以浓重的离愁。深情送蔡侯，洒泪别之悌，之后，李白又在江夏邂逅了时任监丞的张祖。张祖押运粮船路过江夏，因早已对李白心怀仰慕，此行自然不会错过。李白与张祖一同泛舟江上，谈玄赋诗，醉尽花柳，赏穷江山，说不尽的诗酒风流。

无奈因公务在身，张祖要前往东都洛阳。匆匆相聚，又要别离，临别，李白置酒相送，并挥笔写了《暮春江夏送张祖监丞之东都序》：

> 吁咄哉！仆书室坐愁，亦已久矣。每思欲遐登蓬莱，极目四海，手弄白日，顶摩青穹，挥斥幽愤，不可得也。而金骨未变，玉颜已缁，何常不扪松伤心，抚鹤叹息。误学书剑，薄游人间。紫微九重，碧山万里。有才无命，甘于后时。刘表不用于祢衡，暂来江夏；贺循喜逢于张翰，且乐船中……

文中除记述与张祖相聚的欢乐、离别的忧伤之外，李白还抒发感慨，他觉得自己像被三国刘表弃之不用的祢衡，正是有才无命，一直无缘叩开天子宫阙的大门。

这年夏天，元演又向李白发出邀请，邀他北游太原。

李白一生流落不偶，如浮云柳絮，飘荡于人间。所幸他有一帮生死相依的朋友，总是在他失意愤懑时如及时雨一样出现在他的生命中。交游在李白生命中的重要，也许非今日的我们所能理解。

从长安到洛阳，从洛阳下襄阳，又从襄阳到江东，李白的脚步离家渐行渐近，可他并未回家，又再次踏上北上太原的路。也许，到底是心不甘，也许，觉得几年游历两手空空回家，于妻于家都无法交代，索性继续游荡下去。

五月，李白收到了元演的邀请信，爽快赴约。当时，元演的父亲在太原任府尹，其治所正在今山西太原市。二人结伴翻越太行山，山路狭窄迂回，正如曹操曾在《苦寒行》中描写的那样："北上太行山，艰哉何巍巍。羊肠坂诘屈，车轮为之摧。"一路可谓险象重重。

在太原，李白受到元演父子的热情招待。他们不但待之以琼杯绮食，还陪同李白遍览当地名胜古迹。

太原市西南悬瓮山下，有春秋时晋开国诸侯唐叔虞的祠庙。《水经注》卷六《晋水》曾引《山海经》曰："悬瓮之山，晋水出焉。今在县之西南。昔智伯之遏晋水以灌晋阳。……沼西际山枕水，有唐叔虞祠。水侧有凉堂，结飞梁于水上。左右杂树交荫，希见曦景。至有淫朋密友，羁游宦子，莫不寻梁契集，用相娱慰。于晋川之中，最为胜处。"

五月的晋祠，流水如碧玉。泛舟弄水，箫鼓齐鸣，微波如龙鳞，波底水草绿。再加身边美妓相随，红颜翠妆，歌舞不歇，从日暮到素月东升。美人们的身影倒映潭中，她们轮番歌舞，那清越的歌声，直随清风飞入云霄……

今朝有酒今朝醉。李白的意识深处，一直有这样一种及时行乐的思想。这是他的消极之处，亦可视为其缓解苦痛和压力的一种方式吧。一根弦绷得太紧，会断掉。

答应元演游历太原，自然不单是为了看山看水。元演父亲在太原任职，在李白看来，此行也许会蕴含着一些未知的机会。

他再次失望了。

岁落众芳歇，时当大火流。

霜威出塞早，云色渡河秋。

梦绕边城月，心飞故国楼。

思归若汾水，无日不悠悠。

——《太原早秋》

季节在不知不觉中悄然转换，来时是花繁叶茂的夏日，转眼已是众芳销尽的秋天。李白的游兴也日渐阑珊，思乡之情再度从心底升起。这一次，他是否直奔故园？如他曾在《久别离》一诗中所写——

别来几春未还家，玉窗五见樱桃花。况有锦字书，开缄使人嗟。至此肠断彼心绝。云鬟绿鬓罢梳结，愁如回飙乱白雪。去年寄书报阳台，今年寄书重相摧。东风兮东风，为我吹行云使西来。待来竟不来，落花寂寂委青苔。

开元十八年（730）春夏离家，此时已是开元二十三年（735）了，窗前的樱桃花已五开五谢，许氏年年寄书相催，尽管李白也曾寄回一首首相思情诗，可那年复一年的期望，终究还是让等在闺中的人有些心灰意冷了。

思念如樱花，年年随春来，思念又如繁英落雪，年年在失望的空等中飘落萎谢。在这期间，或许李白有过短暂的回家史，流浪漂泊天涯却是他那几年的生活主旋律。许氏的柔情呼唤，家的诱惑力，终究抵不过李白建功立业的雄心壮志。

"与尔同销万古愁"

一个人，一柄剑，一匹马，一辈子。终生放荡不羁，终生都在苦苦寻觅。明月高悬的时刻，思念与愧疚会从心底莫名升起，及至天光大亮，世界又被诱惑与喧嚣充满。那样矛盾的争斗，在李白的生命中，从未停止。

李白把一封情意绵绵的《久别离》寄往安陆桃花岩，不再去想妻子那失望的泪眼。转身，走向新的天涯。那个秋天，他与元演同游雁门关。

雁门关，又名西陉关，位于山西省忻州市代县的雁门山中，是长城上重要的关隘。唐朝初期，北方突厥频频侵扰唐边境。为抵御突厥侵扰，唐朝廷在雁门山的制高点铁裹门设关城，派军驻守。

秋日的雁门关，天高云淡，一派苍茫之色。昔日的刀光剑影，依稀还在眼前，那些震天动地的鼓角铮鸣，似乎还在秋日清冷的空气里回响。可那些金戈铁马的英雄呢？早已化为尘土湮没于历史深处。雁门关上，李白被一种悲壮之情深深撼住。功名如此不可握，为何天下熙熙，天下攘攘，都在为这两个字奔忙？他李白亦无法脱俗。

雁门关归来，李白又与元演登临北岳恒山。

开元二十四年（736）春，李白告别元演，重返洛阳。

自开元二十二年（734）始，唐玄宗移驾洛阳，此后三年，洛阳即成为唐朝的政治文化中心。唐玄宗不仅在这里处理政务，还在这里颁布了许多重要举措。据《旧唐书》所载，开元二十三年春正月，唐玄宗于东都亲耕籍田，大赦天下。京文武官及朝集采访使三品以下加一爵，四品以下加一阶，外官赐勋一转。又令五品以上官吏大力举荐人才，那些有霸王之略、学究天人之际以及堪为将帅牧宰者，皆在被举荐之列。

李白此番来洛阳，是怀着满腔热望而来。

洛阳的三月，桃花开，柳丝摇。这座古城，因大唐皇上的到来比昔日更添繁华。站在曾经熟悉的天津桥上，脚下的洛河水依旧脉脉流着，洛河两岸，桃花夹岸，落英缤纷逐流水，再看街上来来往往的人，全是一张张陌生的面孔。哪还有昔日半点熟悉的影子？

九重宫阙，近在咫尺了，却又似与它隔着跨不过的天涯。想那桥北巍峨的宫城之中，有多少王侯将相，他们衣冠楚楚，气宇轩昂，上朝有香车宝马，下朝有高堂华厦，吃不尽的珍馐佳馔，赏不完的歌舞升平。

那一切，又有什么意思？李白兀自摇头，苦笑。

功成身不退，自古多愆尤。

黄犬空叹息，绿珠成衅雠。

何如鸱夷子，散发棹扁舟。

——《古风五十九首·其十八》

这番感慨，若从功成名就者的嘴里道出，或能让人理解。李白道来，总有几分酸酸的味道。他不在乎别人怎么说，他说的，其实就是他心底最真实的感受。

洛阳之行，依旧是失望。莫如转身回故园吧。对于一个将理想寄托在远方，寄托在治国平天下的男人来说，家永远只是一个暂时栖息的驿站。几年游历，一朝归来，桃花岩的山水依旧，那个冷清的小家又添了几多笑声。长年孤守空闺的许氏不愿丈夫再度远行，可李白的心，依旧不在这里。而她，注定还要孤独地等下去……

李白自洛阳回家没隔数月，元丹丘的信又到了。这一次，他是代那位叫岑勋的朋友来邀请李白的。岑勋去洛阳，遇到元丹丘，酒筵歌席上，二人谈起了李白，想起与李白昔日的交游。岑勋便迫不及待请他前往，同游同醉。当年梁园挥手作别，岑勋曾热情邀请李白到他隐居的鸣皋山去。如今听闻岑勋亦在元丹丘处，李白二话不说，立即启程上路。

> 黄鹤东南来，寄书写心曲。倚松开其缄，忆我肠断续。
>
> 不以千里遥，命驾来相招。中逢元丹丘，登岭宴碧霄。
>
> 对酒忽思我，长啸临清飙。寒余未相知，茫茫绿云垂。
>
> 俄然素书及，解此长渴饥。策马望山月，途穷造阶墀。
>
> 喜兹一会面，若睹琼树枝。忆君我远来，我欢方速至。
>
> 开颜酌美酒，乐极忽成醉。我情既不浅，君意方亦深。
>
> 相知两相得，一顾轻千金。且向山客笑，与君论素心。
>
> ——《酬岑勋见寻，就元丹丘对酒相待，以诗见招》

这首诗，详细记叙了三位友人在嵩山相聚之始末。

老友重逢，你有美酒，我有诗。日里推杯换盏，月下清淡长啸，忘记日月流逝，也忘了世间所有的烦扰。在志趣相投的好友面前，李白终于卸下所有的伪装，他大口喝酒，大口吃肉，狂歌豪饮，放浪形骸中留下那首千古劝酒诗《将进酒》：

> 君不见黄河之水天上来，奔流到海不复回。
>
> 君不见高堂明镜悲白发，朝如青丝暮成雪。
>
> 人生得意须尽欢，莫使金樽空对月。
>
> 天生我材必有用，千金散尽还复来。
>
> 烹羊宰牛且为乐，会须一饮三百杯。

李白传

岑夫子，丹丘生，将进酒，杯莫停。

与君歌一曲，请君为我倾耳听。

钟鼓馔玉不足贵，但愿长醉不复醒。

古来圣贤皆寂寞，惟有饮者留其名。

陈王昔时宴平乐，斗酒十千恣欢谑。

主人何为言少钱，径须沽取对君酌。

五花马，千金裘，呼儿将出换美酒，与尔同销万古愁。

这首诗，恰如波涛滚滚的黄河水，从诗人心中一泻而出，又如万马奔腾席卷大地。李白借此劝酒诗，劝友，更是劝自己。一路走来的愤懑郁积心中，太多了，也太久了，从蜀中到楚地，从楚地到长安，他的足迹已踏遍大半个中国，结果呢？依然是郁郁不得志，30多岁一事无成。人生苦短，光阴飞逝，心中的愁苦从来没有像今天这样痛快淋漓地倾泻而出。

他一举杯，再举杯，三举杯，直喝得天旋地转，也喝得热血沸腾。岑夫子，丹丘生，杯莫停，今天咱们一醉方休。李白已是醉眼蒙眬，酒至酣处，又舞起他腰间的长剑，跳起他最擅长的青海舞。他边舞边纵声高歌。

他歌：人生得意须尽欢，莫使金樽空对月。何其自信！

他歌：烹羊宰牛且为乐，会须一饮三百杯。何其狂放！

他歌：古来圣贤皆寂寞，惟有饮者留其名。何等寂寞！

他反客为主，大手一挥，就要把那名贵的宝马、华丽的裘服拿出去换酒，完全一副过了今朝不问明日的架势。

岑夫子，丹丘生，果真不愧李白的知交好友，他们读得懂李白狂放背后的浓愁。由着他喝，由着他唱。愤懑之语以旷达之态出之，万古愁情以狂放之语歌之，那震动屋瓦响彻云霄的大笑，比号啕痛哭还撼动人心。李白把所有的泪与愁，所有的失意落寞，都化进了酒里……

喝完那场酒，他仍然会以梦为马，执剑上路。

莫愁前路无知己，天下谁人不识君！

浮生若梦，为欢几何

春日，安陆桃花岩，是花和鸟的世界，也是酒和诗的世界。清晨，满山的鸟儿醒来，桃花朵朵伴露而开；夜晚，明月如水洒满庭院，一壶酒，一轮月，一个人在花间独舞……

开元二十五年（737）春天，李白重返安陆。这一年，他哪里也没去，在桃花岩过着闲适恬淡的日子。

李白的儿子伯禽大约在此时已出生，也仅仅是猜测。这个曾让李白引以为傲的儿子到底何时来到这个世界上，实在无史料可考。只能据他后来的经历来推测，李白带一双儿女移居东鲁时，伯禽才几岁，到李白去世时，也不过二十来岁。据此可断，伯禽当出生于移居东鲁之前，而在李白第一次西入长安之后。

山中岁月，缓慢而悠长。与山水为邻，有花鸟相伴，还有酒，有诗，有不时前来造访的朋友。那样的日子，宁静而富足。在安陆，李白原本就结识了很多朋友，红尘闹市中的市井闲人，乡间篱下的隐逸野老，有时是李白下山去找他们，有时，他们会抱一把素琴，前来找李白。

院前山后，山花欲燃，没有美味佳肴佐酒，山间的清风明月便是最好的下酒菜，一杯一杯复一杯，喝醉了，主人随便往榻上一倒，客人抱琴尽兴而去。彼此之间，没有钩心斗角，没有繁文缛节。只待客人欲起身离席时，醉意沉沉的主人，会抬起头轻轻向他挥一下手：想

来明天再抱琴来呀……

日日如醉，日日如梦。醉后起来，庭前花间鸟儿正轻啼。轻轻叹息一声，又把面前的酒杯倾满……

> 处世若大梦，胡为劳其生。
>
> 所以终日醉，颓然卧前楹。
>
> 觉来盼庭前，一鸟花间鸣。
>
> 借问此何时？春风语流莺。
>
> 感之欲叹息，对酒还自倾。
>
> 浩歌待明月，曲尽已忘情。
>
> ——《春日醉起言志》

酒是一片温柔乡，酒是一条忘忧河。那个春天，李白躲在大自然的怀抱里，以全新的目光来打量他面前的新天地，也以一杯接一杯的美酒来化解心底的失意。陶渊明把酒就菊花，李白举杯邀明月。那清丽流畅的诗风中，有陶渊明的影子，更是独一无二的李白。

这年春天，李白的几位堂弟前往桃花岩来看他，月光下的桃花园里，李白置酒设宴，盛情款待。

那该是世间少有的温馨盛宴吧，院中花香阵阵，头顶明月流泻清辉，多年未见的几位兄弟，把酒言欢，忆旧情，话今朝，酒兴浓时，各赋新诗，作不出诗来的，要罚酒三斗。席间李白爽朗的笑声，把头顶的桃花都纷纷震落……

他已经好久没有这么痛快地笑了。那样没心没肺，没有任何负担地笑，像一个天真的孩子，像山间清风拂过流云与花枝。天地是万物的客舍，时间是古往今来的过客。死生如梦，纷纭变幻，不可究诘，能得到的欢乐又有多少呢？且尽情抓住这眼前的欢乐，喝他个一醉方休。

　　夫天地者，万物之逆旅也；光阴者，百代之过客也。而浮生若梦，为欢几何？古人秉烛夜游，良有以也。况阳春召我以烟景，大块假我以文章。会桃花之芳园，序天伦之乐事。群季俊秀，皆为惠连；吾人咏歌，独惭康乐。幽赏未已，高谈转清。开琼筵以坐花，飞羽觞而醉月。不有佳咏，何伸雅怀。如诗不成，罚依金谷酒数。

　　　　　　　　　　　　　　——《春夜宴从弟桃花园序》

　　论喝酒，论作诗，从弟们可能都不是李白的对手，那夜的酒宴上，李白不但赋诗相赠，还特意写诗，记录这夜桃园欢会的情景。

　　那个热爱生活、热爱生命、乐观向上，积极追求人生梦想的李白又回来了。

　　清风明月本无价，远山近水皆有情。俗世红尘，上下求索，总要为自己寻一方心灵的休憩之地，为下一次的出发充电加油。李白的桃花岩，是他的驿站，他在那里咏花弄月，饮酒赋诗，却注定不能为它停留。桃花岩的山水留不住他，温柔多情的妻子许氏留不住他，活泼可爱的一双儿女也留不住他。

　　梦想在前方招手，不达目的，岂肯罢休？

　　开元二十六年（738）春，李白再次离家，出游南阳。

　　南阳位于河南省西南部，豫鄂陕三省交界地带，是李白去长安的必经之地，因地处伏牛山以南、汉水以北而得名，又称南都、帝乡、玉都等。这一次已是他第三次来此地了。

　　南阳是一个历史悠久的文化名城，这里曾是白水真人汉光武帝的老家。走在南阳的市井街衢间，这里高楼巍峨，华屋丽厦直连城外的

青山。果真是名不虚传的佳丽之地。

南阳还是英雄辈出的地方，陶朱公范蠡和五羖大夫百里奚，他们的功名业绩名播天地。有英雄的地方，自然少不了美人，以美色著称的汉光武皇后阴丽华，娇艳的汉皋游女，她们的清歌似乎还在云间回响，那悠游从容的舞姿如在目前飞扬。

南阳盛景，一点不比长安、洛阳逊色。眼前车马穿梭，人来人往，前来经商的，游览访古的，络绎不绝。李白的心里蓦然生出一种忧伤：我在红阳城外走马，在白河湾呼鹰逐猎，世间却再无刘备那样的明主，来识我这个卧龙客。

"谁识卧龙客，长吟愁鬓斑。"李白在《南都行》一诗中极尽描摹南都之美，最终的情感落脚点却在抒发壮志未酬、怀才不遇的悲伤。那是他心中无法挥去的痛，随时随地都可能被触动。

离开南阳后，李白又抵嵩山，见故友元丹丘，在元丹丘处居留数日，又到了颍阳东南的陈州（淮阳郡）。李白在《颍阳别元丹丘之淮阳》一诗中曾写："别尔东南去，悠悠多悲辛"，可知此时的李白，身上资金渐少，作为老友的元丹丘，似乎并未对他提供什么实质性的帮助。

朋友亦需门当户对，物质上，或者精神上，至少要占一头。世态炎凉，久处窘迫之中，再好的友情都会变味儿。同是在前一首送元丹丘的诗中，李白还写道："松柏虽寒苦，羞逐桃李春"，虽是在表明自己的松柏之志，但也暗含着对老友的抱怨指责，指责元丹丘看重荣华富贵与钱财。

老友尚且如此，新结识的那些泛泛之交就更不用提了。

自开元二十六年（738）春离家，一直到开元二十七年冬，李白从南阳到洛阳，从洛阳到陈州，又南下楚州，萍踪难定。

开元二十七年秋天，王昌龄被贬岭南，途经襄阳时，顺道前往襄阳城南的涧南园去看望已身染重疴卧床的孟浩然。此时的李白恰在南楚一带浪游。舟至巴陵，李白与王昌龄相遇，二人共话离情，王昌龄写《巴陵送李十二》相赠。正是从王昌龄那里，李白得知孟浩然病重的消息，他立即从南楚北上，前往襄阳探望。

孟浩然，湖北襄阳人，孟子后裔，唐代著名的山水田园诗人。他比李白大12岁。二人初识在开元十四年（726）秋日。彼时，李白辞亲远游，正在吴越一带游历，孟浩然也正在吴越一带滞留。二人在溧阳（今属江苏省常州市）初次会面，李白曾留诗《游溧阳北湖亭，望瓦屋山怀古，赠同旅》记述。

关于孟浩然的生平及其评价，历来论家皆推崇孟浩然同乡处士王士源所编的《孟浩然集》之序言中所论，认为那是最为精当、权威的评价。文中，王士源称孟浩然"骨貌淑清，风神散朗，救患释纷，以立义表。灌蔬艺竹，以全高尚。交游之中，通脱倾盖，机警无匿。学不为儒，务掇菁藻。文不按古，匠心独妙。五言诗天下称其尽美矣"。

"春眠不觉晓，处处闻啼鸟。夜来风雨声，花落知多少。"一首《春晓》，区区20字，没有华词丽藻，也不讲究奇绝的艺术手法，诗句浅白易懂，初读似觉平淡无奇，吟之诵之，才觉诗中别有天地，那悠远深厚的妙境，让人回味无穷。

这样一位高洁风流之士，性格又如此随和爽朗，为人结交重情重义，学问上博采众长，诗文不拘泥古法，五言诗则独步天下。孟浩然身上的种种品性特征，正与李白相仿。二人一见倾心，品酒赋诗，谈书论剑，从溧阳到金陵，同游同吟，结下深情厚谊。

开元十六年（728）冬，40岁的孟浩然赴京师长安，参加了开元十七年正月的进士科考，不第，滞留长安，继续寻求机会。彼时，孟浩然诗名已盛，是年岁末，诸英华在秘书省赋诗联句，孟浩然一句"微云淡河汉，疏雨滴梧桐"，震惊四座，众人皆叹其清绝。

当时在朝中任职的张九龄和王维皆推崇他的人品与才华。王维曾经私邀孟浩然入其内署——或者是苦心的安排也未可知。那天，大唐皇上唐玄宗突然出现在王维的内署。孟浩然完全没有准备，情急之下一下子钻到床下藏起来。王维却以实相告，皇上大喜，道："朕闻其人而未见也，何惧而匿？"随即诏令孟浩然出。

震惊京华的大诗人就在眼前，玄宗皇帝难免要考一下孟浩然的诗才。孟浩然再拜，随即吟诵了他不久之前才写的那首《岁暮归南山》，当他吟至"不才明主弃，多病故人疏"之句时，玄宗的脸色立马就变了："卿不求仕，而朕未尝弃卿，奈何诬我？"随即拂袖而去。孟浩然遂被放还南山，回襄阳。

科举失利，还有名流举荐一条路可走。孟浩然手里原本还握着一副好牌的，以荐举新人著名的郡守韩朝宗，就是李白曾写自荐书求其推荐的那个韩荆州，他对孟浩然评价颇高。开元二十一年（733）冬，他曾同孟浩然一同入长安，准备向朝廷举荐他。谁料相约入朝当日，孟浩然与朋友推杯换盏喝得太高兴，竟然把这么重要的事给忘了。旁边人提醒："君与韩公有期。"孟浩然大发脾气："业已饮，遑恤他！"终未赴约。那么重要的一个机遇也就失去了。失去了就失去了，孟浩然丝毫不后悔，打道回府。

此后，孟浩然虽然也曾被左迁荆州大都督府长史的张九龄邀请入幕，也是屡屡受挫，百不如意，渐渐就把那份功名之心放下，回他的襄阳鹿门山隐居去了。谁料回家未久，就身染重疾。

时值初冬，孟浩然的涧南园里已一派萧瑟，满坡的桃树，没有桃花成阵，也不见绿树成荫，只有阵阵冷风，呼啸着穿林打叶。天气冷了之后，孟浩然的病情越发严重了，风热咳嗽，头昏目眩。

李白的到来让孟浩然十分开心，尽管此时的他又病又穷，但仍让家人摆下隆重的酒宴，并把自己的数位至交好友邀请来家，热情相陪。

晚上，酒歇人散，朋友们各自打马回家，李白在孟浩然的草庐里留住下来。两人共卧一榻，通宵夜话。彼此间这些年来的遭遇、际遇，让他们有说不完的话。

> 吾爱孟夫子，风流天下闻。
> 红颜弃轩冕，白首卧松云。
> 醉月频中圣，迷花不事君。
> 高山安可仰，徒此揖清芬。

临别之时，李白满怀深情地写下《赠孟浩然》。这是两位诗人生前最后一次相聚。

开元二十八年（740），王昌龄再游襄阳，时孟浩然疾疹发背且愈，因两位诗人相得甚欢，浪情宴谑，孟浩然食鲜疾动，病逝于涧南园，享年52岁。此是后话。

开元时代，崇尚纵逸脱俗，士子文人深受魏晋名士风流的影响。其中，最具代表性的人物或许就数孟浩然了。孟浩然青年时代即以才华闻名于世，本有条件走科举入仕之路，他却断然选择隐居，40岁又入京汲汲于功名，与文士名流交流唱和，那种种的风流事迹，李白早有耳闻。

这首诗，像一幅人物特写，寥寥数语，却形神兼具，将孟浩然的超然脱俗之态刻画出来。

李白一生高傲，蔑视四海，尽管此前他也曾对那些王公贵胄说过一些言不由衷的赞誉之词，但对孟浩然的这份敬仰之情，则是发自内心的。在孟浩然面前，他甘愿为之折服。他终究无法做到孟浩然那样"红颜弃轩冕，白首卧松云"。

人总是矛盾的吧，其实，孟浩然也并非如李白笔下那么完美。他也曾在追求功名理想的路上苦心探索。归隐涧南园，亦属无奈之举。这一点，李白怎能不明白？他写这首诗，是赠给孟浩然的，亦是给未来的自己。在他的内心深处，他一直期待有释然的那天。

第五章 移居东鲁

移居东鲁

　　李白，风一样的男子，一生萍踪浪迹，漂泊无定，有了妻儿，在安陆筑室定居，也未能留住他云游四方的脚步。聚少离多的婚姻，对于相门之后的许氏来说，实在算不得美满幸福。常年独守空闺，独自承担养儿育女之重担，苦盼丈夫能有出头之日，等来的却是李白又要远游的消息。曾经的大家小姐，纵有再多的耐心与柔情，也会被这样没有尽头的等待消磨殆尽。

　　许氏，李白的发妻，陪伴李白十年，谜一样地从李白的生命中消失了。

　　这要从开元二十八年（740）李白携子女从安陆移居东鲁说起。他移居东鲁的原因，据说是因为许氏去世。这则记载出于唐魏颢的《李翰林集序》：

　　　白始娶于许，生一女，一男曰明月奴。女既嫁而卒。又合于

刘，刘诀。次合于鲁一妇人，生子曰颇黎。终娶于宋（宗）。

旧时妻子如衣裳，嫁夫随夫，之后相夫教子，隐姓埋名，能在史上留下只言片语已属不易。魏颢与李白生活在同一时代，并受其委托为他的作品集作序，他的记述自然也最接近历史真实。

李白一生，长长短短，共经历了四段婚姻，其中有两位为他生儿育女。魏颢只用几十字就把李白一生的情感、婚姻给总结了。很平静，亦很平淡。仿佛那四位女子，只是李白生命中轻轻掠过的一阵风，风过，一切如初。

事实也许正是如此。除却许氏和后来的宗氏，李白曾为她们深情赋诗，另两位，只活在后人不确定的猜测里。

就是魏颢记述的这一小段，也是迷雾重重，让人看不清它的真实面目。

李白娶许氏，毫无疑问，许氏为李白生一女，名平阳，又生一子，名伯禽，也就是魏颢所说的"一男曰明月奴"。

据考证，李白儿子大名伯禽，小名明月奴。西周时周公旦，长子伯禽名字为鲤，与"理""李"谐音，李白为儿子取名伯禽，是寓托姓氏所出之意。至于小名明月奴，是承南北朝之遗风，"奴"是少数民族对孩子的一种昵称。明月，或许源于李白终生的月之情结。

也有资料说，鲁妇为李白生了一个儿子叫颇黎，但在李白后来写给儿女的诗文中，从未提到过这个儿子。《送杨燕之东鲁》诗云："二子鲁门东，别来已经年。因君此中去，不觉泪如泉。"《寄东鲁二稚子》云："此树我所种，别来向三年。桃今与楼齐，我行尚未旋。娇女字平阳，折花倚桃边。折花不见我，泪下如流泉。小儿名伯禽，与姐亦并肩。双行桃树下，抚背复谁怜。"李白虽一生书剑飘零，对一双小儿女还是用情颇深的，为何对另一个儿子，只字不提？

即使在向魏颢托付，也只是说："勿忘老夫与明月奴。"

"女既嫁而卒"，这样的说法也无法圆满地解释。从字面意思来理解，是说许氏在其女平阳嫁人之后去世，平阳和伯禽被李白带到山东时年纪还很小，离嫁人远着呢，说不通。李白到山东后很快就与一刘姓女子在一起。所以，更多研究者认为许氏应在李白离开安陆前就去世了。或者说，正是因为许氏去世，作为一个入赘女婿，李白无法再在安陆待下去，才不得不携稚子移居东鲁。

也有人认为李白离开安陆，不是因为许氏死了，而是许氏把他抛弃了。因为李白这个丈夫做得很不合格。李白长年不着家，又没个正当职业，许氏忍无可忍，一气之下同他离婚。对于这种猜测，笔者并不很赞同，许氏即便可以忍心抛下丈夫，却不可能对年幼的子女如此绝情。

许氏去向何处？另嫁或是抱憾离去？这注定是一个谜。她退出了李白的生活是事实，从安陆到东鲁，李白的生活掀开了新的一页。

开元二十八年（740），李白40岁。40岁，是一个男人的黄金时代，李白却在这年五月，牵着一儿一女的小手，满怀落寞远行。

"酒隐安陆，蹉跎十年"（《秋于敬亭送从侄耑游庐山序》）是李白对自己安陆十年生活的总结。从开元十六年（728）与许氏成婚在安陆桃花岩定居，安陆就成了李白生命的第二个故乡。十年来，他以安陆为中心，西入长安，北游汝洛，东至吴越，南泛洞庭，写下了100余首流传于世的诗歌佳作。这十年来，他广交贤士，诗酒会友，虽然仕途上一无所获，却在社会上获得了广泛声誉，也为他后来能受到"皇祖下诏，征就金马，降辇步迎"的特殊礼遇打下重要基础。

李白离开安陆，与许氏有关，他选择去东鲁，却要从他一生酷爱的剑术说起。他是来东鲁找裴旻学剑的。

自少年时代起，李白就有着浓厚的游侠情结，他结交少年英豪，

15岁就入山读书习剑，一度还曾想着去做一名剑客。魏颢的《李翰林集序》中曾说他"少任侠，手刃数人"，李白自己也曾写下"十步杀一人，千里不留行。事了拂衣去，深藏身与名"的千古绝句。

少年时代冲动，有侠骨丹心倒可理解。人到四十，已近不惑，千里迢迢拜师学剑艺，多少有些让人不能理解。其实，此次东鲁拜师，李白自有深意。

《新唐书·选举志》载："……天子又自诏四方德行、才能、文学之士，或高蹈幽隐与其不能自达者，下至军谋将略，翘关拔山，绝艺奇伎，莫不兼取。"从这一段记载中可知，李白此次来东鲁拜师学艺，绝不仅仅是做名剑客那么简单。其时玄宗求才心切，剑术亦是进入仕途的途径之一。

科举，隐居，拜谒名流卿相求引荐，一条条通向仕途的路都在李白面前竖上了"此路不通"的牌子，李白只好另寻出路。也亏他想到要习武学剑，且要找到天下一流的剑客做自己的老师。

裴旻，生卒年月不详，但知他生活在唐朝开元年间，以武艺高强而闻名于世。他曾担任过龙华军使，出任北平，据传在他镇守北平郡（今河北卢龙）时，曾于一日之内射杀31只猛虎。后来又参与奚人、契丹和吐蕃的战事，官至"左金吾大将军"。这个官职在唐朝是十六卫的武将官职之一，负责掌管卫戍京师的禁兵和统领天下的府兵。

颜真卿和王维都曾写诗描绘过这位裴将军的武艺，在《赠裴将军》一诗中，颜真卿写道：

大君制六合，猛将清九垓。

战马若龙虎，腾陵何壮哉。

将军临八荒，炬赫耀英材。

剑舞若游电，随风萦且回。

登高望天山，白云正崔嵬。

入阵破骄虏，威名雄震雷。

一射百马倒，再射万夫开。

匈奴不敢敌，相呼归去来。

功成报天子，可以画麟台。

诗人王维也曾作过一首《赠裴旻将军》："腰间宝剑七星文，臂上雕弓百战勋。见说云中擒黠虏，始知天上有将军。"

《独异志》所载更富传奇色彩："开元中，将军裴旻居母丧。诣道子（画圣吴道子），于东都天宫寺图神鬼数壁，以资冥助。答曰：'废画已久。若将军有意，为吾缠结。舞剑一曲。庶因猛励，获通幽冥。'旻于是脱去衰服，若常时装饰。走马如飞，左旋右抽，掷剑入云。高数十丈，若电光下射。旻引手执鞘承之，剑透空而下。观者数千人，无不悚栗。道子于是援毫图壁，俄倾之际，魔魅化出，飒然风起，为天下之壮观。道子平生所画，得意无出于是。"

裴旻托画圣吴道子在天宫寺作壁画超度亡魂。吴道子却反请裴旻舞剑以助画思。一剑圣，一画圣，可谓日月同辉，珠联璧合，一个飞剑入鞘，一个援毫图壁，共同演绎了书剑文化史上的一个奇观。难怪后来的唐文宗李昂如此仰慕，竟下诏将盛唐玄宗时代李白的诗歌、张旭的草书、裴旻的剑舞御封为"唐代三绝"，裴旻也当之无愧地被封为"剑圣"。

李白虽好剑术，喜仁侠，也曾在之前的信上写"愿出将军门下"，但是若无李白的诗才，早已蜚声海内外的裴将军也许不会那么痛快就收下这个徒弟。

在前往裴将军住处的路上，李白写了几首诗。在诗中，他对那个

李白传

嘲弄他的东鲁老翁给予毫不客气的回奉。

五月梅始黄，蚕凋桑柘空。

鲁人重织作，机杼鸣帘栊。

顾余不及仕，学剑来山东。

举鞭访前途，获笑汶上翁。

下愚忽壮士，未足论穷通。

我以一箭书，能取聊城功。

终然不受赏，羞与时人同。

西归去直道，落日昏阴虹。

此去尔勿言，甘心如转蓬。

——《五月东鲁行答汶上翁》

东鲁，唐代鲁郡治所瑕丘，今济宁兖州。李白诗中曾称其为东鲁、鲁郡、鲁邑、鲁城等。

来东鲁，将一双儿女安顿好，李白便踏上了拜师学剑的旅途。

五月的东鲁大地，梅子黄熟，蚕事已毕，忙碌了一春的鲁女，又开始忙着剥茧抽丝，在札札的机杼声中织造鲁缟。走在一派繁忙、充满生机的东鲁大地上，李白似乎也受到了感染，心情好了许多。在汶水河畔，李白在向当地一位老翁问路时，忍不住同他攀谈起来：白虽已是40岁的壮年，尚未及仕，但白不气馁，打算来找裴将军学剑……

李白就是这样，一生天真，一生活得赤诚单纯。他大约没想到自己的那番讲述，换回来的竟是鲁翁的不屑与嘲笑。40岁还无所事事，不远千里跑来东鲁学剑，鲁翁无法理解李白的行径。李白亦不愿再同他多说，转身走进西天的落日里，只留下一个傲岸的身影，身后的老翁讥笑着摇头叹息……

鲁叟谈五经，白发死章句。

问以经济策，茫如坠烟雾。

足著远游履，首戴方山巾。

缓步从直道，未行先起尘。

秦家丞相府，不重褒衣人。

君非叔孙通，与我本殊伦。

时事且未达，归耕汶水滨。

——《嘲鲁儒》

　　李白来瑕丘定居的地方，离孔子故里曲阜不过数十里之遥，在这里，李白接触到的多是那些行动迂阔、装腔作势的儒生，他们虽满腹经纶，谈起儒家思想及其经典头头是道，却是只会死读书、读死书的主儿，对治国之策是一片茫然，一无所知。

　　李白生活在思想开放、自由的开元时代，加之蜀地道学盛行，他自小就接受了十分庞杂的思想影响，儒家的积极入世，道家的超脱出世，佛家的四大皆空，互相交织，在李白不同的生命时段发挥着不同的作用。尽管李白曾数次在诗文中表现出对儒家思想的轻视，但不可否认，儒家思想在李白人生中占据着主导地位。

　　自汉代以来，山东的儒学就有齐学和鲁学之分。鲁学好古，重章句，齐学趋时，重世用。汉高祖初定天下，为了树立朝廷权威，曾派儒生叔孙通前往鲁地征召儒生以共朝仪。据《史记·刘敬叔孙通列传》载当时有两个儒生死活不肯前往，他们说："公所事者且十主，皆面谀以得亲贵。今天下初定，死者未葬，伤者未起，又欲起礼乐……公所为不合古，吾不行。公往矣，无污我。"叔孙通笑道："若真鄙儒也，不知时变。"后来，叔孙通带着30个应征的儒生进京，为朝廷制订了成套的礼仪。后叔孙通被汉高祖拜为太常，赐金五百斤。

李白传

李白诗中所嘲讽的"鲁儒",正是叔孙通所讥笑的那一类"不知时变"的"鄙儒"。他们白发苍苍,言必称"五经",把毕生的精力都用来背诵那些儒家经典;他们重视儒生身份,对自己的仪容仪表丝毫不马虎,李白用漫画的笔法,活灵活现地描摹鲁儒们迂腐可笑的举止:他们脚下穿着文饰考究的远游鞋子,头上戴着平整端庄的方山巾,不慌不忙,踱着儒生特有风度的步子上路,那宽大的襟袖拖在地上,步子还未迈动,先已扫起地上的尘土……

李白眼中的这样一群言行举止可笑的迂腐鲁儒,面对满怀"经济之才"与"王霸大略"的李白,自然是以轻视和嘲笑还之。李白则以此诗反唇相讥。在诗末他对鲁儒们道:正像秦代那些儒生们的可悲遭遇一样,你们这些人也是断然得不到朝廷器重的。我虽然也崇奉儒学,但要效法叔孙通,干一番辅弼朝廷的大业,绝不会与你们为伍。既然你们对时务一窍不通,不如回老家的汶水边上种田去吧!

面对如此直白辛辣的嘲讽,不知这群鲁儒们当时是何种的窘态。南宋刘克庄在《后村诗话》中曾道:"此篇几于以儒为戏,然'秦家丞相府,不重褒衣人',非谪仙不能道。"

李白与裴将军学剑的种种细节,李白未曾提起,亦无具体确凿的史料可据,但知他后来剑术大为精进,后世也公认他为"剑圣"裴将军的弟子。

东鲁风情

瑕丘鲁东门外的沙丘旁,一座普普通通的院落,数间瓦屋,低矮的院墙,是朋友为李白一家提前准备好的居住之处。李白携一双稚子走进那个院落的时候,视线先被隔壁邻居东窗下那一树火红的石榴花所吸引。

五月榴花似火，此景原已动人。更何况花树下还有一位年轻俊美的姑娘，是邻居家的女儿。她站在树下，羞涩又好奇地望着墙这边新来的邻居。40岁的男人，身着长袍，腰挎长剑，眉宇之间，英气逼人，却只身一人拉扯着两个年幼的孩子。

李白像一道光，又像一个谜，降临到邻家姑娘的生活里。

许氏此时已经离开了他的生活，一路上携儿带女，生活更增添了一份无言的酸辛。初来东鲁，竟然有一位红颜与他隔墙相伴。娇羞欲语的少女，静静立于花树之下，榴叶翠绿如滴，榴花红得触目，再加一张少女如花的粉面，那分明是一幅画，一幅动人心魄的画。

李白也许动了心。接下来的数个黄昏，他的目光都会偷偷掠过那道矮墙，急切搜寻着少女的身影。五月的晚风，隔墙送香来，晚归的鸟儿，在互相招呼着归巢。李白恨不能化身为石榴树，可以低头轻轻抚摸一下少女的罗衣……

鲁女东窗下，海榴世所稀。

珊瑚映绿水，未足比光辉。

清香随风发，落日好鸟归。

愿为东南枝，低举拂罗衣。

无由一攀折，引领望金扉。

——《咏邻女东窗海石榴》

借花喻人，借诗传情，李白在此诗中已表现出明显的求偶之意了。可惜落花有意，流水无情，那位鲁女，终究没有和李白演绎出一段浪漫的爱情故事。

有了安居之所，李白渐渐从昔日生活的阴影中走出来。在李白居住的沙丘附近，有东鲁门、南陵、尧祠、石门、崇明寺等诸多名胜古迹，亦颇有田园风光之胜，李白又开始了频繁的交游。当地的官员、士子文人，早闻李白大名，也乐于和他交往。酒宴歌席，酬唱互答，《李白全集》中写于此时的诗作，大约有40篇，所占比重还是蛮大的。

其一

日落沙明天倒开，波摇石动水萦回。

轻舟泛月寻溪转，疑是山阴雪后来。

其二

水作青龙盘石堤，桃花夹岸鲁门西。

若教月下乘舟去，何啻风流到剡溪。

——《东鲁门泛舟二首》

桃花夹岸，月下泛舟，何等的风流惬意。但那一时的欢娱，自然不是李白来东鲁的初衷。他来此地，一为拜师学艺，也为自己寻求新的拜谒机会。但李白在东鲁的干谒并不顺利。

初至瑕丘，前往拜谒当地的地方官是必不可少的礼节。在《赠瑕丘王少府》一诗中，李白把那位王县尉夸上了天：王少府您玉树临风，身姿矫捷如仙鹤，神态超然似神仙，简直就是汉朝的仙人梅福啊；您抱元守一，无为而治，甘守寂寞，清风袅袅，琴声铮铮；您操持高尚，不入巢穴，冰清玉洁，挥笔之间，诉讼了结，傲视王侯，目送飞云……

若非李白诗题中道明是送给王少府，读来简直觉得其笔下的主人公是一位不食人间烟火的世外神仙。如此盛赞，多少真心，几多奉承，无从分辨。如此煞费苦心地去讨好一位县尉，这与后来"天子呼来不上船"的诗仙实在大异其趣。也从另一个侧面表明，来东鲁之后的李白，生活得并不甚如意。

两个年幼的孩子需要人照看。一位无名无姓的鲁妇，替李白承担起看护一双儿女的责任。也就是魏颢曾说的"生子曰颇黎"的那一位鲁妇。那个在许氏之后，鲁妇之前的刘姓女子，在史料中被一笔带过，李白何时与她成婚，何地与她成婚，又因何而分手，史料中统统找不到。或许刘姓女子同后来的鲁妇一样，仅仅是李白的同居女友。

李白来瑕丘定居后，能够如从前一样周游四方，交友干谒，那位鲁妇功不可没。或许，那是李白生命中最现实的一段婚姻，只为了给孩子们找个监护人，爱情是谈不上的。

不管怎么说，家里暂时有了女主人，李白可以更加放心地去做他要做的事。他常常一走就是数月，从瑕丘到金乡，到曲阜，李白活动的半径越来越大，结交的人也越来越多。

在金乡县，李白拜见了范县令，并连赋两诗相赠：

君子枉清盼，不知东走迷。

离家未几月，络纬鸣中闺。

桃李君不言，攀花愿成蹊。

那能吐芳信，惠好相招携。

我有结绿珍，久藏浊水泥。

时人弃此物，乃与燕石齐。

摭拭欲赠之，申眉路无梯。

辽东惭白豕，楚客羞山鸡。

徒有献芹心，终流泣玉啼。

只应自索漠，留舌示山妻。

——《赠范金乡二首》（其一）

李白传

在李白的笔下，这位范县令也是一位枉自清高的道德君子，他不沾名钓誉，弹琴唱歌，清洁高雅，用无为之道治理县政，心如冰壶之水清可见底。他治理有方，县辖内男耕女织一派祥和。

为了获得他的引荐，李白除了在诗中不遗余力地赞美范县令的政绩之外，几在诗中痛哭流涕了。他觉得自己心怀珍贵的绿宝石，却长期被埋没污泥进献无路，人们把白猪和山鸡当作珍禽献给君王，却把真正的凤凰遗弃。他出门数月最终却只能落寞还乡，像张仪一样让妻子看看他的三寸不烂之舌是否还在。

王少府，范县令，虽为地方长官，能为李白提供的帮助也非常有限。真正能理解李白心情的，倒是那些与他境遇相似的平民朋友，裴十七，刘长史，都是李白来东鲁后新结交的友人，在给他们的赠诗中，李白才肯吐露一些心里话。

《早秋赠裴十七仲堪》是李白赠给好友裴仲堪的。这位裴仲堪，除了在李白诗中现身一下，史料中并无记载。但看得出，李白与裴仲堪的关系超出一般。他在诗中直呼其在家族中的排行裴十七。这是兄弟间才有的称呼。

李白与裴仲堪结识时正值早秋，同李白一样，这位裴仲堪亦是一位英豪才子，也同李白一样怀才不遇。他性情豪爽旷达，常年携带两位美妾在身边，足迹遍布中原，结尽天下豪杰。那两位婀娜美丽的女子，给李白留下了深刻的印象，酒筵歌席之上，她们轻启朱唇，清越的歌声响彻云霄。那样的美好时光，让李白生起莫名的忧伤：只怕好时光走得太快、溜得太急，让人来不及抓住。

> 荆人泣美玉，鲁叟悲匏瓜。
>
> 功业若梦里，抚琴发长嗟。

李白赠诗裴十七，赞美鼓励他，亦是向他吐露自己的苦闷心情。当年卞和因无人赏识美玉而哭泣，孔子悲叹葫芦固守一方而不能志在四方。而他李白，至今功名无着，世间亦无赏识他的知音，只能自己抚琴长叹息。诗末他打趣朋友亦调侃自己道："明主傥见收，烟霄路非赊。时命若不会，归应炼丹砂。"

如果有朝一日，皇上看中了你，你青云直上的道路就不远了。如果时运不济同我一样，那就跟我一起炼丹学道吧。

诗中满是无奈调侃，事实上，李白心中的用世之心不但没减，反而随着时间的推移越来越重了。

《送鲁郡刘长史迁弘农长史》，亦是李白在东鲁期间的赠别之诗。

弘农郡，西汉元鼎四年（前113年）汉武帝设置，治所在今河南省三门峡市灵宝。那里邻近鼎湖，相传黄帝曾经在那里埋下宝镜和丹经。因有黄帝遗爱，此地风俗淳厚，百姓善良。刘长史迁虢州弘农郡长史，应算是不错的安排。他大约也高兴，临行前，还送了五匹鲁地白绸给李白一家。贫穷之中，点滴帮助重于山岳，让李白感动莫名。可他也是秀才人情半张纸，除了临别赠诗，也实在无物可赠了。

"鲁国一杯水，难容横海鳞。仲尼且不敬，况乃寻常人。白玉换斗粟，黄金买尺薪。闭门木叶下，始觉秋非春。"诗一开头，似是为朋友刘长史叫屈，言鲁地太小只有杯水之容，哪里容得下刘长史这样的横海之鲸。这个地方连孔圣人都不敬重，何况一个寻常之人？

细细咂摸，又不难读出其中的牢骚之意。

看来，李白在东鲁混得并不如意。就借送朋友远行，以抒胸中块垒。

竹溪六逸

三国魏正始年间（240—249年），七个"弃经典而尚老庄，蔑礼法而崇放达"的文人名士，常常一起在竹林狂饮高歌，他们放荡不羁，蔑视名教礼法。他们拒绝朝廷的征召，做出种种"伤风败俗"的惊世之举。那七个人，就是后来被世人称为"竹林七贤"的阮籍、嵇康、向秀、山涛、刘伶、阮咸、王戎。

"竹林七贤"因为对现实社会强烈不满，才逃避到山水中去过与世隔绝的日子，他们用惊世骇俗的举动控诉和抗议当时的统治者——那些真正的毁弃名教者。

"竹林七贤"是那个政治高压时代里的特殊产物，在那个时代，名士们少有自全者，他们既不愿与统治者同流合污，又无法改变、超越现实，只得躲到山林间，躲到酒杯里，以求自保。他们外表看去潇洒至极，目空一切，内心却无不被巨大的痛苦所充斥。

在李白生活的开元盛世，也有人酷爱隐逸。李白自己就曾数度隐居。这种隐逸已与"竹林七贤"的隐逸完全不同。唐代的隐士们为了吸引朝廷的注意力，常常是先隐后仕，隐逸成为进入官场的一块跳板。

在今山东新泰境内的徂徕山西南麓乳山脚下，竹林森森，一条清清山溪自茂盛的竹林中淙淙流过，山前路旁有一巨石，石上天然花纹宛如片片竹叶，当地人称此巨石为竹岩。竹岩之上刻有"竹溪佳境"四个大字，为金代安升卿所刻。这里就是闻名天下的"竹溪"。

"徂徕之山竹满溪，溪中流水清漪漪。昔人已往不可见，至今陈迹犹依稀。"明代诗人丘睿写下这首诗的时候，他所题咏的"竹溪六逸"早已逝去几百年，但他们的笑声，似还在竹溪上空回荡。

竹溪因"竹溪六逸"曾在此隐居而闻名，这片寻常的竹林也因此染上了一层神秘的文化气息。

李白移家东鲁期间，不断结交当地的地方官和文人名士，孔巢父、韩准、斐政、陶沔、张叔明即为李白此时所交。六位贤人均选择在竹溪隐居。他们日则流连于竹林溪畔，纵酒高歌，夜则枕泉石而卧，与明月清风相伴。与"竹林七贤"的被迫而隐不同，这六位名士，生于盛唐，个个都怀揣着匡扶社稷、济世报国的宏大理想。他们不过是暂时隐居在此地，以待时日。世人称他们为"竹溪六逸"。

或许因为家有儿女牵绊，李白在徂徕山隐居的时间并不太长，估计八九个月。开元二十九年（741）暮春或初夏，李白即从徂徕山回到瑕丘家中。是年秋，张卿（张叔明）从徂徕山前来探望李白，并作一首《夜宿南陵见赠》，李白回赠《酬张卿〈夜宿南陵见赠〉》。时隔数月，孔巢父、韩准、裴政三人一同出山，干谒兖州刺史，顺道探望李白。三人还山之际，李白于兖州城东设帐宴饮饯行，此时已是开元二十九年的深冬。

猎客张兔罝，不能挂龙虎。

所以青云人，高歌在岩户。

韩生信英彦，裴子含清真。

孔侯复秀出，俱与云霞亲。

峻节凌远松，同衾卧盘石。

斧冰漱寒泉，三子同二屐。

时时或乘兴，往往云无心。

出山揖牧伯，长啸轻衣簪。

昨宵梦里还，云弄竹溪月。

今晨鲁东门，帐饮与君别。

雪崖滑去马，萝径迷归人。

李白传

相思苦烟草，历乱无冬春。

——《送韩准裴政孔巢父还山》

小猎户埋兔夹子，怎么能捕到龙与虎？想要青云直上的人，就要在山岩隐居高歌。诗一开头，李白就盛赞三位朋友的隐逸之举。几个月的山中隐居生活，同游同卧，同吟同歌，那样的日子，让李白分外怀念。而今看到三位朋友，往昔同隐竹溪的日子又如烟飘来。

"竹溪六逸"中的韩准、裴政、张叔明、陶沔，《新唐书》《旧唐书》皆无其传，《全唐诗》《全唐文》亦无其作，从李白的诗中可知，韩准英才勃发，裴政清雅飘逸。两人大约是徂徕周边人士，曾经历过多次上山隐居、下山求仕的人生历程，只是时运不济，二人最终没能显达。

"竹溪六逸"中，除却李白之外，大约孔巢父的资料最为翔实齐全。《新唐书》《旧唐书》中均有其传。

《旧唐书》："孔巢父，冀州人，字弱翁。早勤文史，少时与韩准、裴政、李白、张叔明、陶沔隐于徂徕山，时号竹溪六逸。"《新唐书·孔巢父传》云："孔巢父，字弱翁，孔子三十七世孙。"孔巢父德才兼备，杜甫亦曾在《杂述》中言：进贤为贤，则鲁之张叔卿、孔巢父，二才士者，聪明深察，博辩闳大……

可见其才华名不虚传。

李白在此诗中对其赞誉有加，他道：老孔你更是高山秀出，傲视群雄啊。你们几人，日日与云霞亲近，高风峻节凌于古松之上，在巨石上同被而卧。利斧碎冰，寒泉漱浴，三人同穿二只竹屐，时时或有诗兴，清净如云无心。管他什么做官不做官，且先一起快乐长啸吧……

只读诗，那样的隐居岁月实在羡慕煞人也。事实却是，那种以退为进，以隐入仕的隐逸生活，几人终究都不能长久地坚持下去。李白不能，孔巢父后来也受人举荐去长安做官了。约在天宝六载（747），孔巢父辞官归隐江东，后为匡扶社稷，再度出仕，担任湖南观察使，唐代宗广德年间，累官至给事中，河中、陕、华等州招讨使兼御史大夫。孔巢父足智多谋，善于辞令，曾被称为"知君名臣"，后来因发生兵变，孔巢父只身深入虎穴劝降，不幸被叛军杀害。死后，朝廷追赠其为尚书左仆射，谥号"忠"。此属后话。

在东鲁生活的这段时间，除却与名士文人来往，李白与当地的方术之士也多有交游。《送方士赵叟之东平》一诗，即是李白与东平方士赵叟同游之后写下的赠诗。

> 长桑晚洞视，五藏无全牛。
>
> 赵叟得秘诀，还从方士游。
>
> 西过获麟台，为我吊孔丘。
>
> 念别复怀古，潸然空泪流。

探寻炼丹成仙之道，一直是李白孜孜不倦、乐于追求的事。但从此诗中也不难看出此时李白矛盾的心情：他仍然在出世与入世间摇摆，后者仍占上风。他羡慕赵叟的云游四方，又叮嘱他在西行路过获麟台时，代他前往吊唁孔老夫子。孔老夫子，儒家学派的创始人，也是封建时代士子文人最高的精神领袖。李白终其一生，都在努力向其靠近。

李白传

"我辈岂是蓬蒿人"

开元二十九年（741），大唐开元盛世的繁华大幕即将徐徐落下。唐玄宗试图用改元的方式给混乱的朝政注入新鲜血液与活力。公元742年正月，唐玄宗改元天宝。二月，朝中群臣上尊号，尊玄宗为天宝圣文神武皇帝。同时，玄宗亦对朝官设置作了系列改动：原来的侍中、中书令改为左、右相，州为郡，刺史为太守，洛阳由东都改为东京。以安禄山为平卢节度使、骠骑大将军。自此，中国历史上有名的开元时代结束，大唐进入了天宝年代。安史之乱的祸根也在此时埋下。

改元之时，玄宗大赦天下颁布诏令曰："前资官及白身人有儒学博通、文辞益秀及军谋武艺者，所在县以名推荐京。"

李白终于等到了这一天。此时的他，经过数年交游拜谒，在朝野内外皆有了一定的名气，诗文影响也日渐广泛。

天宝元年（742）四月，李白初游泰山，作《天宝元年四月从故御道上泰山》六首以记其行。诗题中已将时间及登山路线明确告知。他此次登泰山，走的是当初唐玄宗封禅泰山时所走的御道。

中国古代帝王在太平盛世或天降祥瑞之时，会举行祭祀天地的大型典礼活动。祭天即为封，祭地即为禅。远在夏商周三代，已有了封禅的传说。

古人认为群山中泰山最高，为"天下第一山"，因此，人间帝王应到最高的泰山去祭过天帝，才算受命于天。中国历史上，共有六位帝王曾到泰山封禅。

公元前219年，秦始皇巡行东方，自泰山之阳登山，在岱顶行登封礼，并立石颂德。又自泰山之阴下山，行禅礼于梁父山。自秦始皇之后，先后有汉武帝、汉光武帝、唐高宗、唐玄宗、宋真宗封禅。他们在泰山顶上筑土为坛祭天，报天之功，在泰山下梁父等小山上辟场祭地，报地之功。

只有在改朝换代，或者久乱之后的天下太平年代，才可以举行封禅天地这样最高规格的大典，那是人间帝王在向天地隆重报告重整乾坤的伟大功业，同时也是向天地表示，愿意接受天命而治理人世。

开元十三年（725）十月，唐玄宗率群臣从东都洛阳出发，前往泰山举行封禅大典。《资治通鉴·唐纪·二十八》载："十月……辛酉，车驾发东都，百官、贵戚、四夷酋长从行。每置顿，数十里中人畜被野；有司辇载供具之物，数百里不绝。十一月，丙戌，至泰山下，己丑，上备法驾，至山下，御马登山。留从官于谷口，独与宰相及祠官俱登，仪卫环列于山下百馀里。"

李白登泰山，走的即是玄宗开元十三年封禅泰山时所走过的旧路。

四月暮春时节，李白腰挎长剑，手拿酒葫芦，从王母池出发。眼前的泰山，层层峰峦如同扇扇屏风次第打开。玄宗皇帝封禅时在石壁上开辟出的御道也豁然而现。古御道有十几里长，逶迤出没于苍翠的峰峦涧谷之中……

行走在蜿蜒曲折的御道上，当年玄宗皇帝六龙御驾，车过万壑，涧谷萦回的场景又浮现在李白眼前。只是当年马踏碧峰之处，如今已盖满了青苔。飞流直下，水声湍急，漫山的松涛，让人哀伤。向北眺望，峰峦奇崛，危崖绝壁似向东倾倒；沿途的山洞石门紧闭，却似有滚滚沉雷从大地深处升腾而来。

泰山的美丽与神奇秀色，让李白忘记了登山的劳苦，他一口气登上了南天门。登高远望，远处碧海上的仙山，神仙居住的金银台似隐约可见。仰天长啸，万里清风入怀，吹散了所有的尘世苦恼与疲倦。闭了眼睛，耳边有袅袅仙乐飘来，四五个彩裙飘飘的仙女也悠然飞下九天来，

李白传

她们冲着李白嫣然而笑，手捧着盛满流霞的玉杯，款款走来……

历代文人墨客，登泰山，吟泰山，奇诗妙文留下千千万。李白的《游泰山六首》，却以超然的宇宙观和独特的时空透视，以写意山水笔法为泰山绘就了一幅有声画卷。在李白的笔下，泰山是一座雄浑壮丽的自然之山，又是一座奇异可感的神妙之山，还是寄寓着作者人生理想、人格向往的情感之山，心灵之山。

寓泰山万象于方寸之间、尺幅之内，李白乘着想象的翅膀，心骛八极，神游万仞，他忽而骑着白鹿登上天门山，欲与仙人对话；忽而在日观峰上手挥浓云，却被梳着高高云鬟的仙童讥笑学仙太晚；他早晨去喝王母瑶池里的水，傍晚投宿在天门关……

朝饮王母池，暝投天门关。

独抱绿绮琴，夜行青山间。

山明月露白，夜静松风歇。

仙人游碧峰，处处笙歌发。

寂静娱清辉，玉真连翠微。

想象鸾凤舞，飘飖龙虎衣。

扪天摘匏瓜，恍惚不忆归。

举手弄清浅，误攀织女机。

明晨坐相失，但见五云飞。

——《游泰山六首》（其六）

六首诗，六个不同的审美场景，空灵飘逸，整合起来又是一个有机的整体。李白采用了山水实景与仙人仙境两条发展交相显隐的结构形式，展现了其别具一格的时空意识，亦体现出他作为一位成熟诗人的写作功力。以游仙体来写山水，让李白的这一组游泰山的诗在诗歌史上占据了重要地位，有人甚至把这一组诗与他的《蜀道难》《将进酒》等名篇相媲美。

登泰山归来，李白的日子又恢复昔日的平静，他不时会到周边不远处去转转，和当地的官员文友们喝喝酒写写诗，彼此调侃取乐。

某天，瑕丘官府的一位朋友心血来潮，送了李白一顶乌纱帽，李白立即把头上常戴的白头巾取下来，换上了朋友给的乌纱帽，戴着就回家了。

家中小儿伯禽看到父亲戴着一顶乌纱帽进门，乐得直拍小手，连说好看。李白心里乐滋滋的，童言稚语，最是纯洁真诚。他知道，有了小儿那番话，连镜子都不用照了。

> 领得乌纱帽，全胜白接䍦。
>
> 山人不照镜，稚子道相宜。
>
> ——《答友人赠乌纱帽》

朋友赠乌纱帽，李白以诗回报。一首五言绝句，短短20字，通俗易懂、言简意赅，呈现出一幅情趣盎然的生活画面：脱服试戴乌纱帽，小儿拍手称相宜，诗人内心则是压抑不住的喜悦。

李白此时的好心情，当然并不仅是因为那顶乌纱帽。在唐朝，乌纱帽还不是后代所流行的官帽，不过是一种寻常服饰，民间贵贱皆服。

这一切皆因从朝中不断传来的消息。

当今皇上下诏，不管是白丁还是去职官员，只要精通儒学、诗文，或者通晓军事武艺，有一技之长，就可以由人推荐给朝廷。李白苦苦等待寻觅的机会，或许就在眼前了。隐隐中，李白总觉会发生些什么。

果真，在得到朋友所赠的乌纱帽之后不久，一个大大的惊喜降

临，天宝元年（742）八月的某一天，玄宗的诏书不期而至，征召李白入京。

手捧黄灿灿的诏书，李白忍不住热泪盈眶，双手颤抖。他将那道诏令从头到尾看了一遍又一遍，直到把每一个字都刻在了心上。等它等了太久，20多年，他都等得几乎要绝望了。往日一幕幕重现，李白的心里五味俱全……

玄宗诏令中明确规定此次征召是由各级官员推荐。这些年，李白诗名渐大，一向爱才的玄宗不可能没有听说过，但在此次举荐中起关键作用的一个人，恐怕还是要从十几年前，李白第一次入长安时说起。

开元十八年（730）春夏之交，30岁的李白离开安陆，西入长安寻求机会。那一次，名相张说的次子张垍把李白安排到终南山玉真公主别馆中，就再也没有露面了。凄凄秋雨中，李白连玉真公主的影子都没有见到。

李白没想到自己在绝望中写下的一首《玉真仙人词》在多年后帮了他的大忙。好朋友元丹丘把那首诗呈给了玉真公主，玉真公主被深深打动了，遂借这次广揽人才的机会向玄宗推荐了李白。当然，其他一些朋友也起了重要作用，比如元丹丘。也有人说是李白游吴越时认识的一位道士吴筠向朝廷推荐了他。但最终起关键作用的应该是玉真公主。

> 白酒新熟山中归，黄鸡啄黍秋正肥。
>
> 呼童烹鸡酌白酒，儿女嬉笑牵人衣。
>
> 高歌取醉欲自慰，起舞落日争光辉。
>
> 游说万乘苦不早，著鞭跨马涉远道。
>
> 会稽愚妇轻买臣，余亦辞家西入秦。

仰天大笑出门去，我辈岂是蓬蒿人。

——《南陵别儿童入京》

乍接玄宗诏令，狂喜之下李白挥笔写下这首诗。从诗中可知此时正是李白从泰山归来不久之后的秋天。多情自古伤离别，把离别写得如此欢快热烈的，也许只有李白，只有此刻的李白了。

看他呼儿唤女，忙着烹鸡酌酒，高歌自醉，夕阳下，李白又忍不住拔剑起舞。两个年幼的儿女，大约从未见过父亲如此开心，他们也受感染，牵着李白的衣，好奇又兴奋。

诗中，李白引用了汉代朱买臣的典故。诗中除了明确自己在这年受征召将入长安之外，还透露了几个信息，也为他扑朔迷离的婚姻生活稍稍挥去了一些迷雾。关于许氏的去向，历来众说纷纭，比较统一的看法是说许氏在李白迁来东鲁之前去世，本书亦采取此说。

詹锳《李白诗文系年》所载与此说出入甚大，他载开元二十九年（741）："白居东鲁，子明月奴生于鲁中，取名伯禽，约在本年。"按詹锳此说，许氏应该是随李白迁入东鲁，且在一年之后生下儿子伯禽，又在生子不久之后病逝。从李白这一时期写的《答友人赠乌纱帽》《南陵别儿童入京》来看，此时李白的儿子伯禽已有几岁的样子，与生于开元二十九年之说不符。

那位与李白同居的刘姓女子，倒是通过这首诗隐约露出些面目，她应该是李白来东鲁之后，在与鲁妇同居之前找的一位临时女友。四个女人中，这一位也许是最让李白厌恶的，他直接把她与朱买臣嫌贫爱富的妻子相比。也许这位刘姓女子最初跟了李白，是受他名气的影响，对他寄予颇高的希望，可随着时间的流逝，她看到的只是一个毫无作为，又日日醉酒的男人，最终选择离李白而去。这在高傲的李白看来，是不堪忍受的屈辱。所以才会在诗中把那个刘姓女子奚落了一

李
白
传

番。然后，出门扬长而去。

李白离家赴长安之前，身边应该已经有了鲁妇。她与刘姓女子不同，虽然身份低微，没有什么文化，却对李白和他的一对儿女极好，这也是李白能放心把家交给她去长安的原因之一吧。可惜，这位鲁妇，终究没有从李白那里得到什么名分。连妾的身份也没得到。她还给李白生了一个儿子颇黎。后来，李白娶宗氏为妻，那母子二人又悄无声息地在李白的生活中消失了。

第六章　翰林待诏

再入长安

昔日龌龊不足夸，今朝放荡思无涯。

春风得意马蹄疾，一日看尽长安花。

——孟郊《登科后》

唐贞元十二年（796），年届46岁的孟郊奉母命第三次赴京赶考，终于否极泰来，登进士第。放榜之日，孟郊喜不自胜，写下这首诗。此诗活灵活现地描绘出诗人登科后神采飞扬的得意之色，其心花怒放之情，力透纸背。

春风得意马蹄疾，一日看尽长安花。孟郊写下这首诗时，他崇拜的李白已去世30余年。若诗仙在世，读到这位后来人的诗作，亦会频频点头称许吧。此诗所表达的心情，他也体会过，不过，他选择的是另一种更狂放的方式，他道：仰天大笑出门去，我辈岂是蓬蒿人。

天宝元年（742）八月，李白得玄宗诏令入朝。连与一双小儿女离

别的忧伤都被冲淡了，李白欢欢喜喜从鲁城出发，打马奔长安。从鲁城到长安，原本一个多月的路程，李白晓行夜宿，快马加鞭，只用了半个多月时间就到了。

长安，一如十几年前，仍然有着繁华盛世的气象，有着举世瞩目的风采。长安的一山一水，一草一木，仍然拨动着诗人的心弦。灞桥烟柳，驿道沧桑，汉瓦唐风，巍峨城墙，甚至连朱雀大街上飞驰而过的宝马香车，东市西市上熙熙攘攘的四海商贾，都让李白觉得亲切。

抵达长安后，李白住进了招贤馆，那里是朝廷专为奉旨入朝的人提供的住宿之所。在招贤馆等候玄宗宣召的日子里，李白有时候也会到长安街头去转转，偶尔到酒楼上喝点酒。

那天，李白独自一人来到长安郊外的道观紫极宫。他怎么都没有想到，竟在那里遇到太子宾客兼正授秘书监贺知章。

贺知章，字季真，晚年自号"四明狂客""秘书外监"，越州永兴人（今浙江萧山），约生于显庆四年（659），比李白大40多岁。贺知章少时即以诗文闻名天下，其诗文写景抒怀，风格独特，清新潇洒，绝句尤其见长。

贺知章为人旷达不羁，好酒，在杜甫所写的《饮中八仙歌》中，第一位醉仙就是贺知章：知章骑马似乘船，眼花落井水底眠。不唯好酒，他还有"清谈风流"之誉。李白在紫极宫遇上贺知章的这一年，贺知章已有84岁高龄，却依然鹤发童颜，精神矍铄。

当得知眼前这位着玉色袍子、戴黑色乌纱帽的中年人即是李白时，贺知章的眼睛也兴奋得放出光来。贺知章很早就读过李白的诗，此次紫极宫意外相逢，自然少不了向李白讨要他的新诗。李白奉上的，正是他的那首《蜀道难》。

"噫吁嚱，危乎高哉！蜀道之难，难于上青天……"贺知章边读边连连点头称赞，还未读完就忍不住向李白叹道："呀，这分明是天上

'谪仙人'下凡呀！"

紫极宫里的畅谈，让二人意犹未尽，黄昏时分，贺知章又特地邀请李白去长安城中的一家酒馆里喝酒。那天贺知章身上恰好没带钱，他老人家干脆把腰间的金龟袋解下来，换酒喝。

金龟，袋名，唐代官员的一种佩饰，是皇家按官员等级所赐。那是官员身份的象征，一般人会以此为至高荣誉，将其视为珍宝。杜甫以六品获绯鱼袋，终身佩带，直至去世。贺知章却把这个金龟袋毫不犹豫地拿来换酒与李白共饮。

贺知章"金龟换酒"的典故，在唐代孟棨《本事诗》中有记载，不过，似乎与史实有些出入。"李太白初自蜀至京师，舍于逆旅，贺监知章闻其名，首访之。既奇其姿，复请所为文。出《蜀道难》以示之，读未竟，称叹者数四，号为'谪仙'，解金龟换酒，与倾尽醉，期不间日，由是称誉光赫。"

李白至长安，是在离蜀多年之后，从鲁城出发，而非"初自蜀至京师"之时。李白自己的叙述或更可信。天宝三载（744），贺知章告老还乡，李白曾作诗深情相别，二人原本相约在贺知章老家相见，谁料别后不到一年，贺知章就因病仙逝。李白独自对酒，想起昔日贺知章"金龟换酒"一事，不禁怅然洒泪，写下《对酒忆贺监二首》，在诗前小序中，李白写道："太子宾客贺公，于长安紫极宫一见余，呼余为'谪仙人'，因解金龟，换酒为乐。怅然有怀，而作是诗。"

四明有狂客，风流贺季真。

长安一相见，呼我谪仙人。

昔好杯中物，今为松下尘。

金龟换酒处，却忆泪沾巾。

贺知章一生风流豁达，一首《咏柳》，成为春天最好的代言。除此之外，老先生最让人称道的就是与李白的交往，紫极宫里直呼李白为"谪仙人"，让李白诗仙之名流传千古，小酒馆里金龟换酒，其豪爽之情义薄云天。不仅如此，贺知章还极力向玄宗推荐李白。

有了玉真公主推荐在先，再加上贺知章从旁美言，李白来长安不久，即受到玄宗的召见。

大明宫金銮殿殿前台阶上，李白跟随前来宣他进宫的公公，一步一步迈向那个他神往已久的皇权中心。尽管心情激动又有些紧张，李白还是把四周的景色尽收眼底：那飞檐斗拱的重重宫殿，宫殿外清澈的池塘，池水两岸低垂的绿杨，还有那个越来越近的金碧辉煌的大殿，一切都那么陌生，又似乎在哪见过。

及至进得殿来，李白看到了金色龙椅之上端坐着的那个男人：他身着绣有金龙的大红锦袍，头戴镶嵌白玉的黑帽，尽管在深宫里享受着天下最好的美食美人，那个男人看上去还是有些苍老疲惫，他皮肤松弛，倒比他实际的50多岁还要年老些似的。

那个人，就是李白曾在心里呼唤了千百次的大唐皇帝唐玄宗。

十多年前，他第一次来长安，曾在终南山上一次又一次遥想遥望的人，现在正起身离开他的龙椅宝座，走下殿来，亲自迎接他。

这个懂音律，会作曲，擅编舞，懂书法的风流皇帝，对李白的大名诗名皆有耳闻。尤其近来，不断有人向他推荐李白。他也读过李白的一些作品，确实有飘逸豪放之气。眼前这个人，人如其文，不卑不亢，一派玉树临风的样子。竟让这个九五之尊的天子也忍不住走下龙辇宝座，急匆匆向他走来。

未等李白下拜，玄宗已拉住了李白的手，径直拉他到旁边的七宝床就座："卿是布衣，名为朕知，非素蓄道义，何以及此？"

这样的见面方式是李白未曾料到的，先前的紧张感渐消，取而代之的是一种由衷的感动与自豪。玄宗接下来的举动，更是震惊了现场所有的人，包括李白。只见他轻轻捧起桌上一只精致的玉碗，亲自盛了一碗羹，拿起小勺子搅拌了几下，端到李白面前："尝尝这宫中玉羹味道如何。"

皇帝亲自为一位布衣草民盛羹奉汤，这在大唐王朝甚至往前历数多少朝多少代，都是不曾有过的事情。李白受如此礼遇，让大臣们既震惊又嫉妒。但他们还是很识时务地齐齐跪倒在殿内，山呼万岁，拜贺圣主英明，收揽了一位沉沦不显的英才。

那个场面，像春风一样吹散了李白心中久积的沉郁之气。甚至很多年后，同亲朋谈起来时，李白还满脸骄傲。

消息很快就像风一样在皇宫内外传开。

李白第二次进入长安城，竟以如此惊艳的方式登场。

如李白多次在自荐书中所希望的那样，他希望自己从此可以如鲲鹏展翅大展宏图，待功成身退后再归隐山林泛舟湖上。可接下来玄宗给李白的那个差事，让他有点无所适从了。

"供奉翰林，随时待诏。"玄宗在诏书中说得很明白了，为了"随时待诏"，李白由原来的住处搬进了翰林院，他那布衣诗人的身份从此变为"翰林待诏"。翰林院，李翰林，听起来很高大上的名字，待李白深入其中，方知其中尴尬。原来，所谓翰林院，不过一个奇人异士杂居的地方，尽管那些人同时还有着画家、学者、书法家、道士等身份，但他们同李白一样，都是被皇帝从民间征召进来，以备不时之需。名为"翰林"，却像皇家豢养的奴仆。

《新唐书·百官志》曾载："玄宗初，置翰林待诏，以张说、陆坚、张九龄等为之，掌四方表疏批答、应和文章；既而又以中书务剧，文书多壅滞，乃选文学之士，号翰林供奉，与集贤院学士分掌制诏书敕。开元二十六年，又改翰林供奉为学士，别置学士院，专掌内命。"

　　李白进入翰林院为天宝初年，也不过偶尔"潜草诏诰"，平时则以写应景唱和的诗文为主，也就是一名文学侍从，玄宗并没有赐予他什么实际官职。

　　有人曾称李白为"翰林学士"，想来也不过一种尊称而已。翰林待诏，翰林学士，两字之差，待遇却有天壤之别。翰林学士，直接接近皇家权力的中心，为皇上批答表疏，撰拟文字，在很多国家大事上都有发言权，可谓皇帝心腹，因此，翰林学士又被称为天子私人，相当于皇帝的私人秘书和高级顾问。到唐代中期以后，翰林学士往往成为宰相的最佳候选人。

　　想来，翰林学士才是李白的理想目标。还在官舍待诏之时，他就曾用心写过一篇《宣唐鸿猷》的长文，大谈特谈他的治国主张。可惜这篇文章并没有引起玄宗的关注。也许是因为李白写得太过夸张，言辞华丽，却并无多少实际价值。

　　作为一名翰林待诏，李白的行动自由受到了很大限制，皇帝随时有可能宣他上朝，这就意味着他不怎么能离开翰林院，只能乖乖待在自己的房间等候不知何时到来的诏令……

侍从宴游

　　在翰林院，李白除了翻翻那些被他读得烂熟于心的经典，偶尔也会写一些诗，不时也会有一些人慕名前来拜访他。他们恭恭敬敬称他为"李翰林"，求他赐诗或墨宝，也会请他参加一些宴会，美酒美食相待。

　　虽然并无什么实职，作为皇上恩宠的一名文学侍从，李白还是得到了很多亲近天颜的机会。他时常出入金銮殿和翰林院，青山掩映皇上的辇道，碧树摇曳在苍茫的天空，李白踏着晨光前往天子的庭苑，常有种置身蓬莱仙境的感觉。回到翰林院，振笔挥毫，写一些歌颂清明政风的文字，也时常与那里的文人名士们交流沟通。待到黄昏落日，李白才骑马缓步踏上回翰林院的路。那是一天中难得的清闲时光，世间的一切似乎都变得美好缓慢下来，马蹄声缓，人的心情也缓，池中的紫色鸳鸯，院内高大的梧桐树，都在夕阳余晖的笼罩中变得安详了。梧桐树下，抚一支古琴曲，喝一杯新丰酒，一天的疲倦立时烟消云散……

"快意且为乐，列筵坐群公。光景不可留，生世如转蓬。早达胜晚遇，羞比垂钓翁。"《效古二首》是李白初入翰林院时所写的两首诗，其得意喜悦之情溢于言表。

人生得意须尽欢呀，时光如此短暂不可挽留，赶紧与群公大臣列筵喝酒吃肉吧。相比那个80多岁才与文王相逢的姜太公，李白自觉还是早点腾达些好。此话在千百年后也曾由另一位特立独行的女作家张爱玲说出：啊，出名要趁早呀，来得晚，快乐也不那么痛快。

也许，是在这尘世征途上压抑太久了，尽管此时李白仅仅是一名翰林供奉，但他还是有一种扬眉吐气的畅快感。

秋渐深，翰林院院中的梧桐树叶，已由绿转黄，在西风中凋零飘落。李白来翰林院已有些时日了，他几乎每天都在盼望着皇上的召见。那篇抒写自己政治主张的《宣唐鸿猷》，他已涂涂改改，修改了无数遍。十月，李白终于等到了让他激动不已的皇上诏令——玄宗让他陪侍一起前往骊山温泉宫。

温泉宫，在长安骊山脚下。骊山是秦岭山脉的一个支脉，山势逶迤，树木葱茏，远望犹如一匹苍黛色的骏马。因骊山景色锦绣，故又称"绣岭"。此地冬暖夏凉，周、秦、汉、唐时，这里一直作为皇家园林地，山中遍布离宫别墅。西周末年，周幽王曾在此"烽火戏诸侯"；

秦始皇则将他的陵寝建在了骊山脚下，留下了闻名世界的秦始皇兵马俑军阵。

《新唐书》称："贞观十八年置，咸亨二年始名温泉宫……（天宝）六载更温泉曰华清宫。治汤井为池，环山列宫室。又筑罗城，轩百司及十宅……"

唐玄宗在声色享乐方面青出于蓝，更胜他的先人，他在骊山上大兴宫室与官宅，把骊山打造成了他的人间乐园。

每年十月一日，玄宗都会带着贵妃和亲近的文武大臣们驾幸温泉宫。每逢皇上驾幸日，从长安到骊山，一路都要进行戒严。用青丝绳拦隔封道，不准民众进入御道。路上要打扫得干干净净，铺上洁净的沙子。伴驾的羽林十二将，按照天星之位排列，仪仗萧肃，如月照秋霜。猎猎彩旗，在秋风中迎风飘展。夜晚尤其肃静，户户无声，只听到宫中之乐，声动九天，那样的欢宴会持续整夜，一直到第二天日出……

李白曾参加过无数次宴会，也常常与朋友们通宵达旦畅饮，但这是他第一次如此近距离地感受皇家的宴饮。

> 羽林十二将，罗列应星文。
>
> 霜仗悬秋月，霓旌卷夜云。
>
> 严更千户肃，清乐九天闻。
>
> 日出瞻佳气，葱葱绕圣君。
>
> ——《侍从游宿温泉宫作》

这首五言律诗，是李白初次侍从玄宗去骊山温泉宫时所作，带有明显的侍从诗的奉承与拘谨，无法与李白其他的作品相匹敌。但玄宗满意，龙心大悦，赏赐了李白一件华裳。

这让李白受宠若惊，在回程的途中，正好遇上一位故人，李白忍不住向他描述那些天的侍从生活。举行宴会，游览骊山，山下泡温泉。深秋十月的温泉宫之行，在李白看来，无异于当年扬雄陪伴汉成帝在长杨苑羽猎一样。

激赏摇天笔，承恩赐御衣。

逢君奏明主，他日共翻飞。

——《温泉侍从归逢故人》

与其说这是李白向故人的承诺，不如说是他对未来的美好期许，他期待在将来有更多这样的机会。

此次温泉宫伴驾，李白共写了三首诗，除去前面两首，还有一首《驾去温泉宫后赠杨山人》，大抵是从温泉宫回到长安之后写的。诗中的杨山人，或者是他的一位志同道合的朋友，或者是一位山野隐士，在杨山人面前，李白更加自由随意。

少年落魄楚、汉间，风尘萧瑟多苦颜。

自言管、葛竟谁许，长吁莫错还闭关。

一朝君王垂拂拭，剖心输丹雪胸臆。

忽蒙白日回景光，直上青云生羽翼。

幸陪鸾辇出鸿都，身骑飞龙天马驹。

王公大人借颜色，金璋紫绶来相趋。

当时结交何纷纷，片言道合唯有君。

待吾尽节报明主，然后相携卧白云。

少年落魄失意，流落风尘，空自慨叹有管、葛之才，也只能闭门谢客，在家赋闲。一朝得天子垂顾拂拭，则如同胁生两翅，直飞青云

之上。身骑宫中龙马，幸陪天子銮驾东入鸿都之门，那种威风，自是让李白喜不自禁。更让他耿耿于怀的，是那些曾经视他如草芥的王公大臣，金璋紫绶之高官，他们现在是奔走相趋，态度来了个一百八十度大转弯。

初登龙门，便得皇恩沐浴，这份荣光，让李白念念不忘，后来，他在不同的场合提及此经历，一直到晚年。

> 清切紫霄迥，优游丹禁通。
> 君王赐颜色，声价凌烟虹。
>
> ——《还山留别金门知己》

> 凤凰初下紫泥诏，谒帝称觞登御筵。
> …………
> 朝天数换飞龙马，敕赐珊瑚白玉鞭。
>
> ——《玉壶吟》

在《赠从弟南平太守之遥二首》其一诗中，忆及当年待诏翰林，他还道："当时笑我微贱者，却来请谒为交欢。"

对于李白这种种表现，喜欢他的人会极力为他开脱，言他如何高旷岂会因一点顺达就沾沾自喜？不过应酬语罢了。也有人直言不讳，陆游就曾在他的《老学庵笔记》中辛辣地评价这位前辈："又如以布衣得一翰林供奉，此何足道？遂云'当时笑我微贱者，却来请谒为交欢'，宜其终身坎壈也。"

在陆游看来，区区一个翰林供奉，实在不值得如此大书特书，如此小小得志便大大得意，活该李白终生困顿不顺。时不同，境不同，出身仕宦之家的陆游，进士出身，历任县主簿、通判、礼部侍郎等职，算得仕途顺遂，他无法理解李白，也情有可原吧。

这些宫中行乐词虽得皇上后妃笑逐颜开，但终究还是一些绵软无骨的香艳之词，不过是讨圣上欢心、粉饰太平之作，无法与李白的《蜀道难》等力作相提并论。

在翰林院的日子，几乎日日有酒，上有皇上恩宠，下有朝中百官大臣们的吹捧承奉，李白虽为一名文学侍从，也渐渐有些飘起来。他似乎很享受眼前的日子，给天子的颂歌也唱得越发欢快。

这年仲春，柳色初青，垂丝百尺，紫殿红楼掩映其中，新莺于柳丝间穿梭百啭，无限春光中玄宗幸游宜春苑，在龙池池畔徜徉。李白伴驾同游。

宜春苑中的龙池，亦名兴庆宫池，是玄宗于东宫做太子时的潜龙之地。旧地重游，玄宗自是感慨万分。李白当然理解皇帝的心情，在接下来的那首《侍从宜春苑，奉诏赋龙池柳色初青、听新莺百啭歌》诗中，他写道：

> 垂丝百尺挂雕楹，上有好鸟相和鸣，间关早得春风情。春风卷入碧云去，千门万户皆春声。是时君王在镐京，五云垂晖耀紫清。仗出金宫随日转，天回玉辇绕花行。始向蓬莱看舞鹤，还过茝石听新莺。新莺飞绕上林苑，愿入《箫韶》杂凤笙。

"春风卷入碧云去，千门万户皆春声。"很显然，李白此句所描写的正是当时的太平盛世之景，不唯如此，他还直接将玄宗喻为天帝、神仙，将他所居之地比作蓬莱仙宫。玄宗需要的就是这些，又大大赏赐了李白一番。

得意时不忘形，失意时不消沉，人生在世，能做到这两点的人可能非常稀少。更常见的是，一朝得意便洋洋自得忘记今夕是何年，而

失意来临时又一派看不到未来的沮丧模样。李白虽被誉为诗仙，骨子里却仍然有着极为世俗的一面。在玄宗对他的恩宠赏赐之下，那颗原本就骄傲的心开始日益膨胀。

他的应酬越来越多，前来翰林院求诗求字甚至只求他赏光赴宴的人越来越多。醉酒成常态，十日九不醒。

牡丹开了，春深柳老，花方繁开，紫红浅白，交相辉映，正是赏花的上好时节。一日，玄宗心情大好，竟然乘照夜车，踏着月色前往沉香亭。盛装的贵妃，满面含春，以步辇从。十六名精心挑选的梨园弟子，早已准备妥当。宫中乐师李龟年，是当时最有名的大音乐家，但见他手捧檀板，走向众乐伎面前，准备高歌。玄宗却在此时开口发话："赏名花，对妃子，焉用旧乐词焉？"

玄宗遂命李龟年，速宣李白前往沉香亭。

那天，李白又喝醉了，而且醉得特别厉害。任前来宣他的人怎么摇怎么喊，都没能把他喊醒。无奈之下，只好把他胡乱塞进了轿子，抬往沉香亭。一路上的疾走颠簸，等李白被抬到沉香亭的院子里时，人终于被摇晃醒了，但还是有些蒙，一脸茫然地看着皇上和贵妃。旁边的高力士急了，忙唤人去给李白拿醒酒汤来，换衣服。

那一身的酒气，实在让人不悦。李白这次倒把高力士高公公那张阴沉着的脸看清楚了。任凭旁边的侍从给他换下满身酒气的衣服，等侍从弯腰蹲下欲给他换下脚上的靴子时，李白摆手制止了他，把迷离的目光投向高力士：你，来！

让高力士为他脱靴！不光高力士傻眼，连旁边的玄宗皇帝都怔住了。玄宗皇帝脸色大变，正欲制止时，高力士已经不情愿地弯下身去……

这一场景，是真是假，已经无从追究。但几乎所有关于李白的传记，都把这一段当成史实来记。当然，也有学者质疑，从李白初入宫中种种表现来看，他当时正一门心思奉承巴结皇上，对于皇上身边的大红人高力士绝不可能如此傲慢无礼。这种质疑，不无道理。但酒是迷魂药，亦是害人精。在酒精的作用下，李白能否做出这种无礼之事，实在不敢保证。

醒酒汤拿来了，橘子皮、薄荷、绿茶、蜂蜜制成的醒酒汤果然醒脑提神，李白终于清醒过来。悠扬的丝竹声中，他看清了月下灯影里正站在沉香亭畔朱红阑杆边赏花的贵妃娘娘。身后，大朵大朵的牡丹正在盛开，白色如玉，粉色若霞，红色似火，盛装的贵妃站在花前，春日的暖风，摇曳着盛开的牡丹，也轻拂贵妃的衣袖……

花娇人艳，人花相映。人在花中，花在人中。李白一时竟有些恍惚，分不清何者为花，何者为人。及至旁边侍从备好笔墨纸砚，他几乎是文不加点，一口气写下《清平调词三首》：

其一

云想衣裳花想容，春风拂槛露华浓。

若非群玉山头见，会向瑶台月下逢。

其二

一枝红艳露凝香，云雨巫山枉断肠。

借问汉宫谁得似，可怜飞燕倚新妆。

其三

名花倾国两相欢，长得君王带笑看。

解释春风无限恨，沉香亭北倚阑干。

好一个"云想衣裳花想容"，好一句"名花倾国两相欢"，诗词墨

李白传

迹未干，已引得现场叫好声一片。玄宗原本就已有些醉了，那夜的花，那夜的月，那夜的人，真真是妙不可言呀。如今李白果真不负他的期待，捧出这惊为天人的佳词丽句来。先前的不快一扫而光，赐酒赐座，赐珍宝珠玩。

被喻为国色天香的牡丹，倾国倾城，长得君王带笑看，连汉代著名的美女赵飞燕，新妆之后都要徒劳叹息，自愧不如。李白这番恭维，让贵妃娘娘心花怒放。她当即赐给李白一只漂亮的长尾小鹦鹉。小鹦鹉聪明伶俐，后来被李白带回翰林院，学会了李白的很多诗。

《清平调词三首》也成了贵妃的至爱，行吟坐念，还为它们谱了曲，玄宗吹箫亲自伴奏，贵妃载歌载舞。李白在宫中所受的恩宠也随着此诗的传唱而日渐隆盛。

醉卧长安

李白来长安，从冬经春又到秋，除了偶尔被玄宗召唤进宫，写一些粉饰太平的宫中行乐词，就是早晚居于翰林院，读书观史。

日子清闲，却与李白所期待的理想状态相去甚远。

不入都城长安，不知宦海复杂艰难；不入深宫，不知帝妃生活奢靡之甚。李白在朝中待得越久，对眼前现实就越是失望。那个曾经开创盛世之景的大唐英明皇帝唐玄宗，正日渐沉溺于声色犬马之中。

不能直言进谏，李白就借诗婉讽。最初入朝时他写诗称赞天子英明、天下太平，多是歌功颂德之类，渐渐的，李白的诗笔变得迟滞凝重。他开始为皇帝沉迷声色而担忧："飞燕皇后轻身舞，紫宫夫人绝世歌。圣君三万六千日，岁岁年年奈乐何。"

南朝吴迈远有《阳春歌》，李白拟前人作，亦作《阳春歌》，诗写帝王宫中的享乐生活，其中也隐含着对帝王荒废政事的讽刺。

另一首《乌栖曲》，婉讽之意更是明显：

> 姑苏台上乌栖时，
> 吴王宫里醉西施。
> 吴歌楚舞欢未毕，
> 青山欲衔半边日。
> 银箭金壶漏水多，
> 起看秋月坠江波，
> 东方渐高奈乐何！

当年吴王夫差耗费大量人力物力，用三年时间，在苏州西南姑苏山上筑成横亘五里的姑苏台，上建春宵宫，与宠妃西施在宫中彻夜长饮，寻欢作乐，最终导致亡国悲剧。

李白的七言古诗和歌行，一般都写得雄奇奔放、恣肆淋漓。此诗通篇纯用客观叙写，不着一句褒贬，讽刺的笔锋却尖锐、冷峻。玄宗早期励精图治，后期荒淫废政；夫差先发愤图强，振吴败越，后沉湎声色，反致覆亡。两位帝王的行为何其相似。李白是想告诫今日的帝王，要以史为鉴，千万莫蹈前人覆辙。

《唐宋诗醇》评此诗说："乐极生悲之意写得微婉，荒宴未几，而麋鹿游于姑苏矣。全不说破，可谓兴寄深微者。"

因其收敛含蓄，深婉隐微，这首《乌栖曲》亦成李白七古中的别调。这首诗后来被贺知章读到，贺知章叹赏苦吟，慨然叹息："此诗可以泣鬼神。"贺知章不愧为李白的忘年交，红尘知己，他必是懂得李白内心深埋之痛苦的。"泣鬼神"之评当然也就不仅仅着眼于艺术角度。

在朝中，李白除了写那些让玄宗龙颜大悦的应景诗文，还干了一件让他一时名声大震的事，就是为朝廷翻译了一封重要的番文信件，那封信件来自西域的月氏国。信使携带信件抵达朝廷，面对满纸蝌蚪似的文字，举朝大臣都傻了眼。没有人能识得上面的文字。不识其字自然就无从回复。

贺知章向玄宗推荐了李白。李白年少时期曾在西域生活过，或许会认识上面的文字。玄宗急宣李白入宫。李白果真不负众望，他不但清楚地翻译出了那封信，还成功地帮朝廷化解了一场迫在眉睫的政治危机。

原来，那是月氏国的一封威胁信，要求唐朝割地给他们，否则他们就向长安派兵，血洗这个繁华的大都市。回信的重任自然也落在李白肩上，他的回复有理有力，掷地有声，大意是：大唐帝国比月氏国强大数倍，也拥有比他们强大得多的军队力量，所以绝不会惧怕他们的威胁，若他们胆敢来侵犯，大唐帝国一定会不客气地回击，摧毁他们所有的部落。当然，若他们不那么好战的话，大唐也愿意与他们和平共处。

李白的回复让月氏国的使者又惊又怕，很快就带着复信回国去了。之后再没有类似的消息从月氏国传来。

这件事，史书上多有记载，但都较为简短。彭叔夏《文苑英华》称："天宝初，玄宗辟翰林待诏，因为《和蕃书》并上《宣唐鸿猷》一篇，上重之。"范传正《唐左拾遗翰林学士李公新墓碑》亦曾记载此事："天宝初，召见于金銮殿，玄宗明皇降辇步迎，如见园、绮。论当世务，草答蕃书，辩如悬河，笔不停缀。玄宗嘉之……遂直翰林，专掌密命，将处司言之任，多陪侍从之游。他日，泛白莲池，公不在宴，皇欢既洽，召公作序。时公已被酒于翰苑中，仍命高将军扶以登舟，优宠如是。"

李白的父亲为汉族人，母亲为西域人，他熟悉西域番国语言也是情理之中。这多少也给李白带来些新的机遇，此次事件后，玄宗越发器重李白，将他留在朝中，协助处理一些对外事务，并赐他五品冠带。

大约就是从这时候起，李白开始负责为皇帝起草一些诏书——虽然这样的机会并不太多，但也是很令人骄傲的参政经历。

李白又开始对未来充满憧憬。他甚至筹划着如何攒一些钱，在京城买一栋房子，把妻儿都接到长安来。

木秀于林，风必摧之。李白日益得宠，越来越多的人开始看他不顺眼。被他羞辱过的高力士首先发难，逮着机会就在皇帝和贵妃面前说李白的坏话。一向嫉贤妒能的李林甫，把李白写的一些向玄宗表白政治主张的文章悉数收集，并不断在皇帝面前进谗。

曾给李白带来莫大声誉的《清平调词三首》，在此后衍生出的传说与故事，有些已远远超出时人的想象力。李白自己当然更不会想到，它们竟然成了后来他被逐出宫的最大罪证。

第一种说法是围绕高力士，高力士始终对那天的脱靴事件怀恨在心。

高力士，本名冯元一，祖籍潘州（今广东高州），幼年即被一名叫高延福的太监收养为义子，后改名高力士。据说他英武潇洒，长相不凡，又有一身好武艺，武则天在位时就曾深受宠爱。在平定韦皇后和太平公主的宫廷政乱中，因他曾为唐玄宗出谋划策，从而深得玄宗宠信。至开元后期，高力士的权势达到巅峰，玄宗曾说："力士当上，我寝则稳。"《旧唐书·高力士传》载："每四方进奏文表，必先呈力士，然后进御，小事便决之。"

李白来长安的天宝初年，高力士又被封为冠军大将军、右监门卫大将军，晋爵渤海郡公，后来又被封为左监门卫大将军，官居正三品。

得罪这样一位权倾朝野的大宦官，李白的日子不好过也是可以预见的。

乐史《李翰林别集序》中曾载：会高力士终以脱靴为深耻，异日太真妃重吟前辞，力士曰："始以妃子怨李白深入骨髓，何翻拳拳如是耶？"太真妃因惊曰："何翰林学士能辱人如斯？"力士曰："以飞燕指妃子，贱之甚矣。"太真妃颇深然之，上尝三欲命李白官，卒为宫中所捍而止。

按此种说法，李白最终不能得官，是因为贵妃被高力士"点醒"，认为李白借赵飞燕嘲笑讥讽她，继而在玄宗皇帝面前吹了枕边风，把李白三次得官机会都给"吹跑"了。

欲加之罪，何患无辞，李白借飞燕典故不过是用来衬托贵妃之美无人可敌而已。若说李白讨厌高力士，酒后失礼让他脱靴还勉强可信，但让贵妃研墨，甚至如高力士所言公然在诗里暗讽，实在是牵强附会。彼时的李白，没有任何理由去讥讽贵妃，他犯不着得罪皇上最宠爱的妃子。况且，他也不讨厌贵妃，不然，也不会为她写出那么漂亮有内涵的诗句来。

还有一种更离谱的说法，纯粹是现代人的八卦，说李白在沉香亭遇见杨贵妃并为她倾情赋诗，惹得玄宗醋意大发，一气之下把李白赶出了宫。这个版本，似乎是现代年轻人最为津津乐道的。笔者在课堂上讲唐诗讲李白，谈到李白"赐金放还"的原因，班上30多名学生，几乎异口同声地说是因为玄宗吃醋。

总之，玄宗皇帝看李白的眼神，渐渐不再那么友好热情，开始变得冷淡漠然。

李白不能理解这一切，心中苦痛，全交付给酒。他比以前喝得更厉害，翰林院中，长安街头的酒肆里，朋友府中……有时与朋友一起，有时独饮，常常醉得一塌糊涂。他在花间月下，举杯长叹息："我歌月徘徊，我舞影凌乱。醒时同交欢，醉后各分散。"

著名的《月下独酌四首》即写于这一时期。

酒不解愁，却给了政敌们一个攻击李白的更好理由：这样一位整日醉在酒缸里的人，怎敢付大任于他？

其实，何止李白，彼时活跃在大唐的有志之士，哪一个不为大唐朝的前景而忧心忡忡？开元末、天宝初期，大唐王朝花团锦簇的盛世外表下，隐藏着的是社会的日趋黑暗：李林甫任宰相，大肆重用酷吏，屡屡制造冤狱；宦官高力士权倾朝野，中外畏之；杨氏兄妹在朝中日益得宠，势焰熏天。边镇势力日盛，京中防务空虚，大唐皇上却对此毫无警戒之心，依然日日歌舞升平……

《新唐书·李白传》载："白自知不为亲近所容，益骜放不自修，与知章、李适之、汝阳王琎、崔宗之、苏晋、张旭、焦遂为酒中八仙人。"

李白的好友杜甫后来亦写过一首《饮中八仙歌》：

知章骑马似乘船，眼花落井水底眠。汝阳三斗始朝天，道逢麹车口流涎，恨不移封向酒泉。左相日兴费万钱，饮如长鲸吸百川，衔杯乐圣称避贤。宗之潇洒美少年，举觞白眼望青天，皎如玉树临风前。苏晋长斋绣佛前，醉中往往爱逃禅。李白一斗诗百篇，长安市上酒家眠。天子呼来不上船，自称臣是酒中仙。张旭三杯草圣传，脱帽露顶王公前，挥毫落纸如云烟。焦遂五斗方卓然，高谈雄辨惊四筵。

这首诗以酒为媒介，几乎将当时活跃在大唐的狂人才士"一网打尽"。

自号"四明狂客"，少时即以文辞知名的贺知章；玄宗宠极一时的汝阳王李琎；平日雅好宾客、夜则宴赏豪饮，如鲸吞百川之水的左丞相李适之；倜傥洒脱、少年英雄的风流名士崔宗之和苏晋……都从杜甫的笔下活脱脱走来。

之后，隆重出场的是杜甫深为仰慕的李白。李白自称"酒中仙"，但其酒仙形象之所以人尽皆知，杜甫功不可没，"李白一斗诗百篇，长安市上酒家眠。天子呼来不上船，自称臣是酒中仙"，此诗所记，大约就是范传正墓碑序中所道"时公已被酒于翰苑中，仍命高将军扶以登舟"之事。杜甫写此诗时，李白早已离开长安，杜甫大概也是道听途说再加以文学想象写下这首诗，却从另一个侧面反映出当时李白"酒仙"形象的深入人心。

其实，醉仙们的醉，又哪里是无忧无虑、心情舒畅的醉？贺知章、李适之、李白……皆是如此。

公元744年正月，大唐改"年"为"载"，时为天宝三载。

自先天元年（712）即位，至天宝三载（744），唐玄宗已在位30余年，海内承平日久，玄宗也以为天下无事，可以高枕无忧，他把政事悉数交与宰相李林甫，自己则整日与贵妃沉于声色娱乐。彼时的宫廷上下、朝野内外，奢靡饮宴，打猎、斗鸡、驯兽、蹴鞠、马球等休闲娱乐活动盛行。唐代法定节日也多，据统计光国家律法承认的节日每年就达28个之多，每逢节日，设宴狂饮，也成风气。李白心中有愁，无法遣怀，越发贪杯。"醉卧长安"便成常态。

这年年初，贺知章告老还乡，请度为道士。玄宗赐还乡，在长乐坡设宴，让百官为其饯行，并亲赋诗相赠。作为贺知章的知己密友，李白亦深情赋诗相送：

> 镜湖流水漾清波，狂客归舟逸兴多。
> 山阴道士如相见，应写黄庭换白鹅。
>
> ——《送贺宾客归越》

李白不曾去过老友贺知章的家乡镜湖，但凭自己的浪漫想象描写出了贺知章归越之后的恬适生活。那是他一直可望而不可即的。老友归去，李白既为他高兴，亦为自己伤感。在朝中，他又失去了一位亲近好友，此后，可能更加孤立无依了。

三月，李白上书请求还山。玄宗顺水推舟，"赐金放还"。

关于李白被"赐金放还"的原因，唐代以来，众说纷纭，但总结起来不外乎以下几个原因：

一是树大招风，李白因才招嫉，为朝中权臣排挤出宫。持此论者如魏颢，在《李翰林集序》中称："以张垍谗逐，游海岱间。"李阳冰在《草堂集序》中言："丑正同列，害能成谤，格言不入，帝用疏之。"

二是喝酒误事，李白为酒所害。范传正《唐左拾遗翰林学士李公新墓碑》曰："既而上疏请还旧山，玄宗甚爱其才，或虑乘醉出入省中，不能不言温室树，恐掇后患，惜而遂之。"

此外，还有什么高力士脱靴事件，《清平调词三首》桃花风波，等等。

事实上，李白在玄宗面前的日渐失宠，有高力士等人的从旁谗言诽谤，更有李白自身原因。

玄宗晚年虽沉于女色，将大权旁落于李林甫、杨国忠等人之手，却并不至于昏庸到忠奸不分，好赖不辨。重用李、杨，宠信高力士、安禄山，有时是为了权力的平衡，让彼此相互制约。可惜他没把握好度，最终让安禄山、史思明等人叛变导致大乱。

对于李白这个翰林供奉，玄宗始终保持着一份清醒：他欣赏李白的诗才，却认定他不能从政。在这一点上，玄宗给李白号脉号得很准。李白注定只能是一位天才诗人。而一位天才诗人注定不能成为一名杰出的政治家。政治需要的是谋略，甚至是权术，天真到老的李白，恰恰缺少这一切。他甚至连如何与皇上身边的人打交道都不会，翰林院的那帮奇人异士与他相处久了，也渐渐开始对他白眼相加。

据说，就在沉香亭高力士为李白脱靴之后，某日玄宗曾在私底下对高力士说起李白："此人固穷相。"

玄宗此评不仅指李白的出身寒微，经济窘迫，也是因李白的失态让他大失所望。一个人顶高级的修养，不是他如何处事周全，也不是他如何洁身自爱，而是能宠辱不惊，以一颗包容之心尊重他人，哪怕是面对自己的对手、敌人，也风度不失。李白当众羞辱玄宗最为宠爱的内臣，说明了他的傲慢无礼、任性轻率。这样的人，玄宗自然不敢也不愿委以重任。

> 晨趋紫禁中，夕待金门诏。
> 观书散遗帙，探古穷至妙。
> 片言苟会心，掩卷忽而笑。
> 青蝇易相点，白雪难同调。
> 本是疏散人，屡贻褊促诮。
> 云天属清朗，林壑忆游眺。
> 或时清风来，闲倚栏下啸。
> 严光桐庐溪，谢客临海峤。
> 功成谢人间，从此一投钓。

这首《翰林读书言怀，呈集贤诸学士》正是李白自述翰林供奉的情形。

天长日久，李白在翰林院及宫中的处境变得越来越难堪。那些没日没夜的宫中行乐、赏花观景、颂上美妃，也让李白渐渐生厌。如同贵妃送他的那只长尾小鹦鹉，李白发现自己正在沦为一只被关进金丝笼的鸟儿。他开始怀念往日流连于山川风月、与文朋故友把酒临风吟诗唱和的日子。那时候，那些清词丽句就像源源不竭的清泉，从他的心底汩汩流出。而今，他每天挖空心思绞尽脑汁要做的，是如何写出那些毫无新意的应景颂圣之作。他每作一首诗出来，尽管依然会得到皇上贵妃的赞美与赏赐，却越来越难获取成就感。

曾经的理想一直在心底蠢蠢欲动。

更让他无法忍受的，是身边那些人。蝇营狗苟，他身处其中，如同青蝇白雪难同调。李白在诗中公然写"青蝇易相点，《白雪》难同调"，可以想象他身边那些供奉学士们读后会作何感想。

李白在宫中的步履迈得越来越艰难。而老友贺知章的告老还乡，也加速了李白离开长安的步伐……

挥泪别长安

天宝三载（744）春，李白向玄宗递交了辞呈，结束了自己的翰林待诏生涯。

玄宗也给了他一个还算体面的下台方式——唐《本事诗》曾载："（玄宗）恩礼殊厚，竟以疏乞归，上亦以非廊庙器，优诏罢之。"

玄宗给了李白一大笔钱，又温言好语劝慰惋惜一番，然后把李白打发出宫。

这种超常的礼遇并未让李白有半点开心，倒有一种被冷落抛弃的感觉紧紧撅住了他。

繁华的长安，从此将与他李白无关了。他欲从政匡扶社稷的政治理想就此落空。心中愁苦，急待找人诉说，李白想起好友王侍御。

俗话常说，落地的凤凰不如鸡，李白被玄宗"赐金放还"的消息，此时已风一样传遍宫廷内外。那天，不知是王侍御有意躲着他，还是果真有事出去了。李白扑了空，只在王侍御家中看到那只落寞的

小鹦鹉。那只李白熟悉的小鹦鹉，曾是宫中宠物，后来不知缘何竟来到了王侍御的府上。它老了，一身漂亮的羽毛差不多已脱落光，声音也不再似先前那么婉转动听。见有人来，它扑腾了两下翅膀，喉咙间发出一阵嘶哑的哀鸣……

鹦鹉学舌，极力奉承主人，终究难逃被抛弃的命运。他自己满怀抱负，忠言逆耳，也难在朝中立足。望着那只又老又丑的壁上鹦鹉，李白忽然悲从中来。这不就是自己吗？形单影只，失意离开翰林院，前来找老友诉说衷肠，却连人影也见不到。

> 落羽辞金殿，孤鸣托绣衣。
>
> 能言终见弃，还向陇西飞。

这首《初出金门寻王侍御不遇，咏壁上鹦鹉》，另一题为《敕放归山，留别陆侍御不遇，咏鹦鹉》。李白到底去看的王侍御，还是陆侍御，并不重要，重要的是，我们可以通过此诗触摸到李白当时的痛苦与落寞。

诗借叹息鹦鹉的败羽能言终被弃而喻自己，以鹦鹉的遭遇，抒发自己的情怀。或许，当时的李白并不能想到，朝廷虽失去了一位鹦鹉般的文学侍从，中华诗坛却自此多了一位名垂千古的伟大诗人。

就要离开京城了，许多昔日文朋好友翻脸比翻书还快，他们迅速从李白的生活圈子里消失了。李白数次前往拜访告别，都吃了闭门羹，那个王侍御，他到底也没见上。

也有一些知己，他们不计李白身前身后名与禄，待他一如往常。听说李白要离开长安，纷纷设宴，为他送别。

这年暮春，李白与诸好友深情话别，并赋诗相赠：

秦水别陇首，幽咽多悲声。
胡马顾朔雪，躞蹀长嘶鸣。
感物动我心，缅然含归情。
昔视秋蛾飞，今见春蚕生。
袅袅桑结叶，萋萋柳垂荣。
急节谢流水，羁心摇悬旌。
挥涕且复去，恻怆何时平。
——《古风五十九首》（其二十二）

此次离宫还山，是李白自己主动提出来的，却并非他心底真实的意愿。是日渐窘迫的处境，让他不得已做出这个选择。如今真要与这里的秦水陇山离别，内心还是充满了难言的悲伤。他笔下之诗，悲声幽咽，胡马不舍，尽管这动人的场景，勾起了他的无限归乡之情，还是有诸多的无奈情绪从心底油然升起……

一年多之前，李白来长安时正是秋天，四处飞蛾扑焰；现在已是春天，春蚕正孵化生长。勒马驻足，向四野望去，桑叶初萌，芽苞才如绿结，河边的柳树却已枝荣叶茂，郁郁葱葱。

李白胸腔里的那颗思乡之心，在这个生机勃勃的春天里，摇摆不定，又如河中急速的流水，难以平息。长安虽好，终须一归。归也不舍，留又无奈。这恻怆的心情，恐怕最伟大的诗笔也难以描摹尽吧。

李白留世的《古风五十九首》，这是其中第二十二首。悲怆难平之气，溢于言表。

短暂的翰林供奉生涯，是李白生命中少有的荣耀时光，也成为后来“两序四碑”极力渲染夸赞的内容。从本质上说，这其实是李白从政理想的彻底失败。

那份失败的阴影，伴随着短暂的荣光，一同刻进了李白的生命。

以至于他在后来的岁月中，不断在诗文中提及。

天宝三载（744）夏天，李白已经离开翰林院一些时日，可他还念念不忘在翰林院的那些同僚。在一起时，他觉得自己与他们格格不入；离开了，又忍不住赋诗抒怀。

其实，从李白那首《东武吟》（又名《出金门后书怀留别翰林诸公》）来看，与其说他留别翰林诸公，莫如说他对那段翰林岁月的深情缅怀。他想起了东鲁身处草莽一朝得令的得意时光，想起了侍驾温泉宫的醉生梦死，想起了那一张张在他面前赔着小心与笑容的脸……

他在诗中道：我信而好古，一向对流俗的世俗之风看不顺眼，却仰慕贤达之风。我所希望的是辅佐明主，功成之后长揖而去。在我的心目中，皇帝就像高悬天空的白日，光辉万丈照到了我的身上。我恭承皇上的诏书，起身草莽，奔赴长安。自此后在皇帝身边任清要之职，于皇宫禁城中自由进出。君王对我另眼相待，让我在都城内声名鹊起，如凌烟虹。

我曾侍从天子的乘舆，进出于长安城东的温泉宫中；我曾乘着宝马，身着锦衣，进入那风景佳丽的新丰镇。骊山山中，游山逛景，望松雪而寄傲；温泉宫里，酒筵歌席，对酒弹琴高歌。我也曾像汉代的扬子云献赋甘泉宫，为当今圣上献诗作赋。皇上下诏，对我的"雕虫小技"赞美，让我美名从此传播开来，天下无人不晓。从温泉宫回到长安后，王公权贵争与我结交，好不热闹。

那都是很久以前的事了。如今李白只能在回忆中咂摸回味。现在的他，一身青衣布袍，如同一棵随风飘转的蓬草。门前鞍马冷落，宾客日稀，案上酒杯空空，案牍蒙尘。

不变的也许只有李白的那一身傲气。现今比入宫前还要傲的傲气。他在诗的最后写道："才力犹可倚，不惭世上雄。闲作《东武吟》，曲尽情未终。书此谢知己，吾寻黄、绮翁。"

我自觉才力尚可，与当世之雄才相比，丝毫不逊色。闲来作一曲《东武吟》，曲终而情犹未尽，写下此诗特向诸位知己告别，从此后，我将追随昔日"商山四皓"，返我初服，啸傲山林去了。黄、绮翁，"商山四皓"之别称。

李白的隐逸情结，伴随他终生。二入长安，短暂的翰林供奉生涯，曾给了他无限的荣耀与希望，也再次给了他巨大的打击。这次去京离朝，在极度的失望与落寞中，李白也许真的动了归隐之念，学"商山四皓"，傲啸林下，寻仙访道，不亦乐乎？

可一转眼，在另一场与朋友的告别宴会上，李白又变得坚不可摧，雄心万丈。离开长安之前，他还写下《行路难》三首组诗，这三首诗亦可见彼时李白心中的矛盾。其中第一首，亦成李白名作，在后世广为传唱：

> 金樽清酒斗十千，玉盘珍羞直万钱。
> 停杯投箸不能食，拔剑四顾心茫然。
> 欲渡黄河冰塞川，将登太行雪满山。
> 闲来垂钓碧溪上，忽复乘舟梦日边。
> 行路难，行路难，多歧路，今安在？
> 长风破浪会有时，直挂云帆济沧海。

不管世路如何艰难，眼前歧路如何多，如何难以选择，李白依然坚信，总有一天，他定能乘长风破万里浪，高高挂起云帆，横渡沧海，勇往直前！

第七章 诗酒天涯

诗坛巨人的相遇

天宝三载（744）春末夏初，李白怀揣着复杂的感情，挥手作别长安。

"大道如青天，我独不得出……行路难，归去来。""长风破浪会有时，直挂云帆济沧海。"一如当初仰天大笑出门直奔长安，被"赐金放还"的李白，离开长安时依然高唱"归去来"，昂首阔步。

他出武关，取道商洛东行，前往商山拜谒"商山四皓"的陵墓。

远离了长安的繁华喧嚣，来到幽静的商山洛水之间，李白渴慕的"商山四皓"，如今又在哪里？春末夏初的商山，树木葱葱，藤萝茂密，连入山的道路都被遮掩住了。李白费了好大力气，才在一片荒草掩映中找到那四座坟墓。哪里还有"须眉皓白，衣冠甚伟"的四位老人，有的只是那荒凉的遗迹。

在"商山四皓"墓前，李白的思绪悠然飘回到九百年前：那时，白发苍苍的四位老人，傲世隐居在这商山之中，他们高卧松雪深处，窗外是青霭弥漫，石壁上是青翠的苍松。他们不问身外龙虎相斗的楚汉之争，在这里炼丹养生，只待时机来临，出山辅佐明主，从此名扬万古。

光阴流转，现如今的政治局面残酷一如当年，却再也没有四位老人的云卧高林，只有寒山映照着明月的冷光。千年古松，枝枯叶干，曾经的高声咏唱已停息。历史有时会惊人相似地循环。

这次商洛之行，李白写下《商山四皓》《过四皓墓》《山人劝酒》三首诗，以抒自己对"商山四皓"的景仰之情。

进可匡扶国家社稷，退可啸傲山林，这样进退有度的人生，是李白的终极理想，他一生都在为实现这样的理想而奔波。

离开商洛之后，这年初夏时节，李白再次来到洛阳。当年他和元演等老朋友在洛阳相识，黄金白璧买歌笑，那样快意的生活，似乎还在眼前，却终究是物是人非。再次归来，是"攀龙忽堕天"，李白只携满心的伤与痛。

洛阳的诗朋酒友们早已听到了李白"赐金放还"的消息，他们准备举办宴会，隆重接待李白。不管李白自己如何失意，在知心朋友眼中，他仍旧是那个受当朝天子极度礼遇的诗仙——神一般的人物。

这一次，李白没有遇到元演，却意外地在这里遇到了他生命中的另一位重要朋友——杜甫。

诗圣杜甫，是唐代诗坛上与李白并驾齐驱的伟大诗人，当然，此时他还是一个籍籍无名的失意小卒。

杜甫比李白小11岁，祖籍襄阳，后迁徙至河南巩县。杜甫的远祖是晋代名将杜预，祖父为武则天时期著名诗人杜审言。奉儒为官，诗书传家，家族荣光，激励着杜甫，自年轻时代他就胸怀济世之志。杜甫自20岁开始踏上漫游之路，在吴越漫游几年之后，于开元二十三年（735）在洛阳参加科举考试，结果落第。此后数年间，杜甫在齐赵大地上过了一段裘马轻狂的快意生活，直到近30岁，才从山东返回洛

李白传

阳，在洛阳与偃师之间的首阳山下开凿了三间窑洞定居下来。也就是在那期间，他娶了司农少卿杨怡的女儿为妻，正式成家。

天宝元年（742），杜甫的二姑母在洛阳仁风里去世。杜甫幼年丧母，年少时体弱多病，整个童年少年时代几乎全由这位姑母养育，他对姑母的感情堪比生母。姑母去世，杜甫回洛阳安排埋葬了姑母，为她写墓志、碑铭，并为其守制。

天宝三载（744），李白来洛阳的这一年，杜甫又为其继母卢氏写墓志。

那两三年间，因家中亲人接二连三去世，杜甫在首阳山下的家与洛阳两地之间来回奔波，轮流居住。正是失意蹭蹬之时。

天宝三载春末夏初，在洛阳一次酒宴上，杜甫与李白的相遇被载入史册。

那天，于杜甫来说应是终生难忘的一个日子。作家闻一多先生，提笔描述那场相遇时，更是激动得语无伦次。他说，诗中的两曜，劈面走了来，当品三通画角，发三通擂鼓，然后提起笔来蘸饱了金墨，大书而特书。

彼时的李白是享誉大唐的诗人，已写下不少名篇。杜甫则初登诗坛，还没有多少名气，在洛阳进退维谷。两个人，前者是家喻户晓的大明星，后者是仰望崇拜的小粉丝。

天宝元年（742），"皇祖下诏，征就金马"，李白凭借自己的才华，一跃而成李翰林，成为皇上、贵妃面前的红人。真真假假的逸闻传说，源源不断地从长安传出：李白很狂，李白爱喝酒，李白喝一斗酒能写诗百篇，听说皇上极宠幸的大宦官都曾为李白脱靴，雍容华贵、国色天香的杨贵妃亲自为李白研墨……

这些真假莫辨的传闻，以及李白那些"笔落惊风雨"的诗篇，杜甫都不陌生。李白在彼时杜甫的心中，是神一样的人物。他曾在心里默默地膜拜他千百次，唯独没想过，他们会相见。

李白满身豪气地出现在洛阳酒楼上时，依旧保持着往日的高傲与不羁。一身黑色麻布道袍，头束白色麻布道巾，面如冠玉，一派仙风道骨。浑身上下散发出一种逼人的光芒——既朴实无华又超凡脱俗。

他的行囊中装满了唐玄宗的赏赐，那是一笔不小的数目，足够他阔绰地生活好一阵子。

李白的失落，此时的杜甫还不能理解。他见到李白，只有激动。举杯上前，简短的自我介绍之后，就是对李白的种种崇拜，滔滔不绝。

对于这位小兄弟，李白也颇喜欢。他一直含笑静听，在杜甫急切的诉说间隙，偶尔会插上几句。他读过杜甫的《望岳》，诗中的英豪之气与凌云壮志让他很是欣赏，也让他想起了年轻时的自己。这样的评价，让杜甫激动得面孔都发了红。

那段日子，他们几乎同行同卧，喝酒谈诗，大有相见恨晚之意。来洛阳两年了，杜甫从来没有这么痛快过。得遇李白，如遇知音。他向他倾诉自己两年来的郁郁不得志。客居东都，所交多是一些机巧奸猾之辈；回到自己开辟的窑洞，过的则是野人一般的生活，粗茶淡饭，常常吃不饱，甚至连生火之柴都无法得到……

李白只静静地笑着，听完了，向杜甫举杯：喝酒！

这个在名利红尘场上摸爬滚打过的男人，杜甫这一切遭遇在他面前都太不值一提了。

李白愈是如此沉着大度，杜甫对他的崇拜与喜爱之情就愈浓厚。谈到最后，他竟然也想跟着李白去寻仙问道，也真的跟着去了。从他给李白的赠诗中可知二人那段时间的交往行踪。

二年客东都，所历厌机巧。

野人对膻腥，疏食常不饱。

李
白
传

岂无青精饭，使我颜色好。

苦乏买药资，山林迹如扫。

李侯金闺彦，脱身事幽讨。

亦有梁、宋游，方期拾瑶草。

——《赠李白》

李白一直就想法很多。他想做侠客："纵死侠骨香，不惭世上英。"他想做刺客："燕南壮士吴门豪，筑中置铅鱼隐刀。"他也想过做手曳倚天剑，直斩长鲸海水开的大将，还想做个圣贤："我志在删述，垂辉映千春。"

在所有的理想中，李白最想做的大约还是神仙："愿飡金光草，寿与天齐倾。"正因如此，求仙访道，贯穿李白一生。而今从长安归来，理想再次落空，心中郁闷，寻仙学道的念头自然就更胜了。他开始跟杜甫大讲特讲他的求仙炼丹之路，把杜甫听得五迷三道。事实上，年轻时代的杜甫，也是满脑子浪漫主义幻想的。何况，此时他正入仕无门，愁得很。跟着偶像，入山求仙做神仙，也是不错的出路。

这年秋天，两位诗人一拍即合，一起从洛阳出发，他们先去大梁、宋州山中采集瑶草。之后又北渡黄河，直奔王屋山寻访道士华盖君，欲学长生之道。王屋山在山西阳城与河南济源之间，山上有当时著名的道家圣地——清虚洞天，道士华盖君正居于此洞之中。

忆昔北寻小有洞，洪河怒涛过轻舸。

辛勤不见华盖君，艮岑青辉惨么麽。

千崖无人万壑静，三步回头五步坐。

秋山眼冷魂未归，仙赏心违泪交堕。

——杜甫《忆昔行》

可惜二人运气不太好，等他们千辛万苦到来时，华盖君已经死了。望着眼前荒凉寂寞的千山万壑，两位诗人不由心生悲凉。人生无常，得道高人华盖君都难免一死。二人慨叹一番，只得失望而归。

这年秋天，李白和杜甫携手共游开封时，另一个男人也加入他们的诗人吟唱团，让那段岁月越发星光灿烂。

高适来了，大唐诗坛上那个善吟刀光剑影、边塞风光的边塞诗人。四五年前，高适就在山东和大梁、宋州一带荡游，那时，杜甫也刚好在齐、赵间旅行，他们曾在汶水河畔相识。而今重逢，也可谓历史性的会面。

李白、杜甫、高适，三个人才华不分伯仲，豪气也不相上下。而彼时的宋州，是广济渠旁最重要的码头之一，是大唐一处商业要冲。那里人口稠密，建筑恢宏，经济发达，加之当时游侠之风盛行，三个人在一起，举杯共邀，携手同游。他们狂笑着走进酒楼，喝得天昏地暗，不醉不休；猎猎秋风中，他们登上梁孝王所建的梁园吹台，谈古论今，纵声高唱；草枯霜起的初冬时节，他们策马扬尘，奔向单父台……

杜甫后来在《遣怀》诗中，深情地回忆那段快意时光：

> 忆与高李辈，论交入酒垆。
>
> 两公壮藻思，得我色敷腴。
>
> 气酣登吹台，怀古视平芜。
>
> 芒砀云一去，雁鹜空相呼。

在宋州西北与单父（今山东单县）之间，有一片方圆五十里的大泽，俗称盟诸泽，即孟诸。每到秋冬，大泽里秋草枯白，狐兔肥鲜，此处便成了一游猎佳地。这年秋天，三位诗人也曾跨马携弓，驶出宋州东城，向茫茫的孟诸大泽进发。

霜草茫茫的大泽之上，马如疾风，弓控弦鸣，随猎的鹰犬神出鬼没，大泽上一片喧呼叫嚣。猎罢，他们载着满满的收获回城，找一处空旷地，于霜天之下架起柴火，现场烧烤。红红的火舌烧得野味肉香四溢，诗人们的脸在火光后面早已醉成酡红。此后，三人似乎游兴不减，重回单父东楼，置下清酒，招来歌妓。美酒、美姬、美味，真正的美不胜收……

这是李白眼中的孟诸秋猎。在他的《秋猎孟诸夜归，置酒单父东楼观妓》一诗中，曾对那份快意生活不惜笔墨。那是李白多年游侠生活的一个延续，再加上长安失意归来，他更加放任自己。

> 倾晖速短炬，走海无停川。
>
> 冀餐圆丘草，欲以还颓年。
>
> 此事不可得，微生若浮烟。
>
> 骏发跨名驹，雕弓控鸣弦。
>
> 鹰豪鲁草白，狐兔多肥鲜。
>
> 邀遮相驰逐，遂出城东田。
>
> 一扫四野空，喧呼鞍马前。
>
> 归来献所获，炮炙宜霜天。
>
> 出舞两美人，飘飖若云仙。
>
> 留欢不知疲，清晓方来旋。

高适在与李白、杜甫进行了一段快乐旅行后，离开梁宋向南，去楚地继续漫游。李白和杜甫则携手同往齐州（今山东济南一带）。

入教与离别

当初与杜甫从王屋山怅然而返，李白依旧不死心。不久之后他即前往陈留（今河南开封），去找从祖河南采访使李彦允，商讨请北海高天师授道箓一事。离开陈留，又北往安陵（今河北衡水）寻访故知盖寰道士。盖寰很高兴做他的入教介绍人，亲自为李白造道箓，并修书一封，请北海的高天师如贵道士在齐州将道箓正式授予李白。李白此次齐州行，正为此目的而来。

道教徒要正式成为一名道士，必须要按相关的程序，严格完成授道箓仪式。那是一道漫长而又复杂的入教仪式，其过程不但是对教徒的虔诚进行考验，更要考验入教者的承受力与意志力。很多人怀着对道教的满腔热情而来，却最终在这一严苛的入教仪式面前望而却步，也有倒在仪式中途的，身体或者心理上吃不消。

关于授道箓的仪式，郭沫若曾引《隋书·经籍志》中的记载对此进行说明，言此仪式大体要分为如下几个步骤：初授《五千文箓》，其次授《三洞箓》，再授《洞玄箓》，最后授《上清箓》。这些道箓皆用朱笔写在白绢上，并写有上天各天曹官属佐吏的名号。那些名号中间，错落起伏的是各种难以辨认的道符。这些还只是授道箓的初步准备工作。

接下来，授道箓的道教徒要"洁斋"。之后，受箓的弟子手持金环，带上诸多礼物与钱币去拜见天师。天师受其礼物后，以箓授之，并将金环剖开，师徒各持一半，弟子得道箓后，封好佩带在身上，算是正式与天师定下师徒之约。

具体的授道箓仪式更为烦琐，且充满艰辛。

授道箓须筑道坛。道坛一般有三层高，坛的四周置有绵莚，古人

用绳索束茅草围之，后人则以纸钱代替。道坛四周开有数道门，每道门上皆有法象。

李白来齐州之前，对授道箓仪式已有了充分的了解与准备，所以在这次入教仪式上，他经受住了所有严酷的挑战。

那天，李白登上黄坛，首先看到的是一袭青色法衣的高天师。他手持一柄细剑，神色冷峻地站立于道坛中央。再看和他一道前来的道教徒，共十几人，他们同李白一样，双手被反绑于身后，跪在地面上。李白也跪了下来，按照要求背完了《道德经》。之后，高天师命令他们起身绕坛移动，并不断在口中念念有词。

这样的仪式最少要进行七天七夜或者两个七天七夜。

在这期间，道教徒每天只能进食少量的素斋。大部分的时间都跪在地上，或绕坛而行，不停地背诵经文。高强度的体力与脑力消耗，让道教徒脸色慢慢苍白，双膝发软，眼睛也渐渐昏花起来。渐渐开始不断有人倒下去，遗憾退出。所幸，那一切苦痛折磨都没把李白击倒，或许是他心底坚强的意志使然，或许是长安宫中锦衣玉食的那一段生活，把他的身体养得不错。总之，他顺利过关了。

他坚持下来了，却也差不多丢了大半条命，站是站不起来了，只能由旁边小道士用力扶起来，高天师把道箓授予李白，系在了他的手臂上。李白成为一名真正的道士。

有人曾对李白能忍受如此纷繁劳苦的入教仪式觉得惊奇，以李白狂傲不羁的个性，他怎么可能自找折磨，甘愿受苦受难？除了李白年轻时深植心中的道教情结，这或许与唐朝对道士的重视有关。唐朝重视道教，尤其在李白生活的时期，道士除受皇家推崇尊重外，还享受着免征赋税和徭役的优惠待遇，信众有时也会为道士捐献财物。所以，入教不仅仅是获得一种精神上的愉悦与满足，更有物质上的保障。如此来推测李白入教的动机，也许俗了。但李白本身确也有凡俗

的一面，他也要考虑养家糊口这些世俗琐事。

花开两朵，各表一枝。话说杜甫跟着李白，一起来到了齐州大地。李白登上高高教坛接受入教仪式去了，杜甫则忙着去拜会忘年老友李邕。彼时，李邕担任北海太守，而李邕的族孙李之芳正在齐州任司马。

亦有人猜测，在齐州，李白之所以能经受住严苛的入教仪式，可能与好友杜甫等人在旁为他加油助威有关。这可能只是一场文学想象。杜甫虽一度迷信寻仙访道，却是地地道道的儒家思想忠实拥护者，而道家入教的仪式又是那样神圣严肃，怎会轻易允许杂人近前？由此推断，他去和老朋友李邕喝酒聊天更靠谱一点。

李邕，20年前已经在洛阳与少年杜甫相识。他对杜甫的才华极为欣赏，也曾在少年杜甫面前盛赞其祖父杜审言的五言律诗。不过，李邕给李白留下的记忆却不甚愉快。开元八年（720），李邕任渝州刺史，年轻的李白曾前往拜谒，却遭李邕轻视，他留诗愤而离去，在那首《上李邕》中，李白愤愤道：宣父犹能畏后生，丈夫未可轻年少。

此次齐州之行，李白除了接受道箓外，有没有与李邕见面，无史料记载，不得而知。

然而，从李白后来写的一些诗中，又见他对李邕的德政教化大加赞扬，对他充满崇敬思念之情。在《东海有勇妇》一诗中，他写道："北海李使君，飞章奏天庭。舍罪警风俗，流芳播沧、瀛。"李邕后被李林甫迫害冤死，李白在诗中为他大鸣不平。晚年流放夜郎途经江夏，他还专门前往李邕故居凭吊，诗中称之为"我家北海"。如此深情，可见李白早已把年轻时的心结解开了。如此说来，李白又似乎有前往拜访的可能。

齐州之后的行程，李白回兖州了，那时已是天宝四载（745）春天。

在李白离家赴长安的那些日子里，一直是那位不要名分不计甘苦的鲁妇在帮他打理着家，养育着两个孩子。如今见李白携带着满满的金银财宝归来，她自然开心。希望从此后这位像飘蓬一样奔波的男人，可以安安稳稳在家陪她过日子。

李白大约也漂泊累了，正好天气也转暖了，口袋里还有玄宗赐给的大把黄金。翻修房子，买田，李白像寻常男主人一样，开始为一家子的未来作打算。房子整修一新，新田旧田加起来也是一笔不小的数目，折腾完这些，竟然还有不少余钱。李白索性又建了一座酒楼。酒楼不大，不过几张桌子的事儿。建这个酒楼，李白似乎并不为赚钱，主要是满足他自己的需要。酒楼坐落在一个高高的斜坡上，坐在酒楼的窗前，不远处，是波光闪闪的泗水静静流过，再往远处看，还能看到汶水和青隐隐的泰山。李白常常在酒楼上一坐就是一天。喝酒，或者抬头呆呆望向远方……

他人回来了，心却始终在远方。尽管，彼时的他并不知道他的远方在哪儿。

除了在酒楼上醉酒，发呆，李白有时也尝试着制作仙丹。他希望神奇的药丸能让他飞入仙界，忘却尘世上的所有苦痛与烦恼。"安得不死药，高飞向蓬瀛。"当初登上泰山时，李白就幻想着有朝一日能得道升天，如今他开始尝试自己制作这种长生之药。

金、银、珍珠、白玉、云母、朱砂……这是主材料。还有枸杞、百合、黄精、虫草……这些是药引。另外，制作丹药的各种工具器皿也要精挑细选，银筛、玉刀、陶罐、铁锅、铜盆……制作丹药可不仅仅考验炼丹者的技术，也很考验他们的财力。这些材料多是珍贵之物。好在李白此时口袋里还有玄宗赐予他的黄金。

李白的炼丹技术也许并不太高明，他耗费大量的人力物力财力，结果却多以失败告终。那些他精心炼制的药丸不但没让他延年益寿、长生不老，反而损害了他的健康。用现代科学的观点来说，李白常年饮酒，又加上药物中有太多的铅，不中毒是不可能的事。那时，有很多帝王将相因服用丹药，被毒得一命呜呼者也不少见。光在唐朝就有五位帝王死于丹药之毒。

天宝四载（745）秋天，李白杜甫差不多已分别了一年。彼时在齐州的杜甫游兴也已阑珊。与李白相携同游的那些日子，化成一股强烈的思念自心头升起。他又匆匆赶赴兖州来寻李白。

> 秋来相顾尚飘蓬，未就丹砂愧葛洪。
>
> 痛饮狂歌空度日，飞扬跋扈为谁雄？
>
> ——杜甫《赠李白》

这是杜甫赴兖州后写给李白的又一首赠诗。

关于这首诗的解读，可谓五花八门，有人说这是杜甫的自画像，赠李白，也赠自己。亦有人说，杜甫在诗中对李白有讽刺之意，说李白"狂歌空度日"，还飞扬跋扈。其实，了解了两人曾携手同游同饮的经历，就不难理解诗人的真实意图：他赠李白，为李白精准画像，亦是自我抒情。

狂放不羁，满怀浪漫主义情调，是整个盛唐诗坛的群体特征。不独李白，不独杜甫。

一年来的离别，让两位诗人愈加珍惜在一起的时光。他们一起进入东蒙山，寻访得道高人，一起去北门外的荒野中拜访友人范隐士。他们在酒楼上的谈笑声变得越发随心所欲乃至肆无忌惮。白天一起游累了，晚上索性共被同眠。

在《与李十二白同寻范十隐居》一诗中，杜甫记下他们难分难舍的兄弟情谊。

李侯有佳句，往往似阴铿。

余亦东蒙客，怜君如弟兄。

醉眠秋共被，携手日同行。

更想幽期处，还寻北郭生。

入门高兴发，侍立小童清。

落景闻寒杵，屯云对古城。

向来吟橘颂，谁与讨莼羹。

不愿论簪笏，悠悠沧海情。

时隔千余年，想象那样的场景，还是让人激动。难怪闻一多先生对此大书特书。

世间没有不散的筵席。此时的杜甫与李白，已经各自选择了未来的路。李白准备继续向江南，游山逛水，寻仙访道；杜甫则准备直奔长安，去做一名"京漂"，正式踏上他的求仕之路。

在离别前的那些日子里，他们越发疯狂地醉酒，携手游遍兖州的池台。

醉别复几日，登临遍池台。

何时石门路，重有金樽开？

秋波落泗水，海色明徂徕。

飞蓬各自远，且尽手中杯。

——《鲁郡东石门送杜二甫》

在兖州城东门外那个叫石门的地方，两人挥手告别。这是李白送给杜甫的诗，诗中深情，一眼尽知。

此后不久，在沙丘，客居寂寞中，李白又写了一首《沙丘城下寄杜甫》：

> 我来竟何事，高卧沙丘城。
>
> 城边有古树，日夕连秋声。
>
> 鲁酒不可醉，齐歌空复情。
>
> 思君若汶水，浩荡寄南征。

彼时，李白才患过一场大病，病后初愈，策马而行时连马鞭都已举不起。想起不久前与杜甫同游同卧、朝夕相处的快乐时光，李白遂写下此诗。

再之后，李白飘逸如仙的身影，渐渐隐没于山水之间，他一路向南，寻道访仙，醉酒吟诗，他的生命中，他的记忆里，是否还有杜甫，后人无从知道。因为他此后的诗文中，再没有出现过杜甫这个名字。

倒是杜甫，一再地提笔，想了又念。

在《春日忆李白》中，他对李白的诗作崇尚到无以复加的程度，他说："白也诗无敌，飘然思不群。清新庾开府，俊逸鲍参军。"

在《饮中八仙歌》中，他独对李白重笔描绘："李白一斗诗百篇，长安市上酒家眠。天子呼来不上船，自称臣是酒中仙。"

在《不见》中，他也丝毫不掩饰对李白的惺惺相惜之情："不见李生久，佯狂真可哀。世人皆欲杀，吾意独怜才。敏捷诗千首，飘零酒一杯。"

李白，除了上面送给杜甫的那两首诗，还曾写过一首《戏赠杜甫》：

> 饭颗山头逢杜甫，头戴笠子日卓午。
>
> 借问别来太瘦生，总为从前作诗苦。

这首诗前人多怀疑为伪作。清王琦所注《李太白全集》则将这首诗收录进"诗文拾遗"之中。唐人孟棨在《本事诗》中记载此事，以为李白是在讽刺杜甫的拘束，《旧唐书·文苑传》所评更为过分："天宝末诗人，甫与李白齐名，而白自负文格放达，讥甫龌龊，而有'饭颗山'之嘲诮。"

有后人为杜甫叫屈，说两人的交往，杜甫是剃头匠的挑子——一头热。

"李白虽然爱热闹，但他内心深处是一个独行者，是中国诗歌史上孑然独立的一个人物，就像一颗闪耀的恒星，它的光芒射向四面八方，对其照耀的世界全部一视同仁。"哈金在《通天之路：李白传》一书中对李杜二人友情的评价，倒是比较公允。

感情的事，哪里能以轻重浓淡来衡量。在每个经历者的心里，情分所带来的冲击，只有亲身经历的人自己才知道。

东鲁与杜甫一别，两位诗人像两颗星光璀璨的行星，沿着各自的轨道继续前行，终生没能再见面。

跟随梦境出发

天宝五载（746）夏天，李白在兖州家中，哪也没去，也去不了。他病了，病得很厉害。估计是他苦心炼制的丹药和他长期饮酒惹的祸。他卧病在床不起，发烧，剧烈地咳嗽，整日昏昏沉沉，如置身云天雾海。

好在肉体上的折磨，并没有销蚀李白对美好世界的憧憬与向往，也没有损害他的诗思，如同醉酒可以让他酿造出神奇的诗篇一样，整日的昏沉也把他带到另一片神仙世界。那些仙人、仙鹤、彩衣飘飘的仙女，在李白半梦半醒之中，纷至沓来。他们一同携手，带着李白飞越千山万水，看人间，访天堂……

这年秋末，李白的身体终于慢慢恢复了，他的心再次不安分起来。鲁妇和两个孩子，并不能阻止他出游的决心。

这一次，李白决定追随他的梦前行——梦中，他曾前往越中天姥山。

出发之前，照例有东鲁当地的朋友们热情设宴，为李白送行。酒宴上，李白诗思狂涌，当场挥毫，为东鲁诸公留下一首《梦游天姥吟留别》。

这是李白生命中的又一首重要作品，堪称其代表作之一。因写梦境，梦人梦语。这首诗也是后世研究者颇感兴趣的一首。此诗的创作时间，创作地点，李白创作此诗的动机与心情，都引来无数的猜测与争议。

海客谈瀛洲，烟涛微茫信难求。越人语天姥，云霞明灭或可睹。天姥连天向天横，势拔五岳掩赤城。天台四万八千丈，对此欲倒东南倾。

我欲因之梦吴越，一夜飞度镜湖月。湖月照我影，送我至剡溪。谢公宿处今尚在，渌水荡漾清猿啼。脚著谢公屐，身登青云梯。半壁见海日，空中闻天鸡。千岩万转路不定，迷花倚石忽已暝。熊咆龙吟殷岩泉，慄深林兮惊层巅。云青青兮欲雨，水澹澹兮生烟。列缺霹雳，丘峦崩摧。洞天石扉，訇然中开。青冥浩荡不见底，日月照耀金银台。霓为衣兮风为马，云之君兮纷纷而来下。虎鼓瑟兮鸾回车，仙之人兮列如麻。忽魂悸以魄动，怳惊起而长嗟。惟觉时之枕席，失向来之烟霞。

世间行乐亦如此，古来万事东流水。别君去兮何时还？且放

白鹿青崖间，须行即骑访名山。安能摧眉折腰事权贵，使我不得开心颜。

——《梦游天姥吟留别》

李白一生踏遍祖国的名山大川，却独在梦中飞度镜湖月，漫游天姥山。想来除了他对神仙的向往，还有青年时期未竟的心愿在隐隐作祟。李白梦中所游的天姥山，并非真正的神仙之境，而是实实在在的越中名山。

《太平寰宇记》称其山"在越州剡县南八十里"。《一统志》亦称："天姥峰，在台州天台县西北，与天台山相对。其峰孤峭，下临嵊县，仰望如在天表。"《名山志》则云，其山"有枫千余丈，萧萧然"。《后吴录》言：传云"登者闻天姥歌谣之响"。

开元年间，年轻的李白漫游吴越，遍读史志，对此山一定不陌生。当年他去天台山找司马承祯，顺便去登临天姥山，也是很正常的事。若非如此，李白可能无法把天姥山万丈耸拔、高可极天、势压东南的雄伟气势如此生动地描述出来。现实与梦境，有时毫无关联，但更多时候，梦境是现实的反映与延伸。天姥山，以及天姥山的神仙们，在李白心里驻了十几年，十几年后，突然不约而至，把李白又重新带回到当年的壮丽之景中……

李白为何在这个时候梦见天姥山？没有更早一点，也没有更晚一点，恰是在他从长安重返东鲁的时候。这个不难解释——长安宫中的失意与打击，激发了李白更强烈的求仙意志。为寻求一种精神上的解脱与麻醉，亦借着神仙世界来抒发自己心中强烈的不满：安能摧眉折腰事权贵，使我不得开心颜！

多数后世的文学史家及注家，都极为关注此诗的结尾，并将此认为是诗人的心声：蔑视权贵，傲然不羁，向往神仙自由之境。这一句，甚至成了李白傲岸形象的广告词。这种解释自然有道理，但完全这么解读，又似乎过于简单了些。

李白在那天的告别酒宴上，借着酒气一挥而就的这首诗，其间蕴含的东西太多。

这是一首记梦诗，又是一首仙游诗。把记梦和仙游如此完美地结合在一起，自李白始。与李白其他的游仙诗一味醉心于仙境不同，李白将此仙境安排在梦中。梦醒之后，仙境成空。恰如世间人事万物，最终皆难逃脱这样的命运。

诗第一段从"海客谈瀛洲"到"对此欲倒东南倾"，是为序引，写天姥山高可极天、势压东南的雄伟之势。这一段，是梦境，亦是天姥山在李白心中的现实投影。天姥山非虚无缥缈的海上仙山，却是耳可闻目可睹的现实之境。那高入云霄、与天相接的险峻山峰，势可高拔于天下五岳，并掩住著名的赤城山。连峰高四万八千丈的天台山，也拜倒在巍然耸立的天姥山脚下。

第二段自"我欲因之梦吴越"至"失向来之烟霞"，是诗之正文。这一段极尽铺张扬厉，采用《离骚》句式，夸张的艺术手法，为读者描绘了幻想中的世界：在梦中，李白一夜飞度，飞越会稽的镜湖，镜湖如镜，明月映湖，照出李白飞度的身影，又一路送他至越州剡县之剡溪。在那里，他寻觅当年谢灵运留宿之处，却只看到荡漾的渌水，耳畔只有山中猿猴凄清的啼鸣。斯人已逝，只有当年相伴的青山绿水依然……

上天入地，神游八极，没有诗人的想象力抵达不到的地方。半壁见海日，空中闻天鸡；千岩万壑，迷花倚石，雷电霹雳，熊咆龙吟……李白的梦带着李白的笔，李白的笔指引着李白的梦，在那个夜晚一起抵达幻想之境。

最后写李白从梦中回到人间。黄粱一梦，何其短暂，飘忽即逝。

想来，当年李白从那场神奇的漫游中醒来时，窗外也许正有一钩弯月斜挂天空，冷冷与他对望。让李白生出那种万事如梦的慨叹来。既然万事皆如东流之水，一去不返，何不潇洒走过每一天，骑青崖白鹿，遍访天下名山。

诗写得惊心动魄，令人眼花缭乱，其句子长短错落、起伏跌宕，极富音乐之美，内容丰富曲折，其内部的情感起伏亦随之大起大落，与外部节奏浑然一体。梦游天姥，意却不在天姥。借对名山仙境的向往，表明自己对权贵的抗争。全诗不写惜别之情，却借"别"抒怀，别有寄托。把一首记梦游仙的诗，如此匠心独运、别开生面地呈现于读者面前。唯诗仙李白方能为之吧。

饮下最后一杯酒，李白再次上路。这一次，他踏上的是让他魂牵梦绕的江南之旅。前方的路上，等待李白的又会是什么？是烟霞明灭？还是雷电霹雳？

再下江南

天宝五载（746）秋末冬初，李白再别东鲁，开始了他的江南之旅。此次漫游不似先前，还带有一些政治企图。这是一次漫无目的的行程，没有时间概念，不受地域限制，随心所欲，想到哪儿就去哪儿。李白准备经江淮一带再往吴越。

宋城梁园成了他此次江南行的首站。从兖州沙丘至宋城梁苑，途中要历经二十五长亭的旅程。李白乘坐双橹大船，沿大运河南下。秋日长空下，大运河碧波荡漾，河中鹅啼鹳叫，舟楫往来穿梭，好不热闹。李白立于船头，看飞云横扫碧空，看运河沿岸的青山缓缓退向身后。成群的野鸭从西方飞来，也许，它们也像诗人一样，满怀佳兴。

至宋城，宋城王县令热情款待了李白。

宋城稍作停留，李白继续上船沿运河前行。运河的洄流变化不定，载着李白的大船时左时右，晃得人直发晕。上船久了，旅程的艰辛冲淡了最初的热情。

那个夜晚，李白在淮阴投宿。在那里，他得到一位老婆婆的盛情款待。她烹好一只黄鸡，又抱来一罐美酒。连日的水上行程之后，有那样一顿美餐，让李白心中生出一种油然的感激。

徘徊不定的旅途，未可预测的前程，尽管此时的李白只是一介布衣，可他的大名与诗名，早已在民间传得沸沸扬扬。沿途所过，地方长官，文人佳士，甚至连无名无姓的老婆婆，都会拿出百分的热情来欢迎李白。这一切皆让李白感动。诗人的感动，遂化成一路的歌吟、赠答、登临怀古之作。

在《淮阴书怀寄王宋城》一诗中，李白详细记录了自己这趟行程与心情。

沿着大运河，一路南下，不久之后，李白即抵扬州。此时已是天宝六载（747）春天。

扬州城，李白昔年羁留之处。在这里，他曾经一掷千金，呼朋唤友潇洒至极，也曾在明月夜，病卧旅舍，谙尽思乡滋味。如今重游，城内的一切熟悉又陌生。新开的运河穿城而过，新运河上，两座桥梁，正对着两座阁楼，河边烟柳依依，繁花盛开，漫天的杨花，似飞雪在碧空下飞舞。这是李白初游扬州城时不曾见过的景色。他于开元十八年（730）前后游历扬州时，这里还没有这条河。

> 齐公凿新河，万古流不绝。
>
> 丰功利生人，天地同朽灭。
>
> 两桥对双阁，芳树有行列。

　　爱此如甘棠，谁云敢攀折。

　　吴关倚此固，天险自兹设。

　　海水落斗门，潮平见沙汭。

　　我行送季父，弭棹徒流悦。

　　杨花满江来，疑是龙山雪。

　　惜此林下兴，怆为山阳别。

　　瞻望清路尘，归来空寂蔑。

　　迎来送往，酬唱互答，是李白生命中极为重要的一部分。来扬州，他的生活同样离不开这个主题。李贲，史载不详，只知他是李白家族中排行最小的叔父辈，李白才来扬州不久，李贲就要离扬外出。在新运河边上的一座酒楼里，李白设宴为其送行，并深情赋诗相赠。这首《题瓜洲新河饯族叔舍人贲》即为送行之作。

　　诗中，李白除叙离情伤怀之外，还对齐澣开凿新运河的丰功伟绩进行盛赞。据《齐澣传》载：开元二十五年（737），（齐澣）迁润州刺史。润州北界隔大江，至瓜步沙尾，纤汇六十里，船绕瓜步，多为风涛所漂损。澣乃移其漕路于京口埭下，直渡江二十里。又开伊娄河二十五里，即达扬子县。自是免漂损之患，岁减脚钱数十万，迄今利济焉。

　　在李白眼中，齐澣此功绩足可以与当年周公相比，新运河两岸的绿树也似周公办公事处的甘棠树。

　　李贲跃马扬鞭，渐渐隐入漫天的杨花飞絮，李白黯然神伤，回到所居住处。也许，李贲是李白此次扬州之行一个重要的投奔之人，他走了，李白在扬州也待不下去。不久之后，李白也转身飘然离去。

忆昔作少年，结交赵与燕。

金羁络骏马，锦带横龙泉。

寸心无疑事，所向非徒然。

晚节觉此疏，猎精草太玄。

空名束壮士，薄俗弃高贤。

中回圣明顾，挥翰凌云烟。

骑虎不敢下，攀龙忽堕天。

还家守清真，孤洁励秋蝉。

炼丹费火石，采药穷山川。

卧海不关人，租税辽东田。

乘兴忽复起，棹歌溪中船。

临醉谢葛强，山公欲倒鞭。

狂歌自此别，垂钓沧浪前。

《留别广陵诸公》，李白告别扬州前赠给扬州朋友们的诗。此诗可谓李白对自己人生历程的回顾和反省。

青年时代，结交燕赵之豪杰，身骑饰金宝马，腰佩龙泉宝剑，无忧无虑，所向披靡。中年时曾深得皇帝垂顾，挥洒妙笔气凌云烟，最终却落得一个骑猛虎不敢贸然而下，意欲攀龙忽自堕天的下场。还得家中，固守真朴，像秋蝉蜕壳一样励我素洁之志。为炼丹砂费火石，为采仙药踏遍山水。从今往后，高山云海未关人事，只想如管宁那样隐居山首自称而食，乘着逸兴放舟碧溪，又如山简一样逢酒则饮，醉不知处。与君狂歌一曲算作道别，前去沧浪而垂钓……

那天前来送别李白的诸公，当是李白的一些知心好友。好友面前，借酒浇愁，李白把自己47年的人生路又重新回望了一遍。从年少时的快意风流到中年时短暂的春风得意，再到放逐归来的看淡红尘。

李白丝毫不掩饰自己内心的痛苦与失望。狂歌一曲，垂钓沧浪。也不过一时发发牢骚而已。转身，李白还是怀揣未竟的心愿，奔向下一站。

此诗还有别题《留别邯郸故人》。邯郸在河北，广陵在江南，地理空间上相隔不止千里，实在扯不到一起来。但从诗的内容来看，詹锳《李白诗文系年》认为此诗当是李白从长安供奉翰林任上放还后，南游时所作，并系年于天宝六载（747）。笔者从此说。

离开扬州，李白又来到了金陵。

金陵亦是李白深深眷恋的一座古城。20多年前，他出蜀后第一次到这座城市时就迷恋上了它。迷恋这里的山水古迹，更迷恋这里的舞姬歌女。秦淮河的波光艳影里，他与她们携手同游、纵情欢娱。他为她们写下大量的歌词艳曲，以至于后来人因此对他颇有微词，甚至觉得他是一个纵情酒色的诗人。

再度归来，昔日诗酒风流的年轻剑客，已年近半百。47岁的男人，在唐朝算得上老男人了。没了当年携妓纵酒的兴致，也少了呼朋引伴对酒高歌的豪情。半生漂泊，让李白对人生和社会有了更通透的理解和洞察，他已拥有了一位成熟诗人所具备的丰富阅历和敏锐的观察力。更多时候，他会把充满忧虑的目光望向远方。

昔日金陵城中的知交多已零落，举目四望多是一些陌生的新面孔。在金陵没待多久，李白又上路了。准备前往越中，重游越地风景，也顺便去探望忘年老友贺知章。

自金陵前往越中，途经江苏云阳，此时正是盛夏时节，李白乘舟自云阳逆运河而上，沿途不时看到瘦骨嶙峋的河工，正拉着沉重的货船逆水而上。江水浑浊不堪，头上骄阳似火，可怜这些靠出卖苦力为生的劳动人民，连一口润喉的清水也喝不到，他们腰间的水壶里，倒出来的水有一半是泥土。可他们还是要用嘶哑的喉咙，唱着那让人心碎的《都护歌》，以助挽力。

听着那一声声悲怆的劳动号子声，站在船头的李白有种内心被撕裂的感觉。看沿河那些巨商富贾，穿绫着罗，活得多么悠游自在！再想想那些开山凿石的采石工人，他们是如何把这些粗大笨重的石头运送至江边？

"一唱《都护歌》，心摧泪如雨。万人凿盘石，无由达江浒。君看石芒、砀，掩泪悲千古。"《丁都护歌》，乐府旧题，李白为它注入了眼前现实中的悲愤。诗中有对劳动人民苦难命运的深切同情，更有对统治阶级穷奢极欲不顾人民死活的痛恨与揭露。此诗是一首风格沉郁的现实主义力作，不加修饰，没有夸张，言近旨远而意蕴深厚，与诗人的浪漫主义诗歌相比，别具风格。若将此诗放在诗圣杜甫诗集中，也应毫不逊色。

这也是李白诗作创作史上一首里程碑式作品吧，至少笔者如此认为。此前无论是抒发个人怀才不遇之情的《蜀道难》《将进酒》，还是博得美人一笑的《清平调词三首》，尽管诗词写得卓绝千古，那时的李白毕竟还是以一个清高士子文人的形象，远远地站在劳苦大众之上之外。这次行程，他俯下身来，以贴近百姓的姿态来倾听他们的心声，替他们呐喊出胸中的不平。他的诗也因此变得更加深沉而富有感染力，他不再是那个高高飞扬在云端的诗仙，而是双脚紧贴大地，越来越多地关注他的国家和身处的时代。

"长安不见使人愁"

天宝六载（747）秋，李白至越中，急匆匆前往会稽贺知章的家乡，探访老友。

三年前的春天，贺知章因病恍惚，上疏请度为道士，求还乡里，舍本乡家宅为道观，又另求周宫湖数顷为放生池。玄宗诏令准许，赐鉴湖一曲。谁料贺知章回乡当年就去世了。时隔三年，李白去探望老友的路上，仍不知此消息，一路上还在想着当年贺知章"金龟换酒"的豪气。他携带了一壶好酒，准备与之再大醉一回。谁料赶到却是人去宅空，只有一池镜湖水和满池荷花，脉脉迎接远来的客人。

惊痛之中，李白连写三首诗缅怀老友：

> 欲向江东去，定将谁举杯？
>
> 稽山无贺老，却棹酒船回。
>
> ——《重忆一首》

太子宾客贺公，于长安紫极宫一见余，呼余为"谪仙人"，因解金龟，换酒为乐。怅然有怀，而作是诗。

其一

> 四明有狂客，风流贺季真。
>
> 长安一相见，呼我谪仙人。
>
> 昔好杯中物，今为松下尘。
>
> 金龟换酒处，却忆泪沾巾。

其二

> 狂客归四明，山阴道士迎。
>
> 敕赐镜湖水，为君台沼荣。
>
> 人亡馀故宅，空有荷花生。
>
> 念此杳如梦，凄然伤我情。
>
> ——《对酒忆贺监二首》

往事历历，人去楼空，再留下来也是徒增伤怀。李白对着镜湖一洒清泪，写诗祭奠老友，之后很快返回金陵。

很多时候，李白会独自在长江边漫步，或独自登临江边高台，写下一首首思古忧今的诗。日本冈村教授撰写的《李白新论》中，对李白于金陵所作的诗做过统计（据宋本《李太白文集》），竟多达80多首，有"歌吟""赠答""送别""游宴""游览""怀古"等诸多种类样式。其中的赠答游宴之作，作于开元年间的更多，此次金陵行，李白在金陵待了两年多，流传于后世的多是感时伤世的怀古酬答之作。《金陵三首》《登金陵凤凰台》《金陵歌送别范宣》《酬崔侍御》，均作于此时。

凤凰台上凤凰游，凤去台空江自流。

吴宫花草埋幽径，晋代衣冠成古丘。

三山半落青天外，一水中分白鹭洲。

总为浮云能蔽日，长安不见使人愁。

——《登金陵凤凰台》

据《江南通志》载："凤凰台，在江宁府城内之西南隅，犹有陂陀，尚可登览。宋元嘉十六年，有三鸟翔集山间，文彩五色，状如孔雀，音声谐和，众鸟群附，时人谓之凤凰。起台于山，谓之凤凰台，山曰凤台山，里曰凤凰里。"

春日的凤凰山，草木萌发，葱郁一片。李白顺着山中小径，一路攀向凤凰台旧址。

金陵古城，三国孙吴曾在此建都，东晋明帝曾在此为郭璞修建衣冠冢。昔日气象万千的繁华盛景，如今都被眼前的萋萋芳草淹没；曾经的衣冠冢，已成一座古丘。登高远望，远处的三山仿佛半落在青天之外，滔滔长江水被江心的白鹭洲一分为二，向天际缓缓流去……

眼前景，雄阔而壮丽，却难以再唤起李白的豪情与洒脱。他的眼中，只有无穷的忧愁。人在金陵，心却飞向长安。

"总为浮云能蔽日，长安不见使人愁。"六朝古都的壮观之景，让李白想起了千里外的长安，他日思夜梦放不下的地方。朝堂之内，皇帝身旁，奸佞之人如漫天阴云遮住天日，却让他们这些有志之士报国无门，空自慨叹。

这首诗是李白诗集中为数不多的七言律诗之一。全诗8句56字，有思古之幽情，亦写江山之壮观，最后以咏叹政治愤懑作结。将历史、自然、社会，融于一体，气势恢宏，情韵悠远，实属登高览胜之佳作。

相传，当年李白漫游至江汉，登上黄鹤楼，欲题诗留念，举头却看到崔颢的《黄鹤楼》诗，李白只得弃笔叹息离去："眼前有景道不得，崔颢题诗在上头。"两句诗道出李白对崔颢的欣赏与内心的无奈。他一直把那份遗憾记在心头，直到登上凤凰台，咏出同样流芳百世的一首七律诗。

《苕溪渔隐丛话》《唐诗纪事》都有类似的记载，想来李白真有过与崔颢在诗艺上一争高下的心思。诵读对比崔、李二诗，其工力不相上下，正如方回在《瀛奎律髓》中所言："格律气势，未易甲乙。"

从现实意义来看，李白诗似是更胜一筹。崔颢登楼望远，遂起思乡之情；李白登台远望，看向的是大唐的未来。

天宝六载（747），李林甫在朝中弄权，已至肆无忌惮的地步，他重用酷吏，屡造冤狱。在闹出一出"野无遗贤"的科场丑剧后，又开始大力打压朝中的正直有识之士，朝野内外，被他搞得一片乌烟瘴气。

这一年，罗希奭等遵李林甫之意，杖杀北海太守李邕、淄川太守裴敦复。杜甫《饮中八仙歌》中的左相李适之，先被罢相，改授太子少保，后又被贬为宜春太守。在杖杀李邕、裴敦复、韦坚等人之后，罗希奭再次将魔爪伸向宜春的李适之，惊惧之下，李适之服毒自尽。

是年十月，玄宗下令让王忠嗣发兵攻打吐蕃石堡城。王忠嗣不愿以数万人之命来换自己的飞黄腾达，上言力劝玄宗慎攻，竟以"阻挠军功"获罪，被贬为汉阳太守，不久就忧愤而逝。

正直之士非杀即贬，奸臣佞小势焰熏天。高力士权倾朝野，中外畏之，连太子亦呼之为兄，诸王呼之为翁，驸马直接呼之为爷。安禄山日渐得宠，造反之迹日益明显，玄宗却视而不见。

再看那一人得道鸡犬升天的杨氏兄妹。天宝四载（745），玄宗册立杨玉环为贵妃，杨贵妃自此独沐恩宠，艳压后宫三千佳丽，其姐妹家人也因此青云直上。她的几个姐姐，大姐被封为韩国夫人，三姐被封为虢国夫人，八姐被封为秦国夫人。姐妹几个皆赐宅长安，每月各领脂粉费十万钱。其堂兄杨钊，本是蜀中市井中一泼皮无赖，后借势混入宫中，步步提拔，身兼支部郎中等十余职，后升为宰相，独揽朝政……

曾经的盛世大唐，此时内忧外患，危机重重，曾经的一代英主唐明皇，却对此充耳不闻，把全部的心思都用在与美人妃子享乐上了。

李白此时虽已远离了朝堂，却无时不在为大唐的未来而担忧。

天宝六载（747），在金陵城，李白还迎来一位久违的故人崔成甫崔侍御。崔成甫曾任校书郎、监察御史，彼时被贬往湘阴，正途经金陵。听说李白亦在金陵，崔成甫投诗问候：

我是潇湘放逐臣，君辞明主汉江滨。

天外常求太白老，金陵捉得酒仙人。

——崔成甫《赠李十二》

李白传

200

虽在赴贬所途中，崔成甫也不忘调侃老友一把，亦算得是苦中作乐吧。李白自然要以诗回赠：

> 严陵不从万乘游，归卧空山钓碧流。
> 自是客星辞帝座，元非太白醉扬州。
>
> ——《酬崔侍御》

诗中，李白以东汉严光辞别光武帝归卧富春自喻，说自己也像严子陵一样，客星辞帝座，而不是太白金星醉卧扬州，巧妙地回答了老友"金陵捉得酒仙人"的调侃之词，又明确表明了自己的心志。

朝堂中浮云蔽日，他纵有满腔抱负亦无处施展，倒不如学学前代高人，归卧林间溪下，了此一生。李白与老友对酒当歌，看似洒脱看破一切，言辞之间，还是有丝丝苦涩无奈渗透出来。

达亦不足贵，穷亦不足悲

酒是李白挚友，交友靠它，写诗靠它，开心时喝它，愁眉不展时饮它。李白再来金陵，正值大唐江河日下之际，虽然还没到风雨飘摇的危险地步，却也是山雨欲来风满楼。李白内心清醒，也只能整日醉眼蒙眬。他从一场酒宴起身，又步履踉跄地奔赴下一场……

崔侍御，崔咨议，崔司户，从甥高镇，蔡山人……这些陌生的人名、官称都曾在李白的诗里出现。他赠诗与他们，目的无非有以下几种：求他们引荐照拂；酒债缠身需要求助；或向他们发一些不为世用的牢骚；或者什么也不为，只是朋友间的酬唱互答。

"我本不弃世，世人自弃我。"李白在江湖，完全没有了当时在宫中如履薄冰的忐忑，他由着自己的性子行事说话，写诗。

整日泡在酒楼歌肆，纵然腰缠万贯，也经不住流水一般的花销。当年贺知章解下腰间金龟换酒款待李白，李白把自己的宝剑解下来换酒招待朋友。某日偶然在街上遇到了自己的从甥高镇，那个中了进士却不得加官晋爵的男人，同病相怜，触景生情，李白拉着高镇进了酒馆，哪管他那会儿囊中空空。

> 马上相逢揖马鞭，客中相见客中怜。欲邀击筑悲歌饮，正值倾家无酒钱。江东风光不借人，枉杀落花空自春。黄金逐手快意尽，昨日破产今朝贫……君为进士不得进，我被秋霜生旅鬓……
>
> ——《醉后赠从甥高镇》

那一次，为付酒钱，李白把跟随自己多年的那柄剑都解下来了。

在李白饮酒写酒的诗中，有一首最能体现他沉湎酒宴、放浪形骸的诗作，其诗仅题目就有42字之多：《玩月金陵城西孙楚酒楼，达曙歌吹，日晚乘醉著紫绮裘乌纱巾，与酒客数人棹歌秦淮，往石头访崔四侍御》，这或许是李白诗集中题目最长的一首诗，时间地点情节人物，一应俱全，倒像是一篇微型小小说。

关于此诗的写作背景，《旧唐书·李白传》曾载："侍御史崔宗之谪官金陵，与白诗酒唱和。尝月夜乘舟，自采石达金陵，白衣宫锦袍，于舟中顾瞻笑傲，旁若无人。"

其中的崔侍御，评论家郁贤皓认为是崔成甫而非崔宗之："按：崔宗之未尝为侍御史，又未曾谪官金陵。诗中崔四侍御乃指崔成甫，非崔宗之；乃自孙楚酒楼泛秦淮往石头城，非'自采石达金陵'。《旧唐书》大误。"

不管是崔宗之，还是崔成甫，一群文人骚客，金陵月下乘舟同游

李
白
传

同饮，歌吹娱乐通宵达旦，那个场景都够浪漫壮观的。尤其是李白，你看他倒着紫绮裘，头戴乌纱巾，于舟中推杯换盏，顾瞻笑傲，全然不顾身边数位酒客，也不怕岸上人的嬉闹调笑。李白醉遍金陵酒肆，哪座酒楼上的吴姬于他都不陌生，听到河上的喧呼笑闹，她们也卷起帘来向李白招手，揶揄一番……

那次饮酒，时间竟然长达两天一夜。李白此诗即清晰地记录了那一过程：

> 昨玩西城月，青天垂玉钩。
>
> 朝沽金陵酒，歌吹孙楚楼。
>
> 忽忆绣衣人，乘船往石头。
>
> 草裹乌纱巾，倒披紫绮裘。
>
> 两岸拍手笑，疑是王子猷。
>
> 酒客十数公，崩腾醉中流。
>
> 谑浪掉海客，喧呼傲阳侯。
>
> 半道逢吴姬，卷帘出揶揄。
>
> 我忆君到此，不知狂与羞。
>
> 月下一见君，三杯便回桡。
>
> 舍舟共连袂，行上南渡桥。
>
> 兴发歌绿水，秦客为之摇。
>
> 鸡鸣复相招，清宴逸云霄。
>
> 赠我数百字，百字凌风飙。
>
> 系之衣裳上，相忆每长谣。

世人皆醉我独醒。独醒，是一种彻骨的痛苦，李白不堪承受那样的苦，索性也让自己醉了去。在接下来的那两年多时间里，李白以金陵为中心，足迹辐射江苏扬州、安徽庐江等地，游山逛水，也不忘访友拜谒。李白入世的心没死。

天宝七载（748），李白至扬州的江阳县，拜访时任江阳宰的故人陆调。当年李白初入长安，与斗鸡徒发生争执，遭受群儿围攻，危急时刻，陆调驰马冲出人群，告急清宪台，替李白解了围。时隔多年，李白对当年的救命之恩一直念念不忘。

此时江北正是荷花盛开，鲜艳欲滴的杨梅刚刚上市，在这样一个美好的季节，李白挂席展帆拾海月，载着满满的美酒与对故人的思念，乘风直下长川，直奔江阳陆调门前。

在《叙旧赠江阳宰陆调》一诗中，李白抚今追昔，对陆调的高尚节气赞不绝口，更将那一段鲜为人知的少年往事诉诸笔端：

> 风流少年时，京洛事游遨。
>
> 腰间延陵剑，玉带明珠袍。
>
> 我昔斗鸡徒，连延五陵豪。
>
> 邀遮相组织，呵吓来煎熬。
>
> 君开万丛人，鞍马皆辟易。
>
> 告急清宪台，脱余北门厄。
>
> …………

长达70余行的五言长诗，可见李白对故人的情深意长。

此后，李白又西游霍山，过庐江时，谒见庐江太守吴王祇，并写《寄上吴王三首》于谒前投赠。

在李白眼中，能攀上吴王这样的唐朝宗室，兴许能给他带来些机会。故与赠故人陆调诗格调大为不同，三首赠吴王的诗中，李白极力向对方表白自己辞赋堪与司马相如、枚乘相比肩，也极尽奉承之能

李白传

事，赞颂吴王英明无比，以德化民，更渴望吴王能招他入幕：

英明庐江守，声誉广平籍。

洒扫黄金台，招邀青云客。

客曾与天通，出入清禁中。

襄王怜宋玉，愿入兰台宫。

——《寄上吴王三首》（其三）

燕昭王筑黄金台，招贤纳士，吴王祗却对李白的入幕之意视而不见。李白的希望再次落空。

天宝八载（749）春天，李白在扬州，听到一个让他伤心的消息——好友王昌龄被贬龙标县尉。

王昌龄，京兆人，开元十五年（727）进士及第，补秘书省校书郎。开元二十二年（734）博学宏词科登第，为氾水县尉。因数"不护细行"，天宝七载（748）秋，王昌龄由江宁丞贬为龙标县尉。

龙标，唐县名，属巫州，治所在今湖南洪江市。在唐时，这里属偏远蛮荒之地。王昌龄此番调职属降职。

杨花落尽子规啼，闻道龙标过五溪。

我寄愁心与明月，随风直到夜郎西。

李白自远道寄诗相赠，安慰老友，一首《闻王昌龄左迁龙标，遥有此寄》见证他对朋友的深情。明月似人心，澄澈光明，子规知人意，声声含悲。诗中虽未叙两人昔日相聚的情景和友谊，却是此时无声胜有声。

天宝八载（749）春天，李白怏怏不乐重返金陵。

江南春，桑叶已经碧绿，吴地的蚕儿已经三眠。自天宝五载（746）离家，已经整整三年了。看到身边忙忙碌碌、投身于农事的农人，李白的心里忽然泛起一股难言的思念与焦灼。他想家了，想家里的小儿女，也挂念家中无人耕作的田地。

身如寄，南北西东，一个人，一柄剑，一腔风流。李白洒脱，向来少把儿女私情略萦心上。在他的生命中，父母情、儿女情、夫妻情，皆让步于他的理想。在这个春天，他却无法遏制地为自己的一双小儿女流下了思念的泪水。这是李白诗中留下的难得的一次慈父形象。

> 吴地桑叶绿，吴蚕已三眠。
> 我家寄东鲁，谁种龟阴田。
> 春事已不及，江行复茫然。
> 南风吹归心，飞堕酒楼前。
> 楼东一株桃，枝叶拂青烟。
> 此树我所种，别来向三年。
> 桃今与楼齐，我行尚未旋。
> 娇女字平阳，折花倚桃边。
> 折花不见我，泪下如流泉。
> 小儿名伯禽，与姐亦齐肩。
> 双行桃树下，抚背复谁怜。
> 念此失次第，肝肠日忧煎。
> 裂素写远意，因之汶阳川。
>
> ——《寄东鲁二稚子》

南风悠悠，吹送一颗浸满乡思的心，直上云霄，飞堕在东鲁家乡的酒楼前。楼东他亲手种的那株桃树，如今该是枝繁叶茂如青烟笼

罩，与酒楼齐高了吧。而他的娇女平阳，那会儿是否正倚在桃树边，望眼欲穿，等父亲回家？她手中随意摆弄着一枝桃花，泪水正从她的小脸儿上缓缓流下来。儿子伯禽，也已经与姐姐一样高了，他和姐姐并肩双双行在桃树下，谁能抚背怜爱他们俩？

父亲的心，诗人的眼，千山万水都遮拦不住。一首《寄东鲁二稚子》，向后世读者展示了诗仙的另一个侧面：诗仙亦在尘世间，有着尘世间的七情六欲。此诗与诗圣杜甫的《望月》有异曲同工之妙，不过，杜甫心疼的是闺中独看的妻，李白牵挂的是桃树下望父的儿女。天下伟大诗人，无不怀着一颗柔软悲悯的心。

是年夏天，朝廷再次令王忠嗣率军攻打吐蕃石堡城。对于这个边陲小镇，玄宗始终虎视眈眈，他看中了石堡城以西到青海湖边上的广袤土地，石堡城必须要攻下来。这已经不是第一次提起了，王忠嗣曾在朝廷上据理力争，向玄宗陈述攻打石堡城的危害。这一次，是李林甫擅自下令，要王忠嗣开始此次远征。王忠嗣不得不执行。

石堡城地势凶险，周围全是悬崖峭壁，易守难攻。尽管王忠嗣的部队英勇作战，还是伤亡惨重，无法占领据点。唐军的屡屡失败激怒了皇帝，他遂迁怒于王忠嗣，要下令将其处死。哥舒翰是王的副将，为免王忠嗣一死，他开始带领部下不惜一切代价攻打石堡城。三个月后，哥舒翰的军队终于将石堡城攻克，极为讽刺的是，唐朝军队牺牲了六万多名士兵花三个多月攻下的竟然是一座空城，彼时，石堡城中只有400多名士兵，若非是弹尽粮绝，那场战争可能还要持续下去。

虽战争取得了胜利，石堡城被唐军拔下，却造成石堡城血流成河，百姓惨遭涂炭的惨象。皇帝如此穷兵黩武，将领不惜百姓生命以换取自己的紫袍官戴，李白对此无比不齿，忧愤填胸，愤而作下《战城南》：

去年战，桑乾源；今年战，葱河道。洗兵条支海上波，放马天山雪中草。万里长征战，三军尽衰老。匈奴以杀戮为耕作，古来惟见白骨黄沙田。秦家筑城备胡处，汉家还有烽火燃。烽火燃不息，征战无已时。野战格斗死，败马号鸣向天悲。乌鸢啄人肠，衔飞上挂枯树枝。士卒涂草莽，将军空尔为。乃知兵者是凶器，圣人不得已而用之。

诗歌一改李白往日作品的浪漫飘逸之风，更是彻底摆脱了早期作品中的轻浮和颓废，在这里，他已完全融入百姓苍生的队伍，对朝廷无度进行边战提出愤怒的控诉，对百姓和士兵的流血牺牲深表痛心。诗中所透露出的悲悯情怀与真挚情感，堪与杜甫的《兵车行》等名作比肩。

而面对同样的"胜利"，与李白同代的王维和高适，他们高唱的都是对朝廷和边关将士的赞歌。

这年冬日，金陵大雪，李白友人王十二雪夜独酌，想起李白，遂寄诗抒怀。王十二的诗就像一根导火索，一下子燃爆李白心中的愤懑之情，他当即提笔，以一首长诗回赠：

昨夜吴中雪，子猷佳兴发。万里浮云卷碧山，青天中道流孤月。孤月沧浪河汉清，北斗错落长庚明。怀余对酒夜霜白，玉床金井冰峥嵘。人生飘忽百年内，且须酣畅万古情。君不能狸膏金距学斗鸡，坐令鼻息吹虹霓；君不能学哥舒，横行青海夜带刀，西屠石堡取紫袍。吟诗作赋北窗里，万言不直一杯水。世人闻此皆掉头，有如东风射马耳。鱼目亦笑我，请与明月同。骅骝拳跼不能食，蹇驴得志鸣春风。《折杨》《皇华》合流俗，晋君听琴枉清角。巴人谁肯和《阳春》，楚地犹来贱奇璞。黄金散尽交不成，白首为儒身被轻。一谈一笑失颜色，苍蝇贝锦喧谤声。曾参岂是杀人者，谗言三及慈母惊。与君论心握君手，荣辱于余亦何有？孔圣犹闻伤凤麟，董龙更是何鸡狗？一生傲岸苦不谐，恩疏媒劳志多乖。严陵高揖汉天子，何必长剑拄颐事玉阶。达亦不足贵，穷亦不足悲。韩信羞将绛、灌比，祢衡耻逐屠沽儿。君不见李北海，英风豪气今何在？君不见裴尚书，土坟三尺蒿棘居。少年早欲五湖去，见此弥将钟鼎疏。

——《答王十二寒夜独酌有怀》

这是李白最为擅长的七言歌行体，全诗感情激荡，章法多变，又意脉一贯，一气呵成，浑然一体。有人曾疑此诗为伪作，这样的"伪作"，世间唯诗仙可为。

诗之开首，从昨夜的一场大雪谈起。雪后初晴，浮云万里环绕着青山，天空中一轮孤月高悬，显得苍凉又清冷，银河越发高远澄澈，太白星晶莹明亮，北斗星纵横错落。正是在那样的夜晚，朋友王十二想起了李白和他的酒。人生百年不过倏忽瞬间，那万古的愁情，唯有酒可消遣呵。

王十二，何许人，史载不详。爱酒，爱诗，逸荡不羁，怀才不遇，他的境遇也许与李白相似，才在那样的雪夜起此雅兴吧。李白以诗回赠，意却不在那夜的风花雪月，他忧心忡忡，目光关注的是整个大唐的命运。

彼时的大唐政坛上，斗鸡走狗之徒得势，颠倒黑白之人受宠，真正的志士才子却被弃之如敝履，皇帝好大喜功穷兵黩武，臣子将帅则一味媚上迎合，不惜以百姓生命来换取自己的功名。

宰相李林甫的屠刀，让满朝文武大臣噤若寒蝉。那个在李白青年时代让他难堪愤怒后又让他爱敬有加的李邕李北海，早已在两年前被李林甫杖杀了，其英风豪气已荡然无存，裴尚书的坟头已被荒草覆盖。如此鬼魅横行的大唐王朝，哪里还有正直贤良之士的容身之处？还是归隐林下，泛舟五湖，早早离了这污浊之地吧。

"达亦不足贵，穷亦不足悲。"现实一步步将李白从浪漫主义诗坛的顶端拉回人间，却磨不掉他的傲岸不屈、狂放不羁，他依然是那个襟怀磊落的诗仙，不愿委身于世俗浊流。

第八章 乱世飘零

梁园再娶

天宝九载（750），五月的金陵，柳色青，莺声老，已是春意阑珊。李白决定在这个五月离开这座城。

自天宝五载（746）秋末离开东鲁的家南下游历，一转眼三年多又过去了。这三年来，李白有两年多待在金陵，他对这座古城的感情实在非同一般。龙盘虎踞，帝王之州，作为六朝古都的金陵城，名胜古迹处处可见。这几年，李白踏遍这座古城，在秦淮河畔与群英诗酒傲啸，也曾在古城的角角落落里搜寻远去的历史身影。

是什么促使他离开，无从猜测。

在东南游历的三年里，李白时常会想起家中的儿女，若有人回鲁地，他会请人捎信或请其前往家中探视家人。在《送萧三十一之鲁中，兼问稚子伯禽》一诗中，他就曾托朋友萧三十一去家中看看他年幼的儿子，诗的最后，他写道："我家寄在沙丘旁，三年不归空断肠。君行既识伯禽子，应驾小车骑白羊。"

从李白诗中可推测，伯禽此时也应该是一个能驾小车骑白羊的小少年了。

李白对儿子伯禽寄予了厚望，伯禽的确也非常招人喜欢。一位叫李华的族叔在给李白写墓志时曾提到伯禽，并对其大加赞誉："有子曰伯禽、天然，长能持，幼能辨，数梯公之德，必将大其名也已矣。"（《故翰林学士李君墓志》）可惜这个儿子终是没能青出于蓝而胜于蓝，他娶妻生子，在盐场务工养家糊口，过的是极平凡的生活，并没继承诗仙李白的衣钵。

李白在金陵屡屡思念自己在东鲁的儿女，女儿平阳和儿子伯禽的名字都曾出现在他的诗里。倒是那个年纪更小的儿子颇黎，似乎被李白彻底忘记了。按时间推测，颇黎此时已经出生，可能有三五岁的样子。头生子贵，末生子娇，同为骨肉，李白不可能厚此薄彼。不提他的原因，或许是因为那个儿子是他和那位无名无分的鲁妇所生，在那个时代，母以子贵，子也以母贵。

李白要离开金陵的消息在朋友圈里迅速传开，金陵的朋友们随即在白下亭设宴为李白送行。

五月金陵西，祖余白下亭。

欲寻庐峰顶，先绕汉水行。

香炉紫烟灭，瀑布落太清。

若攀星辰去，挥手绸含情。

——《留别金陵诸公》

李白传

在告别酒宴上，李白除盛赞金陵古城是一龙盘虎踞风流佳丽之地外，还明确告诉朋友们他接下来的行程：他将逆汉水而行，去庐山峰顶，去看看紫烟缭绕的香炉峰，看飞流直下的庐山瀑布。他甚至想象着自己在庐山峰顶攀登星辰而去，含情脉脉地向朋友们招手……

李白此番选择庐山，有人认为是他可能已经嗅出了大乱将临的气息，欲寻避祸之地。从接下来大唐发生的那些大事来看，李白的担忧并不多余。

这年三月，关内大旱，百姓生计艰难，朝中贵戚却竞以进食相尚，水陆珍馐数千盘，皇帝年迈，越发迷恋寻求长生不老之药，而置百姓死活于不顾。

五月，玄宗赐安禄山为东平郡王，杨贵妃堂兄赐名国忠。宠信奸佞，养虎为患，玄宗丝毫不知其险，对外则妄动刀兵，随意发动战争。李白看在眼里，却无能为力。躲进庐山，不问世事，也就成了他接下来最佳的选择。

人生长旅，柳暗花明，花明柳暗，充满了太多不可预知的变数。李白原拟躲到庐山修仙炼丹不问世事，却不料会在接下来的行程中邂逅他的另一段感情……

天宝九载（750）冬，李白在准备隐居庐山之前，先回到东鲁家中。回家途中，他经过梁园，与前相宗楚客的孙女结下了姻缘。

魏颢《李翰林集序》载：白始娶于许……又合于刘，刘诀。次合于鲁一妇人，生子曰颇黎。终娶于宋（此处宋当为宗）。在这段简述中，魏颢记录了李白一生与四个女人的感情纠葛。许夫人是他的发妻。刘姓女子，在李白的生命中像一个音符，一闪而过。倒是那位无名无姓的鲁妇，和李白共同生活了好几年，李白离家远游，她在家打理家务照料孩子，还和李白生了一个儿子，但李白并没有娶她。

李白不娶她的原因，或许是那位鲁妇的地位太低。李白在婚姻上很谨慎，这从他两段正式的婚姻关系就能看出。第一任妻子许氏是故相之孙女，第二任妻子宗氏的爷爷宗楚客是武则天朝的宰相。这绝非巧合。

关于李白与宗氏的相识，后世文人曾为他们编织了一段浪漫的故事。

天宝十载（751）春，李白重游梁园，并在梁园内喝得酩酊大醉。醉后，李白顺手在梁园的墙壁上写下了一首长诗，就是著名的《梁园吟》。在李白醒后离开梁园不久，有一位富家小姐在家中丫鬟的陪侍下款款前来。小姐识文断字，被那首诗深深吸引。竟然站在壁前，恋恋不肯离去。

她认出是李白的诗。反复吟之诵之，越读越爱，只恨不能把那首诗拓下带走。到底是相府千金小姐，有魄力亦有财力，宗小姐竟不惜斥千金巨资，直接把这面墙壁买下来了。也就有了宗氏为李白"千金买壁"的浪漫传说。

这自然是文人墨客的文学想象，只当一则逸事，聊作消遣。李白娶宗小姐为妻，绝不似传奇中那么浪漫、简单。就如当年在安陆娶许小姐一样，这一次，很可能是李白精心策划的。

这位宗小姐年轻、貌美，有文才。这一年，李白已经51岁了，地道的半百老人，宗小姐也不过20多岁。更重要的是，宗小姐有一个相当了得的爷爷——宗楚客。

宗楚客，武则天从姊之子，曾在武周和唐中宗时期三次入朝为相。宗楚客在武则天朝依附武则天男宠张昌宗、张易之兄弟，后来因依附韦后谋逆而被诛。尽管如此，李白仍为这位劣迹斑斑的前相涂脂抹粉，大唱颂歌，并在51岁高龄时，入赘做了宗家的上门女婿。因这一点，李白在后来颇受诟病，言他丧失良知、不顾诗礼清白家风而只重门第。

李白顶着世俗白眼娶了宗楚客的孙女，却很幸运，收获了生命中一份真挚的爱情。宗氏温柔贤惠，知书达礼，且与李白一样，是一个好道之人。从李白写下的一些寄内、代内之作可知，二人两情相悦，感情甜蜜。

他写别内赴征，妻子牵住衣襟不放，泪眼问他何时归来。

他写别后，妻子于寒灯月下，行行泪尽，思念远方的人。

他写自己获罪陷于狱中，妻子闻讯恸哭，在狱外百般为他奔走……

这些，自然属后话。眼下的李白，正沉浸在新婚后如蜜的幸福里。

李白一生放荡不羁，又终生郁郁不得志。晚年更是凄凉，误入歧途而银铛入狱，险些连命也丢了，所幸在他的黄昏岁月，还有宗夫人的爱情相伴，为他的人生涂抹下这温情绚烂的一笔。

心随长风去

黄昏夕阳下，李白梁园与宗夫人邂逅，再结一段良缘。只可怜那位为他生儿养女辛苦操持数年的东鲁妇人，最终还是没能得到一个名分，爱情就更谈不上。她像一滴水，在李白的生命中蒸发了，连同她和李白生的那个儿子，再无人提及。

如今有了新家，李白理应把留在东鲁的一双儿女接到身边来，与他们一起生活才是。可因他那赘婿的尴尬身份，他和孩子，仍然分居两地。

天宝十载（751）秋日的一天，还在梁园妻家的李白忽然收到了老友元丹丘寄来的一封信，信中，老友告诉李白，他最近在河南西南部南阳镇的石门山建造了一处新的隐居处，此地环境清幽宁静，非常适合隐卧，希望李白前来一同享受。

收到老友的信，李白动心了。他想起昔日与元丹丘同游同卧的那些好时光，悠游快乐似神仙。他也在憧憬着未来的归隐生活：故园山水间，远离了朝廷的人事纷争，一卷古书，一山松风明月，何等惬意风流。人未启程，先把一颗诗心寄去。《闻丹丘子于城北山营石门幽居，中有高凤遗迹，仆离群远怀，亦有栖遁之志，因叙旧以寄之》，从这首诗长长的题目中，即可知此时的李白也起了与老友一起幽居隐遁之意。

然而，女儿未嫁，儿未长成，身为父亲，李白在俗世的责任未尽，纵有归隐志，也只能把这份心思在给老友的信中一说而已。面对现实，无奈更多："久欲入名山，婚娶殊未毕。人生信多故，世事岂惟一。念此忧如焚，怅然若有失。"

李白怀着这样一种怅然若失的心情启程前往元丹丘的隐居之处。长久的幽居不成，短暂的访游亦可略慰红尘疲惫吧。

李白兴致勃勃奔赴这场没有约定的探访之旅。云崖苍苍，山路弯弯，深秋时节的山中，草木开始变黄，树叶开始飘落。寂寂的深山，除了李白孤单的身影，就是远处不时传来的清猿声，那长一声短一声的猿鸣，更为这深秋的山野涂上一层悲凉之色。

翻过一座山，又转过一道梁，三转四转，天色已晚。远山的夕阳一点点隐到山的背后，东边山头的高松树梢上，不知何时已挂上了一轮皎洁的明月。再登上一座山顶，李白长长地吁了口气，站在山顶极目四望，入目是溪壑深幽，岩石断裂，清冷的寒泉自青色的山石上缓缓流过。李白醉了，忘记此行初衷。若不是元丹丘忽然在对面的山上遥遥相应，突然冲着李白的方向大笑起来，那一夜，李白也许又要错过与老友的相聚吧。

元丹丘的小屋坐落在一处斜缓的山坡上，不远处就是青幽幽的密林，密林深处，不时传来一两声鸟啼和猿鸣，沁凉的月光洒下来，越发显得秋山寂静。很显然，这里比元丹丘以前在嵩山的隐居处更加偏远，难为他能找到这样的地方。不入此山，不知什么叫静者安闲。那一夜，一对老友都非常兴奋，他们坐在小屋前，漫无边际地聊着，耳畔有松风溪水，头顶有明月星光，身边的草丛里，不知名的秋虫正在

李白传

高一声低一声地唱和。那不正是李白梦寐以求的神仙之境吗？他真的想依从朋友的劝说，携妻挈子来此处隐居了。

> 寻幽无前期，乘兴不觉远。
>
> 苍崖渺难涉，白日忽欲晚。
>
> 未穷三四山，已历千万转。
>
> 寂寂闻猿愁，行行见云收。
>
> 高松来好月，空谷宜清秋。
>
> 溪深古雪在，石断寒泉流。
>
> 峰峦秀中天，登眺不可尽。
>
> 丹丘遥相呼，顾我忽而哂。
>
> 遂造穷谷间，始知静者闲。
>
> 留欢达永夜，清晓方言还。
>
> ——《寻高凤石门山中元丹丘》

这首诗正是李白那年秋天拜访老友元丹丘时写下的。此后，他也真的开始行动了，让元丹丘帮他在石门山中物色一处宅基地，他准备建好房子后就把妻子接来同住。

可是，计划总没有变化快。就在李白忙碌着打造自己的隐居之处时，一封意外来信再次打破了诗人内心的平静，把他的人生引上了另一个完全不同的方向。

信是一位叫何昌浩的朋友寄来的。何昌浩以前是个穷秀才，屡次参加科举考试都败北，在他最潦倒穷困时，李白曾向他伸过援手。后来，何昌浩去了幽州，做了幽州节度使旗下的一名判官。念及往日李白对他的恩情，他写信向李白汇报了自己的生活，也邀请李白前往一游。在何昌浩眼里，李白是一位文武兼修的英雄人物，有生之年，自当到边塞去建立一番功业才是。

何昌浩有此想法，也是当时大唐风气使然。远的不说，李白身边的朋友，有好几位不就是通过此路步入仕途的吗？高适在哥舒翰幕中任掌书记，岑参在高仙芝幕中任掌书记。杜甫也在《后出塞》诗中道："男儿生世间，及壮当封侯。战伐有功业，焉能守旧丘。"赴边地军中建功立业，在当时已蔚然成风。

李白此时虽已过半百之年，却还是壮怀激烈，他满腔用世之心始终没能得到彻底的释放。如今接到昔日好友的邀请，他自然是满心欢喜。铺纸提笔，向友人倾吐心声，也向其表白自己强烈的入世之意。

李白等这样的机会等得太久了。娶新妇，安新家，都抵不了建功立业的诱惑。在他眼中，何昌浩可谓当今的管仲和乐毅，英才名冠三军。李白坚信他一定可以帮助自己实现梦想。

> 有时忽惆怅，匡坐至夜分。
>
> 平明空啸咤，思欲解世纷。
>
> 心随长风去，吹散万里云。
>
> 羞作济南生，九十诵古文。
>
> 不然拂剑起，沙漠收奇勋。
>
> 老死阡陌间，何因扬清芬。
>
> 夫子今管、乐，英才冠三军。
>
> 终与同出处，岂将沮、溺群。

——《赠何七判官昌浩》

乍读这首赠诗，很难让人相信，这是行将暮年的李白所写，这一年，他已52岁，名副其实的老人了。他在诗中表现出极大的政治热情。但他对何昌浩所寄予的高期望，又让人觉得丝丝悲哀。何昌浩，不过边塞节度使府中一个小小的判官而已，何况他服务的上司还是那个几乎让大唐亡国的叛将安禄山。

李白诗人般的天真，注定是他从政理想路上的"硬伤"。

也不能怪李白在政治上没有敏锐的嗅觉。安禄山那时正如日中天，是玄宗面前红极一时的宠臣，虽然飞扬跋扈于朝中，但伪装得极好，朝中极少有人识破他的谋反之心，玄宗也丝毫没有意识到危险的存在。李白此刻正设想着未来：像朋友高适、岑参一样加入边塞幕府，于军中大展身手，以实现自己至今未竟的报国之志。

新婚宴尔，又是白发萧萧，放着眼前的静好岁月不过，偏偏要去那荒塞边地建功立业。更让人担忧的是李白此行所投之人是安禄山。对于安禄山其人其事，宗夫人虽久处深闺，还是有所耳闻。出身于相门之家的她，比丈夫的政治敏锐性更高，已隐约嗅出此人危险气息。

可以想见宗氏听到李白欲北上幽州时的震惊与担心，她苦苦劝阻，苦苦挽留。试图用一位妻子的柔情与眼泪打动他，也尝试用可预见的危险来劝阻他：听说安禄山管辖的地区很是危险，豺狼当道，北方异族随时都可能入侵，战争与死亡随处可见。没想到，这不但没能挽留李白，反倒让他更迫切地想要离家前往：大丈夫生而为人，岂可贪生怕死迷恋于温柔乡？

最终，宗氏只得无奈放手，含泪为丈夫收拾行囊。

此时已是天宝十一载（752）夏秋时节。

幽州之行

天宝十一载（752）暮秋，李白自梁园启程，前往幽州。途中要经过大梁，照例会有文朋诗友前来为他设宴饯行。

暮秋时节的大梁，木叶飘落，西风渐紧，城内一家酒楼上，于逖、裴十三等好友频频向李白举杯。人过半百再出征，朋友们的叮嘱多过恭贺。尤其是座中裴生，也是尽览千古典故，文章炳飞如腾龙飞鸾，却也是郁郁不得志。酒宴上，他悲歌长吟，当场为李白跳起了楚舞。虽然怀抱一腔边关立功的雄心，此情此景，还是让李白倍感忧伤落寞。他也忍不住吟唱一曲楚歌，以和朋友深情厚谊。

想起昔日姜太公在渭水边垂钓，李斯上蔡门打猎。姜太公钓的是周文王，李斯猎的是秦始皇，他们心中怀抱的是安黎民、平天下的大志，哪里是在意那些小鱼狡兔。而今李白年过半百，远去朔方沙漠，鸣鞭响马越过黄河，无他，只为胸中一腔热血而已。

············

> 劝尔一杯酒，拂尔裘上霜。
>
> 尔为我楚舞，吾为尔楚歌。
>
> 且探虎穴向沙漠，鸣鞭走马凌黄河。
>
> 耻作易水别，临歧泪滂沱。
>
> ——《留别于十一兄逖裴十三游塞垣》

无为在歧路，儿女共沾巾。分别的路口，李白希望自己能有如斯潇洒。饮下最后一杯酒，李白跃马扬鞭，踏上北行之旅。

李白朋友遍天下，走到哪里都有酒有友。从大梁出发一路向北，不多日就来到了河北邯郸地界，在邯郸，李白照例受到当地朋友们的热烈欢迎。他们设宴款待，陪他登台览古。

在《自广平乘醉走马六十里，至邯郸登城楼，览古书怀》一诗中，李白对自己此次北行的目的说得更为直接："日落把烛归，凌晨向燕京。方陈五饵策，一使胡尘清。"

燕京，今日北京，正是当时安禄山的大本营，李白要奔赴的最终目的地。

五饵策，怀柔单于的五种手段，也就是笼络外夷的各种策略。

李白此行，就是为投安禄山军幕并向他献计献策，并非如某些学者所讲的那样，深入虎穴打探安禄山虚实。若李白有那样的高瞻远瞩，后来就不会稀里糊涂入永王李璘幕。此属后话。

话说李白在邯郸时，还曾登上邯郸洪波台，边饮酒边观看了一场盛大的士兵发兵仪式。那天的洪波台上，看到将士们出征的大旗在风中猎猎飘扬，耳畔是气势威猛的歌钟，李白又一扫先前的落寞悲伤，摇身一变而成一位意气风发的斗士。如此强大的兵力，一定可以百战百胜，打败敌人凯旋的。他希望自己也能同那些战士们一样，到燕然山为国效力，而不是留恋于山温水软的南方。

我把两赤羽，来游燕赵间。

天狼正可射，感激无时闲。

观兵洪波台，倚剑望玉关。

请缨不系越，且向燕然山。

风引龙虎旗，歌钟昔追攀。

击筑落高月，投壶破愁颜。

遥知百战胜，定扫鬼方还。

——《登邯郸洪波台置酒观发兵》

一路上且行且停，且酒且吟，直到这年十月初，李白才抵达了幽州节度使幕府所在地蓟县（今属天津市蓟州区），见到了何昌浩何七判官。李白原打算由何七判官引荐，加入安禄山军幕，不料扑了空，安禄山才带着一行军官到长安去了，可能要到来年春天才回来。

这也让李白长长松了口气。不知为何，越接近安禄山的大本营，他心中的不安之感越浓。沿途映入眼帘的一切，都让李白在心中画了一个大大的问号。

既来之，则安之。何昌浩到底是李白好友，每日好酒好菜相待，还不时带李白到军营四周转转看看。此时已是北地的深秋时节，茫茫无际的大草原上已经枯黄一片，清晨如同落了一场大雪，满地严霜。按照常规，这样的季节里，边地的军队会忙于储存冬天的柴火和食物。李白看到的安禄山部队却不是如此，将士们如临大敌，每天都在练兵场上操练。那股腾腾杀气，让人不寒而栗。

再向远处望，远处的山顶上不时会冒出狼烟。

这样训练有素的部队，李白还是第一次看到。他也受到鼓舞，抽出腰间长剑，在茫茫荒原上舞动起来。

其实，在边地，忙于骑射的不仅仅是军营中的战士，就是寻常百姓家的男儿，也个个是骑马游猎的好手。秋风起，牧草白，正是马肥牛壮的好时节，那些在边境线上长大的男儿，飞马奔驰在茫茫大草原。马背上，他们身轻如燕，上下翻转腾挪，做着各种轻巧的动作，那份扬扬得意之情，李白之前极少见到。

与内地少年整日眉头紧锁、埋头攻读诗书大不一样，他们活得快意潇洒。大口喝酒，大口吃肉，酒足饭饱之后架鹰跃马去远郊狩猎，那镶金的白玉马鞭一挥，尘烟就如雪花纷纷在空中飘舞。他们力挽弯弓如满月，箭无虚发，箭响枭落，一箭双雕。那高超的骑术箭技，连常年生活在草原上的人也不得不叹服，他们追随着射猎者，又不时快捷地向四周躲开去，生怕被箭风伤到。

整个草原都被一种游侠和战士的英雄气概所笼罩。就连李白这样一个老剑客，也不由得感慨万分：想他们那些老儒生，白头苦读终生，又有何用。在边地，倒比不了这些一字不识的游侠儿。

《行行且游猎篇》是李白此次幽州之行有感而作，他在诗中慨叹读书无用，倒不如边境游侠儿，可用自己精湛的武艺保家卫国，抵御外侮。

> 边城儿，生年不读一字书，但知游猎夸轻趫。
> 胡马秋肥宜白草，骑来蹑影何矜骄。
> 金鞭拂雪挥鸣鞘，半酣呼鹰出远郊。
> 弓弯满月不虚发，双鸧逆落连飞髇。
> 海边观者皆辟易，猛气英风振沙碛。
> 儒生不及游侠人，白首下帷复何益。

李白的游侠情结，自少年到暮年，浓烈不减。边地上那些手持弓箭跃马草原大漠的少年，让他想起了曾经的自己。

可惜，那样激动人心的场景也仅仅是边地一个小小的侧影而已。接下来的日子里，随着李白不断地走访深入，他看到的听到的，让他再也无法展露笑颜。

在街头一家大裁缝店里，李白意外地看到了大批的丝绸锦缎官服，还有数百个官帽，在长长的桌子上摆成一排。那样一座边地小城，何以制作那么多官帽官服？

李白问裁缝店的老板，老板意味深长地向门外瞟了一眼，笑而不答，低头继续忙碌。

门外，两名卫兵，各持一柄寒光闪闪的狼牙棒，满脸杀气。李白不再问。但他终究还是弄清楚了，原来，一场惊天大阴谋正在紧锣密鼓地酝酿着。在远离长安的北方边塞，这已经不是什么秘密了。

安禄山连新朝的官服官帽都在准备了，远在长安的唐玄宗却依然沉醉在歌舞升平之中，还视安禄山为心腹。数年来，安禄山打着为大唐保家卫国的幌子，不断招兵买马扩充军队，又以和平修好为借口，一次次挑起事端，与东北边境上的异族发生军事冲突。对于安禄山的嚣张，当地人也是敢怒不敢言，曾有人去朝中告密，结果被玄宗五花大绑交给安禄山本人处置了。

李白无法形容自己内心的悲愤之意，他只能借边塞思妇之口，把他所见的一切记录下来。那份记述从一个传说开始，传说在北国寒门之地，曾住着一条烛龙，它以目光为日月，张目是白昼，闭目是黑夜。可在这方荒寒之地，连日月之光都照不到，只有漫天遍地的北风怒号而来。雪花大如席，片片飘落在轩辕台上。

在这冰天雪地的严冬里，李白代言的那位思妇出现了，她不歌不笑，无心梳妆，整日愁眉不展，以泪洗面。她斜倚大门，望着来来往往的行人，只盼望着熟悉的身影某一天忽然出现。那是她的丈夫。丈夫到长城边打仗去了，那里的苦寒，让人闻之丧胆啊。她一次次回想起当初离别的场景，丈夫手提宝剑，转身大步而去，他说国家有难，他去救边。那个虎皮金柄的箭袋，里面装着一双白羽箭，一直挂在墙上。丈夫走后，她只得以目光无数次地抚摸它。

人已不存，要旧物何用啊？那天，思妇终于痛下决心，把箭袋从墙下取下来，投入了红红的炉火中，眼看着故人旧物一点点化为灰烬……

"黄河捧土尚可塞，北风雨雪恨难裁。"李白写下《北风行》的最后两句时，仿佛自己真的化身成那位绝望的思妇，他的泪，顺着面颊无声滑落。

此诗是李白借乐府古题创作的一首古诗，以一位北方妇女对战死边关的丈夫的思念与悲愤心情，揭露和抨击安禄山在北方制造民族纠纷，不断挑起战祸的罪行。诗中"燕山雪花大如席，片片吹落轩辕台"等句因其夸张、比喻之修辞的巧妙运用而广泛流传于后世，有人亦从中读出诗仙的浪漫主义情怀。殊不知，在诗人信笔挥洒、妙语惊人的背后，是李白对边境战争的无比憎恶，对遭受战争之苦的劳动人民的无限同情。

这样的安禄山，与李白心目中的守边英雄实在相去甚远。在为眼前所见痛惜震惊之时，他又不得不庆幸此次幽州之行，他与安禄山擦肩而过。现在，他只想速速转身，远离这是非之地。

此次幽州之行，多年后李白也在另一首诗《经乱离后，天恩流夜郎，忆旧游书怀赠江夏韦太守良宰》中提及了。彼时，安史之乱已经爆发，安禄山叛逆之罪已是铁定的事实。李白也一改自己的口风，他在诗中写道：

> 十月到幽州，戈铤若罗星。君王弃北海，扫地借长鲸。呼吸走百川，燕然可摧倾。心知不得语，却欲栖蓬、瀛。弯弧惧天狼，挟矢不敢张。揽涕黄金台，呼天哭昭王。

正如一些研究学者所说的那样，在这首诗里，李白隐去了当初投奔安禄山的初衷，把自己视为一位有先知先觉的英雄。他说当年幽州之行，他看到的是君王放弃了东北河北，安禄山像长鲸横行海洋，呼吸之间遍走百川，燕然山都似被他摧毁。那样的情景让满怀壮志的自己也害怕了，挟着弓箭却不敢开张。只能在曾经的黄金台上痛哭流涕，慨叹识才的燕昭王不再……

写此诗时，李白因入永王幕僚遭流放刚刚被赦，入狱、流放再遇赦免，可谓九死一生。为避开与安禄山曾有关系的嫌疑，以免再被扣上"乱党"的罪名，李白如此讳饰，也属情理之中吧。但读来总是感觉有些怪怪的。好在，瑕不掩瑜，人亦无完人，诗仙原本就是人，而非不食人间烟火的仙，何必苛刻。

南下宣城

天宝十一载（752）冬，李白满腹失望离开幽州，准备回梁园再另做打算。如同以往的旅行一样，李白在返程途中一路走一路游历，每到一处，总有朋友们的盛情款待。那些朋友中有文人骚客，也有一些在朝中做官的。从他们那里，大唐朝中的一些新闻旧事源源不断传入李白的耳中——朝廷内的争斗愈来愈烈，大唐的未来越来越凶险了。

这年冬天，宰相李林甫病故，杨国忠为左相，他的行径之恶劣比李林甫有过之而无不及。

李林甫为人奸诈残忍，落下个"口蜜腹剑"的恶名，但能在宰相位子上一坐19年，终究还是有他的过人之处——他深谙权谋之道，能较好地平衡派系之间的关系，也能较为妥善地处理大唐与邻国的关系。他与高力士、安禄山等内侍宠臣虽是明争暗斗，表面上却都还相安无事。

杨国忠则不同，尤其在面对安禄山时。两人虽没有多少文化，但都有独揽大权的野心，杨国忠一上台，就开始在玄宗面前大讲特讲安禄山的坏话——在这一点上，他倒是比较清醒的，他断定安禄山必反无疑。安禄山也不甘示弱，每每在玄宗面前哭诉表忠心。杨、安二人的斗争由暗转明，渐至白热化，玄宗哪一边都劝不下，只好睁只眼闭只眼权当看不见。

大约安禄山渐渐看清楚，虽然杨国忠是杨贵妃的堂兄，但二人并没什么血缘关系，于是他又开始在杨贵妃身上大做文章，为了讨贵妃欢心，他甘愿拜俯在她的脚下，口口声声称她为"干娘"。

安禄山在宫中闹得越来越不成样子，朝野内外人人皆知。

幽州之行，让李白彻底看清了安禄山的狼子野心，他知道安禄山

李白传

在皇上和贵妃面前的俯首称臣不过是一种假象。他试图让朋友们明白这个事实，可大家并不以为然。有些是不愿意相信，有些则是害怕惹祸上身。

李白无能为力，他决定泛舟五湖，归隐林下，独善其身以度余生。一首《远别离》，抒写诗人心中无限别情恨意，也似是留给大唐的一首挽歌：

> 远别离，古有皇、英之二女，乃在洞庭之南，潇湘之浦。海水直下万里深，谁人不言此离苦。日惨惨兮云冥冥，猩猩啼烟兮鬼啸雨，我纵言之将何补。皇穹窃恐不照余之忠诚，雷凭凭兮欲吼怒。尧、舜当之亦禅禹。君失臣兮龙为鱼，权归臣兮鼠变虎。或云：尧幽囚，舜野死。九疑联绵皆相似，重瞳孤坟竟何是。帝子泣兮绿云间，随风波兮去无还。恸哭兮远望，见苍梧之深山。苍梧山崩湘水绝，竹上之泪乃可灭。

诗借古代娥皇、女英二妃与舜帝生离死别的故事，表达远别离的悲哀，并从"尧幽囚""舜野死"的传说中，说明人君失权的后果。"君失臣兮龙为鱼，权归臣兮鼠变虎"，形象的比喻，将李白对大唐前途的忧虑表达得淋漓尽致。可忧虑又有何用？他一个见疏之人，欲言何补？李白的一片忠诚不懈，渗于字里行间，让人感动唏嘘。

天宝十二载（753）秋日，一封来自宣城的信再次勾起李白远游之意。信是时任宣城长史李昭寄来的，信中，李白的这位从弟（与李白同曾祖父）对宣城大赞特赞，热情邀请李白前往一游。

宣城为唐代宣州的郡治之所，古称宛陵、宣州，地处今安徽省东南部。宣州东临杭州、湖州，南倚黄山，宣城古城据陵阳山为城，枕双溪水为邑。境内敬亭山、水西山、龙须山等山峰峦叠翠，青弋江、水阳江两水相萦绕。尤其后来被李白多次收入诗中的敬亭山，横峙其间，山势蜿蜒回折，山间常年云遮雾绕，碧水潺潺，实在是一处极好的归隐之处。

不仅如此，宣城还是一处历史文化名城，江南的通都大邑。正如李昭在信中所言："宣州自古为名邑上郡，星分斗牛，地控荆吴，为天下之心腹，实江南之奥壤。既有山川之胜，又兼海陆之富……北望敬亭，崛起于川原之中，横峙若屏障，联绵三十余里，尤为一郡之雄秀。此高人逸士所必仰止而快登也！弟佐此郡，政清且闲。每登高斋，时游敬亭。望风怀想，能不依依？吾兄曷兴乎来！继余霞成绮之句，赋临风怀谢之章，舍兄其谁哉。"（胡阿祥《宣城之韩愈前史：江南奥壤，山水诗都》）

接到从弟李昭的邀请信，李白即匆匆踏上南下的征程。依旧从梁园出发，途中，因为有事，李白又折向曹南（今山东曹县），在那里停留数日。离别之时，当地官吏设宴为李白送行，李白赋一首《留别曹南群官之江南》，回赠诸公。

在这首诗中，李白再次回顾自己十年来走过的路，感慨万分。想自己十年前，满怀凌云之志入长安，曾给皇上献言上文，却极少被采纳。他不得不转身，挥手作别朝堂。到如今十年过去了，岁月蹉跎，镜中人已发如秋霜。宝剑闲闭在琉璃匣内，自去紫翠房炼丹。身上佩带道家豁落图，腰间垂挂仙人的虎鞶囊。曾想与仙人一起驾彩凤，遍游宇宙大荒，终究还是为这红尘种种所困，让他不忍心就此翱翔而去……

友情，亲情，爱情……世间种种，犹如道道绳索，牵绊着李白彻底遁世远游的心，这其中，最强大的一股力量还是来自朝廷，来自当今的君王。

及此北望君，相思泪成行。朝云落梦渚，瑶草空高唐。帝子隔洞庭，青枫满潇湘。怀归路绵邈，览古情凄凉。登岳眺百川，杳然万恨长。却恋峨眉去，弄景偶骑羊。

——《留别曹南群官之江南》

纵已决然转身，欲归卧云林之下，到底意难平。李白的这种矛盾，至死都不曾放下。在同时期所作的另一首诗《书情赠蔡舍人雄》中，李白将这种复杂难言的心情表现得更为明显。

深秋，宣城，秋风四起，黄叶飘飞，李白终于渡江而来。第一次踏足这座江南古城，李白就莫名喜欢上这里。虽无想象中的瑶花仙草，可这里气候温暖，山谷明丽秀美，重峦叠嶂环抱江城，独坐敬亭山，或者泛舟江上，看月亮的清辉和江水一起静静流淌，或者步入幽寺，与寺中和尚对坐清谈，也能暂把世间烦恼抛诸脑后。

李白此次前来宣城，大约是先来探一下前路，再决定要不要让家人一同搬来。短暂的羁留，李白自然也没什么事情可做，无非就是游山逛水，纵情诗酒。

李白仕途不显，诗名却盛，走到哪里，觥筹交错，光芒万丈。在宣城那样一个人文荟萃之地，自然更是日日诗酒，夜夜笙歌，当地官员纷纷向李白发出邀请。面对满桌的美味佳肴，李白却常是举箸难下。心事重重，脸上哪有真正开心的笑容。更多时候，李白倒愿意自己一个人四处走走，敬亭山是他最常去的地方。

有一次，李白独坐敬亭山山顶，忽然一阵带有异域风情的笛声随风而至。李白侧耳倾听，不觉间竟然听得泪流满面。那熟悉的旋律，那些远去的往事，又伴随着那凄凉的笛声从岁月深处飘来……

胡人吹玉笛，一半是秦声。

十月吴山晓，梅花落敬亭。

愁闻出塞曲，泪满逐臣缨。

却望长安道，空怀恋主情。

——《观胡人吹笛》

宣城虽好，李白仍然无法获得真正的内心安宁。他心中时时念着的，依旧是长安。

众鸟高飞尽，孤云独去闲。

相看两不厌，只有敬亭山。

——《独坐敬亭山》

又一日，李白于敬亭山独坐之时，写下了这首让敬亭山名扬四海的小诗。短短20字，却是字清意深，融入了诗人对世界与人生所独有的感知与理解。诗写山境，更写心境。了解了李白当年在宣城的心情，再来读这首诗，也许会体会到其中所道的那种彻骨的孤独感。

《江南通志》中说："敬亭山在宁国府城北十里，古名昭亭山，东临宛溪，南俯城闉，烟市风帆，极目如画。"

这座风景秀美的江南小山，早有南齐谢朓为它深情赋诗："兹山亘百里，合沓与云齐。"当年谢朓任宣城太守，曾有诗《游敬亭山》。但那首诗的知名度远不及李白后来所写的这首。

又因后世一些好事文人的无度加工想象，李白的《独坐敬亭山》竟然又衍生出一段绯闻故事。说当年李白与玉真公主一见钟情，玉真公主向兄长唐玄宗推荐了李白，才有了李白后来做翰林的经历。因为李白被赐金放还之事，玉真公主与玄宗大吵一通，并为之负气出家，到敬亭山静修。多年之后，李白依旧放不下旧情，追随而来……

这样的想象发挥，明显与事实不符。玉真公主晚年在王屋山修道，唐玄宗遵从妹妹心意，还在那里为她修了灵都宫。

在宣城，李白所面对的，只有那一座孤零零的山，还有那充斥天地间的巨大孤独……

一人一城，一山一楼

爱上一座城，因为一幢楼；爱上一幢楼，因为一个人。宣城之于李白的意义，不仅在于它的上郡大邑之风、山川之胜，还因为他对一个人的喜爱。这人就是南齐大诗人谢朓。

李白一生傲岸不羁，能让他从心底服气的诗人不多，谢朓就是其中一个，称他为之倾倒也不为过。李白一生读谢朓，也在有意无意间模仿谢朓，为谢朓写了十余首赞美诗，在不同的场合不同的时间，都不忘这位文学前辈。

"我吟谢朓诗上语，朔风飒飒吹飞雨。"（《酬殷明佐见赠五云裘歌》）酒席歌筵上与朋友举杯应酬，李白向朋友直抒他对谢朓诗的喜欢。

"月下沉吟久不归，古来相接眼中稀。解道澄江静如练，令人长忆谢玄晖。"（《金陵城西楼月下吟》）金陵城西楼月下，李白对月长叹，慨叹知音难得，并借谢朓之名句"余霞散成绮，澄江静如练"而成诗。

"纷纷江上雪，草草客中悲。明发新林浦，空吟谢朓诗。"（《新林浦阻风寄友人》）羁旅途中，风雪塞途，在一份清冷悲情之中，李白吟谢朓诗来打发无聊落寞的时光。

看吧，喜也谢朓，忧也谢朓，登山谢朓在山，渡江谢朓在船。谢脁像空气，充斥于李白的生命中。

难怪后人也频频慨叹，清王士祯《渔洋精华录》卷二《戏仿元遗山论诗绝句三十二首》其三云：青莲才笔九州横，六代淫哇总废声。白纻青山魂魄在，一生低首谢宣城。

谢脁让一生自负的李白如此低眉俯首，自然有原因。谢脁的诗，迷倒的不仅仅是诗仙李白。与他同时代的沈约也对他盛赞有加："二百年来无此诗也。"南朝梁武帝萧衍，与谢脁同年而生，被称为才子皇帝，他对谢脁诗的推崇更甚，曾对身边人说："三日不读谢脁诗，即觉口臭。"清人沈德潜《古诗源》则云："（谢脁）灵心秀口，每诵名句，渊然泠然，觉笔墨之中，笔墨之外，别有一段深情妙理。"刘熙载《艺概》道："谢元晖以情韵胜……语皆自然流出。"

《晚登三山还望京邑》为建武二年（495）谢脁赴宣城任太守途中所作，亦是被后世称道的一首代表作。

> 灞涘望长安，河阳视京县。
>
> 白日丽飞甍，参差皆可见。
>
> 余霞散成绮，澄江静如练。
>
> 喧鸟覆春洲，杂英满芳甸。
>
> 去矣方滞淫，怀哉罢欢宴。
>
> 佳期怅何许，泪下如流霰。
>
> 有情知望乡，谁能鬒不变？

谢脁山水诗依旧沿袭谢灵运山水诗程式，前半篇写景，色调绚烂纷繁、满目彩绘；后半篇抒情，单纯柔和，轻灵温婉。然而，在景物剪裁方面的功力，谢脁已远超前辈，诗风清丽，情韵自然，标志着山水诗在艺术上的成熟。

当然，谢朓山水诗也有短板，常常有佳景而缺乏刚健风力，有形象而缺远大理想志趣，由此而颇受后人诟病。难得的是李白扬其长，避其短，最终形成自己"清水出芙蓉，天然去雕饰"的独特诗风。

说谢朓，夸谢诗，说了这么多，谢朓到底是何方神圣，有何魅力，连诗仙李白也要为之折腰？

谢朓，字玄晖，河南太康人。史称谢朓少年好学，聪颖过人，入仕后曾任南齐诸王幕下的参军、功曹、文秘，后转任中书郎。建武二年（495）任宣城太守。在任期间，谢朓勤于郡治，关心农政，功民教士，是百姓心目中深深爱戴的"谢宣城"。不唯如此，在宣城任上，谢朓的诗歌创作也迎来了一个高峰。可惜谢朓在宣城仅待了两年时间，两年后，他奉命调离宣城回南京任尚书吏部郎，不久后即被陷入狱而死。

对于这位仅活了36岁的前朝诗人，李白爱到了骨子里。谢朓写过的诗，李白烂熟于心；谢朓生前走过的地方，三山、三桥、三亭、二岭，李白一一踏足追寻。那座矗立在宣城之北的谢朓楼，李白更是屡次登临。

谢朓任宣城太守，在郡城之北的陵阳山修建一楼，称"高斋"，谢朓在此办公，读书写作，不亦乐乎。《宣城县志》记载：谢朓"视事高斋，吟啸自若，而郡亦治"。至唐代，为纪念谢朓，重建此楼，因其在郡署之北，改称北望楼，亦称北楼。但人们仍然习惯称谢朓楼、谢公楼。

据统计，李白来宣城，为宣城写下82首诗，其中吟咏敬亭山和谢朓楼的就有20多首。

在宣城，李白属清闲一族，他的诗名足以为他换来一份从容富足的生活。每日里穿行于"鱼盐满市井，布帛如云烟"的街衢之间，领略着市井的烟火生活，也时常和朋友们到酒楼上大醉一场。这里不仅有李白的从弟李昭热情相待，还有他的从叔李云，结交于长安的旧友崔成甫崔侍御此时正遭贬黜,也在宣城。宣城太守宇文与李白也熟络。

有这些亲朋好友萦绕身边,李白的孤单感略减。畅游敬亭山,登临谢朓楼,吟诗作赋,饮酒唱和,日子过得倒也自在。到宣城后,李白也效仿谢朓,在敬亭山盖起了一座茅草屋,筑室而居。山间清风流岚相伴,仰头可见素白秋月,俯视可见青山城郭,不远处的溪水中鸳鹭成群,饮水啄食嬉戏水中……

"我家敬亭山,辄继谢公作。相去数百年,风期宛如昨。"虽与前辈相隔数百年,但眼下的风流快意,在李白眼中丝毫不逊色于当年的才子谢公。

秋游敬亭山,山中清景带来一份好心情,李白挥笔赋诗,写《游敬亭寄崔侍御》寄赠老友。在向老友夸赞敬亭山之美景时,当然不忘真诚安慰老友:老朋友你眼下虽处蹭蹬困顿之中,却如瑶台雪中之鹤,独立寒凉,下窥浮云,心寄高远。尽管世事如秋风萧瑟,令人尽尝世态之炎凉。但宝剑依然悬挂腰间,壮士不可轻慢。或许,终有一天,我们也会在高处相逢吧。

李白此语,是安慰朋友,更是安慰自己。

世间朋友,亦分多种:泛泛之交,一起喝酒吃肉,看似热情如火,一旦分手,如水过地皮湿,很快便相忘于江湖;患难之交,平日里也许并不热络,但彼此都深深记得,人生逆旅中,酒肉朋友不见了踪影,患难之交出现与你携手同行一程;生死之交,一生难得,一生之中,能遇上一个已是万分幸运。

在宣城,崔成甫崔侍御可算李白的患难之交。相似的处境,相同的志趣爱好,在两人之间搭起一座牢不可摧的友谊之桥。崔成甫现仅存的一首诗,是送给李白的《赠李十二》:"天外常求太白老,金陵捉得酒仙人。"两人关系的亲密,由此可见一斑。

崔成甫居宣城,与李白携手同游敬亭山,同登谢朓楼,赏山水清

李白传

234

景，发怀古之悠情，是家常便饭。某日，李白送客谢亭之北，正逢崔成甫纵酒醉归，于是二人并辔转身，戏弄着白马大笑着往敬亭北面的二小山而去。登高远眺，李白回鞭指向远处，所指之处，一轮红日正徐徐隐向西山后。那里正是秦地长安的方向。三千里路云和月，重新回去却比登天还难。一份相同的心事，李白不说，崔成甫亦能懂得。

《登敬亭北二小山，余时送客逢崔侍御，并登此地》是李白那天的日志：

> 送客谢亭北，逢君纵酒还。
>
> 屈盘戏白马，大笑上青山。
>
> 回鞭指长安，西日落秦关。
>
> 帝乡三千里，杳在碧云间。

青山绿水，笑颜开绽，长安旧事却是李白心上的一颗朱砂痣，碰不得。

往事不堪回首，就转身融入眼下的一山一水里。秋日宣城，宛然如画。李白信步登上谢朓北楼，但见陵阳山三峰秀挺，句溪和宛溪如同两面明镜环抱宣城，凤凰、济川两桥，横跨宛溪上下，如同落入人间的两道彩虹。视线再向远处，又见薄薄的寒烟自村落之间袅袅升腾而起，散落在绿橘苍梧之间……

> 江城如画里，山晚望晴空。
>
> 两水夹明镜，双桥落彩虹。
>
> 人烟寒橘柚，秋色老梧桐。
>
> 谁念北楼上，临风怀谢公。
>
> ——《秋登宣城谢朓北楼》

谢朓北楼上，李白临风怀谢公，即兴赋诗一首，有谢公诗之清丽遗风，更有一份彷徨苦闷与孤独无依深蕴其中。山水绚烂，又极清淡。寓清淡于绚烂，李白也堪称一位高级山水画圣手，画中有诗，诗中有画。

> 弃我去者，昨日之日不可留；
>
> 乱我心者，今日之日多烦忧。
>
> 长风万里送秋雁，对此可以酣高楼。
>
> 蓬莱文章建安骨，中间小谢又清发。
>
> 俱怀逸兴壮思飞，欲上青天览明月。
>
> 抽刀断水水更流，举杯消愁愁更愁。
>
> 人生在世不称意，明朝散发弄扁舟。
>
> 　　　　　　——《宣州谢朓楼饯别校书叔云》

　　李白族叔李云，时任监察御史，这年秋天出使东南，正好路过宣城，李白特在谢朓楼设宴为其饯行，写下此诗。

　　与一般离别诗不同，此诗并不直言离别，而是重笔抒发诗人怀才不遇的愤激之情，表达诗人对黑暗现实的强烈不满，对未来光明世界的执着追求。

　　此诗写烦忧苦闷，却不阴郁低沉，倒以其激越高昂的音调、朗朗上口的朴素语言而为后人所激赏。读李白此诗，不难体会出李白当时胸臆中强烈起伏的思想情感，恰如江河奔腾，波澜迭起；又如天马行空，神龙出海，艺术结构上已达豪放与自然的和谐统一。

　　谢朓楼，谢朓建，可真正让这座楼扬名后世的，恐怕还是他的后辈李白。尽管李白一生对谢朓膜拜有加，但从诗人的综合实力来讲，谢朓实在无法与李白相提并论。李白在宣城，为谢朓楼写下的这些

诗，成了谢朓和谢朓楼最佳的广告词，让这位南齐山水诗人光芒四射，亦让谢朓楼从此跻身江南"四大名楼"之列。晚唐诗人陆龟蒙在《怀宛陵旧游》一诗中，直言道"谢朓青山李白楼"，直接将"谢朓楼"称为"李白楼"。

再游江南

宣城的山水田园、秀美风光，曾让李白沉浸其中，暂时忘却身外烦恼。清澈如镜的双溪水，映照着陵阳峰、敬亭山的云来云去。李白也曾想过，要不要在这里终老，但终究是没下定这个决心。尤其是族叔李云的到来，更让李白明白了自己内心的真实想法，他做不到深居简出不问世事孤独终老。此时的大唐已处风雨飘摇之中，安禄山的大军正蠢蠢欲动，欲挥师西进。

天宝十三载（754）春，李白离开宣城，再游金陵。

春光融融中，江宁令杨利物于北湖（玄武湖）举办了一场官宴，热情款待李白。那天的宴会上，可谓群英荟萃、美女如云。幕僚英才，高朋满座，个个如同玉树临风；蛾眉皓首、明眸巧笑的美姬穿梭席间；画有鸟首的精美画船，倒映湖中，乐队的新曲新歌，听得人如痴如醉，吴侬软语和着红粉佳人的翩翩舞步，从日升到日落，直把江月摇碎……

眼前热烈欢乐的场景，让李白百感交集，他感激杨县令的盛情，又忍不住从心底升出一种孤独与虚无的感觉。这里曾经是前朝繁华的宫阙，如今却成了牛羊成群、渔樵出没的地方。人生短暂，抓住眼下的欢乐也许才是真。

李白频频向杨县令举杯：老杨啊，来，咱喝它个杯底朝天。

那次宴会上，李白照例赋诗相赠。《春日陪杨江宁及诸官，宴北湖感古作》，描写了一场华美的官宴，也让人窥视到热闹之外李白的寂寞与悲凉："古之帝宫苑，今乃人樵苏。感此劝一觞，愿君覆瓢壶。荣盛当作乐，无令后贤吁。"

短暂的热闹之后，是彻骨的孤寂。李白对抗孤寂的方式，是转身寻找下一处热闹。

五月，他离开金陵，复至扬州。

在扬州，他遇到了生命中另一位重要的友人，魏颢。

魏颢，博州摄城人，原名魏万，同中进士时改名为颢。魏颢颇有奇才，爱文好古，曾隐居王屋山，并自号"王屋山人"。他视李白为志同道合的密友，更视其为自己的精神导师。李白萍踪无定，魏颢不远千里相追随。

天宝十二载（753）秋，魏颢从王屋山出发，先过梁园，再到东鲁，均未见到李白。而后，魏颢一路南下，转向江东，至吴、越，又至姑苏，历经天台山、永嘉等地，直到次年五月，历时大半年，辗转跋涉三千多里长路，才得以与李白在扬州相见。

面对这个比自己年轻20多岁，满脸风尘，亦满脸喜色的年轻小友，李白被深深地打动了。魏颢见到他千里走单骑、踏破铁鞋追随到的李白，更是激动不已。他在后来的《李翰林集序》中曾如此描绘二人初见时李白留给他的印象，可谓刻骨铭心："眸子炯然，哆如饿虎，或时束带，风流蕴藉……"

虽相差20多岁，但李白直呼魏颢为兄弟。他们携手游遍扬州的角角落落，把酒放歌，似不尽兴，又一同前往金陵。

在金陵，魏颢写《金陵酬翰林谪仙子》一诗相赠，正是在那首诗中，后世读者了解了当年魏颢千里追星的故事，也才有了后来魏颢为李白整理诗集并作序：

颢平生自负，人或为狂，白相见泯合，有赠之作，谓余"尔后必著大名于天下，无忘老夫与明月奴"。因尽出其文，命颢为集。

——魏颢《李翰林集序》

李白一生赠朋友的诗不计其数，有些出于应酬，有些源自真情。有些朋友他一写再写，有些也仅留得只言片语。李白写给魏颢的诗，平生只一首——《送王屋山人魏万还王屋》，这是一首120行的长诗，是李白诗中少见的长篇之作，分量不轻。

长诗前有一小序：

王屋山人魏万，云自嵩、宋沿吴相访，数千里不遇。乘兴游台、越，经永嘉，观谢公石门。后于广陵相见。美其爱文好古，浪迹方外，因述其行而赠是诗。

开篇即赞美魏颢年少聪颖，爱文好古，再叙魏颢三千里相访，一路经历吴山越水的壮丽，结尾则表达了二人依依惜别之情。

············

身著日本裘，昂藏出风尘。

五月造我语，知非伧儜人。

相逢乐无限，水石日在眼。

徒干五诸侯，不致百金产。

吾友扬子云，弦歌播清芬。

虽为江宁宰，好与山公群。

乘兴但一行，且知我爱君。

君来几何时？仙台应有期。

东窗绿玉树，定长三五枝。

至今天坛人，当笑尔归迟。

我苦惜远别，茫然使心悲。

黄河若不断，白首长相思。

读李白此诗，魏颢超凡出世、爱古好游的名士风貌跃然纸上。读者跟随诗人一支思接千载、豪放飘逸的诗笔，尽情领略了吴山越水的壮观美丽。因此，也有人说，此诗是李白一生登山临水的真实记录，是赠人之作，亦可视为一篇山水诗作。

遗憾的是，当年李白在金陵交给魏颢的那些诗稿，后因安禄山叛乱事件章句荡尽、全部散佚。直到上元末（761），魏颢又在山西绛县偶然得之，大抵已是十丧其九。魏颢终赶在李白离世之前，完成朋友重托，将李白所遗诗稿编辑成集并深情为之作序，也算是不幸之中的万幸吧。此属后话。

金陵与魏颢作别之后，天宝十四载（755）夏季，李白受县丞之邀，又来到南陵。此次南陵行，李白多在五松山游览。《答杜秀才五松山见赠》《与南陵常赞府游五松山》《书怀赠南陵常赞府》均为此行中留下的诗作。

五松山，依江而立，因绝顶处生有古松而得名。《舆地纪胜》载："五松山，在铜陵县南，铜官西南，山旧有松，一本五枝，苍鳞老干，翠色参天。"

李白登临五松山时，正是炎炎夏日。山中风声萧瑟鸣于洞壑，流泉声响恰似三峡巨流。置身山中，如沐秋风秋雨，周身暑气顿消。与常赞府行走山中，想起谢安泛舟于沧海，乘长风独啸而还，其逸韵惊动海内，高情出于人间。李白真想效仿前辈，永久留在这山中的龙堂

精舍里修行啊。

此次南陵行，李白连写三首赠诗给常赞府。对一位小县丞如此厚待，也足见李白此时的窘迫与无助。他此次前来，也算是投贤而来，希望常赞府能明白他"兰幽香风远，松寒不改容"的决心。

李白这年已经55岁，仍旧是东游西荡，虽所到之处有常赞府这样的地方官友人热情相待，却难免有时也会饱饥不均。在五松山下，李白就曾遇到那样的尴尬，好在山下荀媪一家对他伸出援助之手，为李白提供住宿之地。

正是农家秋收大忙之际，邻家女子冒着秋寒夜露整夜都在春米。那忙碌的声音，声声敲击着李白的心，让他难以入眠。房主荀媪给李白端来热气腾腾的菰米饭，但看到盛得满满像月光一样皎洁的素盘，饥肠辘辘的李白却再三辞谢不忍进餐。他想起了接济韩信的漂母。眼下，荀媪一家的日子比当年的漂母过得还难啊。

我宿五松下，寂寥无所欢。

田家秋作苦，邻女夜春寒。

跪进雕胡饭，月光明素盘。

令人惭漂母，三谢不能餐。

——《宿五松山下荀媪家》

五松山下，李白目睹了农家的辛劳与贫苦，面对荀媪递来的米饭，实在不忍下咽。这只是大唐一个小小的角落，把目光探向远方，是让人更加愤怒不安的现实。

此时的大唐，大乱将至，天灾人祸频仍，已是民不聊生。就在前一年，天宝十三载（754）六月，杨国忠不计后果，一意孤行，命令剑南留后、侍御史李宓率兵七万，再攻南诏，结果唐军在西洱河全军覆没，李宓被擒。杨国忠为了掩其败迹，再增兵力讨伐，前后死伤近20万人，弄得天下怨声载道。

《旧唐书·韦见素传》曾载："天宝十三载秋，霖雨六十余日，京师庐舍垣墉颓毁殆尽，凡一十九坊污潦。"记录的正是天宝十三载的那场雨灾。

一场秋雨连绵六十日，庄稼霉烂，农夫绝收，长安城里房倒屋塌，粮价暴涨。

李白此时虽然远离长安，但朝廷内外的消息，总会通过不同的方式传来。而今五松山下农家的贫苦生活，更加证实了他的担忧。

在《书怀赠南陵常赞府》一诗中，李白感时伤世，一吐自己的担忧与愤慨之意：

君看我才能，何似鲁仲尼？大圣犹不遇，小儒安足悲。云南五月中，频丧渡泸师。毒草杀汉马，张兵夺秦旗。至今西二河，流血拥僵尸。将无七擒略，鲁女惜园葵。咸阳天下枢，累岁人不足。虽有数斗玉，不如一盘粟。赖得契宰衡，持钧慰风俗。自顾无所用，辞家方未归。霜惊壮士发，泪满逐臣衣。以此不安席，蹉跎身世违。终当灭卫谤，不受鲁人讥。

这是李白诗中少见的直击现实的力作之一，在诗中，他的笔锋直触云南战乱和关中灾情，字里行间满是对国事与黎民的担忧。正如他自己在诗中慨叹的那样，一介书生，人微言轻，再多的愤慨又有何用？也不过在诗里声讨一下，发发牢骚而已。世事混乱，浊者自浊，清者自清。总还要寻着光的方向，继续走下去。

李白传

第九章　暮年悲歌

缘愁似个长

在宣州境内，有一泾县，从南陵到泾县，骑马大约半天就到了。游罢南陵之后，李白又来到了这里。泾县县城西南百里之处，有著名的桃花潭，李白的一首诗让这个桃花潭流芳千古：

> 李白乘舟将欲行，忽闻岸上踏歌声。
>
> 桃花潭水深千尺，不及汪伦送我情。

这首《赠汪伦》是李白留给桃花潭最好的礼物，汪伦则演绎了一场千古浪漫的送别。汪伦，何方人士？有此殊荣，能在诗仙的诗中鲜活千年？

最普遍的说法是汪伦乃泾县一名寻常村民，家就住在桃花潭不远处。当年李白游桃花潭，久仰其名的汪伦热情招待了他，就有了后来的踏歌相送。

能欣赏李白诗歌，想出踏歌相送这种浪漫而深情的送别方式，汪伦即使是一村民，也绝非寻常村民。说他是泾县的一位名士，倒是更可信的一种推断。

身为名士，儒雅风流，汪伦爱李白诗，每每得之，咏之诵之，爱不释手。得知李白在宣城，他便急急修书盛情邀请李白到桃花潭一游。文人雅士的书信也有意思，你来言，我去语，简洁而不失风趣。

"先生好游乎？此处有十里桃花；先生爱饮乎？此地有万家酒店。"

汪伦此信，直点要害，也可见他对李白的了解之深。李白得信，似已闻到桃花潭畔漫天的桃花香和酒香，快马加鞭就赶赴泾县，直奔汪伦居处。想来李白在汪伦门前下马时，其脸上的失望不亚于今天千里打卡热门景点的现代人吧：此处景色，不过了了。

"此番前来，一是观赏十里桃花，二是酣尝万家酒香，此意难违，美意难却，然……"李白望向汪伦的笑眼里，有深深质疑，浅浅责备。汪伦早已备好，不急不慌道："桃花者，十里之外有桃花潭也，并无十里桃花；万家者，乃店主之姓也，并无万家酒店。"李白闻听此言，并不恼，反倒哈哈大笑："临桃花潭，饮万家酒，会汪伦豪士，此亦平生之快事。"言罢，二人拊掌大笑。

好一派名士风流做派。这自然也只能是小说家、野史家据二人的交情而杜撰的逸事传说。倒是方本耕先生的考证，更接近历史真相一些。方先生称：《全唐诗集注》中载，汪伦是唐天宝年间泾县境内新建村的一位"农人雅士"，当时正住在他的"新建汪氏别业"中。李白拜访汪伦，曾在他家墙壁上题诗两首，名为《过汪氏别业二首》。这两首诗，明万历和清乾隆、嘉庆《旌德县志》均有记载，清《旌德县志》记录更详细，言300多年后的宋神宗时，生活在新建村的汪氏后人，仍然珍藏着李白的诗作《赠汪伦》，并将此诗载入家谱。

畴昔未识君，知君好贤才。

随山起馆宇，凿石营池台。

星火五月中，景风从南来。

数枝石榴发，一支荷花开。

恨不当此时，相过醉金罍。

我行值木落，月苦清猿哀。

永夜达五更，吴歈送琼杯。

酒酣欲起舞，四座歌相催。

日出远海明，轩车且徘徊。

更游龙潭去，枕石拂莓苔。

——《过新建汪氏别业》（其二）

这首诗，应是李白在汪伦家寓居一段时间后，启程去桃花潭之前所写。将此诗与《赠汪伦》共读，李白当年的桃花潭之行就更加清晰了。

自天宝十二载（753）南下宣州，两年多以来李白一直在皖南苏南一带游荡，从宣州到金陵到广陵、南陵，萍踪浪迹，漂泊不定。天宝十四载（755）秋，李白溯江而上，抵秋浦。这应该是他第三次抵秋浦了。

秋浦，唐代池州郡属县，在今安徽贵池县西，因境内有秋浦水而得名，是唐代银和铜的产地之一。秋浦城北瞰长江，南望九华山，是池州州府所在地。在秋浦城西南七十里处，即为著名的风景胜地秋浦。秋浦四时景色旖旎，宛如潇湘洞庭。秋浦河两岸，遍布古迹，石城遗址、昭明钓台……李白来秋浦，正为访古赏景，也为排忧消愁。

李白在秋浦待了整整一个秋天。慢慢走，细细看，入眼有山水胜景，也有当地的风物人情。风景人情在诗人的心灵中酝酿发酵，化为汩汩而出的诗句。李白为秋浦写了70余首诗，其中以《秋浦歌十七首》最具代表性。

其一

秋浦长似秋，萧条使人愁。

客愁不可度，行上东大楼。

正西望长安，下见江水流。

寄言向江水，汝意忆侬不？

遥传一掬泪，为我达扬州。

其二

秋浦猿夜愁，黄山堪白头。

青溪非陇水，翻作断肠流。

欲去不得去，薄游成久游。

何年是归日，雨泪下孤舟。

秋浦一带多白猿，声声猿啼催人愁。纵览李白此时期写下的十七首秋浦歌，哀愁是其主旋律。清溪水上游的小黄山，因秋猿夜啼愁白了头；秋浦山川风景之美，堪比越州剡县和长沙潇湘，却让诗人"愁作秋浦客，强看秋浦花"；秋浦"千千石楠树，万万女贞林。山山白鹭满，涧涧白猿吟"，那满山的美好景物，终被声声猿啼击碎……

水急客舟疾，山花拂面香。景色愁人亦醉人。看景看累了时，李白的目光转向山间江畔的人。看素月倒映在碧水，白鹭在一轮明月下翩然起舞。采菱女婉转的歌声，在月光下隐隐传来，谁家田家郎，踩着歌声和月色回家……

那是一幅美的风俗画，会暂时挥却李白心上的忧愁。

在秋浦，李白走着看着，山水有清音，市井有烟火。他曾站在月夜下的银矿、铜矿前，为冶炼工人苍劲有力的劳动号子而血脉偾张："炉火照天地，红星乱紫烟。赧郎明月夜，歌曲动寒川。"这是中国古代诗歌中唯一一首献给冶炼工人的诗。

他也把赞赏送给秋浦江上捕鱼的田舍翁："秋浦田舍翁，采鱼水中宿。妻子张白鹇，结罝映深竹。"

秋浦山水间，曾经的诗仙正慢慢脱掉自己的仙羽，步步踩向厚重的大地。他的目光中少了年轻时代的狂放飘逸，平添了无限忧愁。白发如秋霜，蔓延侵占他的头颅，揽镜自照，李白发出一声沉而长的叹息："白发三千丈，缘愁似个长。"

他终究还是愁着。秋浦的秀丽风景、风物人情，遮不住他望向长安的目光。那目光里，是摇摇欲坠的大唐江山，是哀哀哭泣的苍生黎民，是年华向老、志不得展的自己。

把目光从秋浦愁眉紧锁的李白转向天宝十四载（755）的大唐，这一年，是大唐王朝由盛转衰的一个分水岭。安禄山蓄意为乱，步步紧逼。前一年三月，玄宗欲以安禄山为相，被杨国忠谏阻。是年二月，安禄山请番将代汉将，四月，又请以东京洛阳之兵益蓟门，逆谋之心昭然若揭。面对安禄山的要求，玄宗皆准。

天宝十四载秋冬时节，李白愁游秋浦，安禄山大军正在磨刀擦枪，为不久之后的那场大动乱作着精心的准备。玄宗呢，带着贴身侍卫与美人杨贵妃，浩浩荡荡向骊山进发……

世人皆已感觉到危机的临近，只有玄宗皇帝还在盛世的幻梦中飘飘欲仙……

这才是李白心中忧愁的最大根源吧。这份愁，铺天盖地，如影随形，让他无处闪躲。

从宣城到南陵，从南陵到秋浦，冬日，李白又从秋浦折回宣城。

回宣城，正值宣城新太守赵悦所造新亭落成，群僚贤集，献仪作颂，自是少不了的程序。李白也在被邀请之列，他写了《赵公西侯新亭颂》《赠宣城赵太守悦》相赠，并为赵悦代笔，写下了《为赵宣城与杨右相书》。正是这篇代笔，给李白的人生涂上一抹浓重的黑色，有人视其为李白一生的大败笔，言是李白两面人格中附势与媚俗人格的体现。

"伏惟相公，开张徽猷，寅亮天地。入夔龙之室，持造化之权。安石高枕，苍生是仰。"在李白的笔下，杨国忠成了美德照天地，才可定天下，能令上下高枕无忧，天下苍生共仰的圣人。那时，他哪里会想到，不久之后，他笔下的这位国家栋梁将会身首异处，倒在刀剑之下。

未来不可预测，杨国忠劣迹斑斑的过往，却是有目共睹的。李白写下这样的歌颂文字。实在找不到好的借口，为诗仙开脱。功过是非，自由后人说。

北上行

安禄山暗怀异志近十年，到最后专制三道，手握三镇军事大权。但唐玄宗确实待他太好了，他也不得不有所顾忌，想等皇上"晏驾"后再行动。无奈他与杨国忠的矛盾太深了，杨国忠频频在皇上面前进言，他们两个，到了水火不容、不共戴天的程度。只好提前反了。

天宝十四载（755）十一月，安禄山起兵于范阳。十五万大兵，皆是步骑精锐，他们从范阳出发，席卷河北各地。

唐玄宗登基40余年，海内承平日久，从上到下，奢靡之风日盛。大部分的军事力量，都调集到边境，内地多府库空虚，有建制而少兵员，有很多兵士甚至已经逃离。据称，当时州县府库中的兵器铠甲均

已生锈，乱起之后，临时招募的兵员，拉不开弓，拔不出剑，只能拿起棍棒抗击。

史料载安禄山大军渡过黄河逼近陈留，十几万铁骑扬起的烟尘把整个陈留城都罩住了，绵延数十里的队伍，震天动地的号角声与喊杀声，把守城的兵卒们吓得腿软手软，连武器都举不起来。陈留太守则直接开城门投降。入城之后，安禄山得知作为人质被押在长安的儿子安庆宗已被处斩，捶胸顿足，大哭一场，继而在城内大开杀戒，向城内列队相迎的官员与百姓举起了屠刀，他用陈留城内的一万生灵祭奠儿子。

两天之后，叛军又抵荥阳，将荥阳城团团围住。这一次，安禄山叛军更是没费吹灰之力，只在城四面猛擂了一通鼓，城墙上的士兵竟然纷纷"自坠如雨"。

如此情形之下，安禄山大军如入无人之境，势如破竹，所过州县，烟尘漫天，鼓声震地，当地太守县令，或望风而逃，或直接打开城门迎接。大片城池土地，不日之间就落入安禄山的叛军之手。

安禄山的叛军十一月初九发兵，消息传到玄宗耳中已是十一月十五日，他这才相信安禄山真的反了。匆忙之中，玄宗任命安西节度使封常清兼任范阳、平卢节度使，防守洛阳，又任命六皇子荣王李琬为元帅、高仙芝为副元帅东征。

安禄山的大军，在洛阳才遇到了一点像样的抵抗。由于当时的精锐唐军多在边地，还未能赶回，封常清、高仙芝只能带着临时拼凑起来的六万兵士，在洛阳奋起抵抗。

新募的兵士，多为市井子弟，没经过专门训练，又缺乏战斗经验。苦守六天，终因敌我力量太过悬殊，唐军还是被打败，洛阳失守。封常清、高仙芝退守潼关，准备守住这道天然的防线，再寻战机。

宣城与赵太守聚会之后，李白又至金陵。在金陵听到战乱消息，李白心急如焚。儿女尚在东鲁，妻子宗氏在宋城，战火离他们越来越近了。

远在宋城的妻子宗氏，也担心着李白。李白在金陵急得团团转，不知如何是好，她派的门人武谔已赶赴金陵，专程来看望李白。战乱之中，骑一匹白马扬鞭而来的武谔，在李白眼中无异于侠客要离。李白让武谔前往东鲁去接一双儿女，他自己回宋城接妻子。在《赠武十七谔》一诗的诗前有一小序，序言道："门人武谔，深于义者也。质木沉悍，慕要离之风，潜钓川海，不数数于世间事。闻中原作难，西来访余。余爱子伯禽在鲁，许将冒胡兵以致之，酒酣感激，援笔而赠。"

"狄犬吠清洛，天津成塞垣。"安禄山那狗子在洛阳一带狂吠，洛阳的天津桥已成为一座塞垣。从诗中来看，武谔来金陵时，洛阳形势已吃紧，但尚未沦陷。故李白有此语。

将子女托付给武谔之后，二人立即分头行动。武谔过淮海平原，前往东鲁，李白往宋城去接宗氏。

战乱之中，从幽州到朔方，已是战尘不断，烽火连天。一路上人心惶惶，随处可听到一些关于前方战事的可怕消息。数九严寒天，加重了李白北上行程的艰难程度。

从金陵往宋城，途中要翻越太行山。太行山上的履道盘曲险峻，悬崖峭壁，直凌苍天。李白虽然有马有车，但在那陡峭狭窄的山道上行走，马足常常为路边侧石所蹶，车轮则常为高冈所摧。山上风大，寒风从山顶和谷口呼啸着直冲下来，发狠一般撕扯着人的衣裳……真是步步惊险步步难。

路险，风恶，更有安禄山的铁骑大军，此时已如狂奔之鲸，侵入黄河，又像凿齿一样屯居于洛阳。前行无有归日，回首眷思故乡。冰天雪地中挣扎着一步一挪地前行，真是呼天天不应，叫地地不灵。那情景，如何是一个痛断肝肠能形容。

李白传

长途奔波跋涉，对50多岁的李白来说，的确不是一件容易事。身上的衣也破了，口干舌燥，想去找口水喝，却被洞谷所阻，试图找些木柴来烧，山高路远哪里容易找到。如此一来，饥渴之中只能饮露浆，还要时时防备山中磨牙掉尾的猛虎……

"叹此北上苦，停骖为之伤。何日王道平，开颜睹天光。"《北上行》是李白此次北上宋城途中写的，拟曹操乐府诗《苦寒行》而作。诗中记录的是他一路上的艰难辛苦，亦是安史之乱中人民背井离乡，辗转流亡的时代画图。

李白迎着寒风，忍饥受苦奔波在太行山中时，他的挚友杜甫，正在赴奉先探家的路上。无独有偶，杜甫亦在那趟行程中写下他的长篇《自京赴奉先县咏怀五百字》："岁暮百草零，疾风高冈裂。天衢阴峥嵘，客子中夜发。霜严衣带断，指直不得结。"杜诗中所言一路上的艰辛之状，与李白笔下所言何其相似："惨戚冰雪里，悲号绝中肠。尺布不掩体，皮肤剧枯桑。汲水涧谷阻，采薪陇坂长。猛虎又掉尾，磨牙皓秋霜。草木不可飡，饥饮零露浆。"

倾巢之下，焉有完卵？大唐王朝的两位顶尖诗人，在战乱之中尚且如此狼狈，何况寻常百姓家？

"忧端齐终南，澒洞不可掇。"面对突如其来的战乱和大唐未可测的前途，诗圣的忧伤高如终南山。诗仙也是满腹惴惴不安："何日王道平，开颜睹天光。"不知王师何时能扫平叛军，重见天日啊。

这个无解的难题，不唯诗圣、诗仙不知道，就连当时的大唐皇帝唐玄宗也傻眼了。在骊山温泉宫接到安禄山起兵造反的消息时，他还死活不相信。直到后来安禄山大军风卷残云般从范阳席卷向洛阳，玄宗才彻底慌了。

天宝十四载（755）十二月十三日，洛阳失守，高仙芝和封常清退守潼关，将散兵游勇重新又召集起来，依据潼关天险，日夜不停地挖出三道又深又宽的工事，在此死守。潼关天险，加上两位大将的严防死守，挡住了安禄山势如破竹的攻势。

据《新唐书·安禄山传》载："贼之据东京，见宫阙尊雄，锐情僭号，故兵久不西，而诸道兵得稍集。"安禄山攻下洛阳之后，为洛阳宫阙的宏伟繁华而吸引，西取长安的斗志锐减，竟然在洛阳组织了一帮厚颜无耻之徒上书劝进，他则"顺从天意民情"，在洛阳登基做了皇帝，国号"大燕"，他自称"雄武皇帝"，并改年号为"圣武元年"，时在天宝十五载（756）元月。

安禄山大肆在洛阳封王拜相，封置各郡官员。封常清和高仙芝坚守潼关，以守为攻，不断加强潼关的军事防御，安禄山乱军数次进攻都以失败告终，唐军和叛军，由此进入了相持阶段。安禄山乱军甚至萌生了退意。

如果按照这样的形势一直发展下去，唐军也许会慢慢扭转不利战局，大唐乃至后来的中国历史也许都会被改写。

无奈此时的唐玄宗已是色迷心窍、利令智昏，他听不进逆耳忠言，只信顺耳谗言。宦官监军边令诚说两位驻守潼关的大将与叛军互相勾结，所以才迟迟不与叛军交战。唐玄宗听不得这一句，竟然下令将高、封二将斩首示众。又派哥舒翰领军前往。

哥舒翰，曾是大唐守边一员猛将，深得百姓爱戴与拥护，百姓用一首民歌表达对他的赞美之情："北斗七星高，哥舒夜带刀。至今窥牧马，不敢过临洮。"然而，此时的哥舒翰已全无当年的勇猛与体力了，他偏瘫在床，病入膏肓，还是让人用担架抬着出征潼关，在潼关开始了与叛军长达半年之久的相持，直至潼关被破，哥舒翰被俘，最终死在安禄山监狱中。一代名将，落得如此悲凉下场。

再说李白，李白历尽千辛万苦，于天宝十五载（756）岁初赶到宋城，见到宗氏。随后，夫妇二人即踏上了南奔东窜的流亡之路。

奔亡道中

战乱之中，东奔西逃，流离失所，是百姓们共同的命运。诗仙从高高的浪漫主义云端跌入凡间，混迹于破衣烂衫的民众中间，与他们经受着同样的恐惧与无助。所不同者，百姓凄厉呼号，大声疾呼大唐皇上拯救他们于水火，李白选择了沉默。号而无用，便不再号。诗人的武器，只有手中一支诗笔。漫天思绪，从古至今，化成一条悲愤交加、浪涛波滚的情感之河，从其笔下流出。

想那苏武昔年被放逐到荒无人烟的北方，含羞忍辱为匈奴人牧羊；田横在亡国后与其徒众五百余人，逃亡到海岛。而今的自己，与他们又有何异？关塞重重，交通被战火阻断，何时得以重返家园？又想起后汉的崔亭伯，因为官场的不得意而辞官归隐，今又在何方？李陵败降匈奴，最终老死他乡。抚今追昔，怎不令人愁深似海。看看那走在路上的中原人，有很多已换上了胡装。

李白和宗氏急匆匆奔走在逃亡的路上，脚步疾如风，一颗心亦如荡于狂澜中的舟子，七上八下，没个安歇时候。古往今来的贤人名士，齐齐奔来李白心中。自古圣贤皆寂寞，高处不胜寒啊。李白为他们的命运叹息，也总是不由自主由此及彼，想到自己。

鲁仲连谈笑之间，一箭退秦军，那份从容与气魄是他李白永远羡慕不来的。不是他才不如鲁仲连，而是那些手握权柄的权贵们疏远他，让他无法把那支退敌的箭射出去……

纵如此，他仍然坚信终有一日，他会把那支箭射出，尽管眼下中原沦陷，函谷关已成玉门关；尽管收复失地遥遥无期，自己不知何年何月再进长安；尽管洛水已变成了易水，嵩山已被视作了燕山。沿途行人，满面都是塞外风沙，中原人也开始操着羌胡的语调。还是莫学失守社稷的吴君老臣申包胥吧，终日恸哭，哭得两鬓斑白又有什么用处？

唐天宝十四载（755）十一月至天宝十五载（756）春，大唐王朝狼烟四起，战火弥漫，百姓四处逃亡，天下苍生涂炭。李白夫妇没能躲过那场战乱，亦夹杂在出逃的百姓队伍当中。

在路上，李白目睹百姓在战乱中背井离乡、流离失所的凄惨，目睹了叛军的暴行，他以满怀伤感与悲愤的诗笔记录下当时的社会图景，写下了《奔亡道中五首》。

从这些诗中，可约略知道李白夫妇当年的行迹，他们从洛阳西奔潼关，上华山，又于次年春下山东奔江南。

> 森森望湖水，青青芦叶齐。
>
> 归心落何处，日没大江西。
>
> 歇马傍春草，欲行远道迷。
>
> 谁忍子规鸟，连声向我啼。
>
> ——《奔亡道中五首》（其五）

漫长而艰辛的长途跋涉之后，李白和宗氏来到了湖水浩渺、草长莺飞的江南。此时已是春回大地，水畔芦叶新发，春草嫩绿。乍一来到这满眼生机的江南，夫妇两个忍不住在这岸边绿草地上稍作停留。却也是忧思重重：回望故园，山水茫茫，故园何处？大江之西，一轮红日正渐渐隐去，耳畔杜鹃声声凄苦……

断肠人，在天涯。

天宝十五载（756）春，李白来到当涂。其时，民间正疯传玄宗将御驾亲征、讨伐安禄山的消息。李白闻听此讯，大喜，其《春于姑熟送赵四流炎方序》中称："然自吴瞻秦，日见喜气。上当攫玉弩，摧狼

李白传

狐，洗清天地，雷雨必作。冀白日回照，丹心可明。"

玄宗将御驾亲征的消息，穿云破雾而来，让远在江南的李白，似已看到了大唐的振兴之象。若玄宗亲执玉弩，必能力摧安禄山等狼狐之辈，从而使天下清泰，海内升平。

可惜李白的诗序墨迹未干，就传来唐军节节败退、安禄山洛阳称帝的坏消息，局势持续恶化，李白只能再携宗氏，从当涂重返宣城，准备从那里避乱剡中。

暮春时节，杨花飘飞似雪，笼罩了宣城，宣城崔县令崔钦设宴款待李白。他与李白一向交好，就在前一年，李白为宣城赵太守新亭建成大唱颂歌，其间就曾提到"宣城令崔钦"，又有《江上答崔宣城》一诗相赠。

那天，崔县令倾尽热情，奉上最高的待客规格。珍味佳肴，美酒飘香。紫玉笛声清亮，直上云霄。面对朋友的盛情，李白的心中却是五味杂陈，时而沉痛悲愤，时而轻松明快。

席间，他吟《经乱后将避地剡中，留赠崔宣城》：

中原走豺虎，烈火焚宗庙。

太白昼经天，颓阳掩馀照。

王城皆荡覆，世路成奔峭。

四海望长安，颦眉寡西笑。

苍生疑落叶，白骨空相吊。

连兵似雪山，破敌谁能料？

我垂北溟翼，且学南山豹。

中原大地战火纷起，乱军如凶猛的豺狼虎豹，王城倾荡，宗庙被焚，百姓苍生如落叶飘零，白骨累累相互凭吊。百姓们苦苦依赖的大唐军队，却如从风之靡，不堪一击。此种情形之下，李白这只满腔凌云之志的大鹏，也不得不垂下骄傲的羽翼，他准备学那爱惜毛色的南山玄豹，隐于雾雨之中，远离伤害。

李白选择的避乱之地，是水清石妙的越中剡溪。那里的山光水色、田园风情，李白不陌生，昔年他曾不止一次前往。

久在樊笼里，复得归自然。李白欲效陶渊明，再不去为区区五斗米折腰。

于宣城告别崔宣城去剡中，过溧阳，李白竟意外遇上了大书法家张旭，惊喜万分。溧阳酒楼上，推杯换盏，喝着聊着。楼前杨花纷飞，入眼越发使人惆怅。酒筵上，绿眼的胡儿侍立旁边吹着玉笛，美丽的歌姬在唱着吴歌《白纻》……

大丈夫相见，原本应举杯尽欢，宰牛擂鼓大会众宾的。眼前，一对老友似乎都难提那样的兴致。

旌旗缤纷两河道，战鼓惊山欲倾倒。

秦人半作燕地囚，胡马翻衔洛阳草。

一输一失关下兵，朝降夕叛幽、蓟城。

巨鳌未斩海水动，鱼龙奔走安得宁。

颇似楚汉时，翻覆无定止。

——《猛虎行》

安禄山这只翻江倒海的巨鳌，搅动大唐一池静水，朝野上下君臣百姓为此奔走不暇，这种情形，与当时楚汉相争时何其相似啊。

《猛虎行》，是李白赴剡中途中赠给书法家张旭的诗作，诗中有对安禄山攻占东都洛阳、劫掠中原暴行的痛恨，亦有眼见山河破碎、社稷危亡、生灵涂炭的忧心如焚。诗的后半部分，借张良和韩信未遇之

李白传

事，抒发自己身遭乱世，不为统治者任用，空有满腹报国之志，却不得不随着逃难的人群"窜身南国避胡尘"的感慨。

"丈夫相见且为乐，槌牛挝鼓会众宾。我从此去钓东海，得鱼笑寄情相亲。"李白虽被后世称为浪漫主义诗仙，但他亦有接地气之时。他总有即刻从地上飞升起来的本领。在与朋友的歌席酒筵上，前一刻他可能痛哭流涕沉痛万分，下一刻他就破涕为笑像个快乐的孩子。畅想得道成仙闲钓碧波，举杯痛饮仰天大笑……故而他的诗，虽拟古题，却完全不受古乐府的传统束缚，句式也彻底发生变化，形成李白式的歌行体。

在溧阳，李白另有《扶风豪士歌》，可与《猛虎行》相互参照吟读。

"扶风豪士"，据资料称是籍贯扶风的溧阳县主簿，名叫窦嘉宾，李白在《溧阳濑水贞义女碑铭》中提到过溧阳"主簿扶风窦嘉宾"，其人性情豪爽好客，因此，李白称他为"豪士"。李白当时避难而来，受到盛情款待，为了表示感谢，也借此抒怀，即席写成此诗。

此诗与《猛虎行》诗意颇相似，前半部分写安史之乱带来的灾难动荡："洛阳三月飞胡沙，洛阳城中人怨嗟。天津流水波赤血，白骨相撑如乱麻。我亦东奔向吴国，浮云四塞道路赊。"后半部分主要写扶风豪士的热情豪爽："扶风豪士天下奇，意气相倾山可移。作人不倚将军势，饮酒岂顾尚书期。雕盘绮食会众客，吴歌赵舞香风吹。"

豪爽人遇豪爽人，雕盘绮食，吴歌赵舞，香风弥漫。今朝有酒今朝醉吧。

"虎伏避胡尘，渔歌游海滨。"从李白的《赠友人三首》诗中可知，在天宝十五载（756）夏日，且行且游且吟的李白，终于抵达剡中。

入永王幕

　　天宝十五载（756）夏，潼关失守，玄宗带着杨贵妃一行出逃西蜀，至马嵬坡，著名的"马嵬坡事变"发生了。之后，大唐江山易主，太子李亨擅自在灵武即位，即为后来的肃宗。

　　彼时的李白，正与妻子避乱剡中。听到潼关失守、玄宗西逃的消息，李白无比震惊与伤心。又听说安禄山的军队节节胜利，可能很快就会打到金陵，越地也不再安全，李白不得不再次启程。想来想去，感觉庐山应还算是安全之地——叛军不太可能到那样一个险绝之地吧。

　　至德元载（756）秋，李白携妻子宗氏前往庐山。在庐山五老峰的屏风叠搭建起一座草堂，暂时栖身其中。李白此前曾多次前往庐山，但这一次住得最久，大约有半年之久。在此隐居期间，他曾写给故友王判官一首《赠王判官，时余归隐居庐山屏风叠》。

昔别黄鹤楼，蹉跎淮海秋。

俱飘零落叶，各散洞庭流。

中年不相见，蹭蹬游吴越。

何处我思君？天台绿萝月。

会稽风月好，却绕剡溪回。

云山海上出，人物镜中来。

一度浙江北，十年醉楚台。

荆门倒屈宋，梁苑倾邹枚。

苦笑我夸诞，知音安在哉？

大盗割鸿沟，如风扫秋叶。

李白传

> 吾非济代人，且隐屏风叠。
>
> 中夜天中望，忆君思见君。
>
> 明朝拂衣去，永与海鸥群。

在这首诗中，李白实际上是对自己的前半生做了一个总结，也再一次表达了自己在国家危难之秋却无能为力的悲愤失望情绪。

归隐林泉，与鸥鸟相伴，是永远悬挂在明天的梦。李白纵然此时已年过半百，但心中仍放不下济世报国之梦想。也正是这样的梦想，最终引领他一步步踏上那条危险的路。

永王李璘，唐玄宗第十六子，原本只是王室里的一名贵公子，如果没有安史之乱，他也许会像其他王子一样，富贵清闲过一生。然而，他的命运，同大唐王朝的命运一样，被那一场突如其来的叛乱改变了方向……

天宝十四载（755）十一月，安史之乱爆发，玄宗在西逃途中下"制置"之诏。

天宝十五载（756）七月十二日，李亨在灵武的南门城楼，举行了简单的登基仪式，自行宣布登基，正式改年号为至德，且将当年改为至德元载。

七月十五日，玄宗至汉中郡，听从房琯建议，下出分置的制诏，也就是史书所谓"制置"，《资治通鉴》载"制置"之诏曰：

> 以太子亨充天下兵马元帅，领朔方、河东、河北、平卢节度都使，南取长安、洛阳。以御史中丞裴冕兼左庶子，陇西郡司马刘秩试守右庶子；永王璘充山南东道、岭南、黔中、江南西道节度都使，以少府监窦绍为之副，长沙太守李岘为都副大使；盛王琦充广陵大都督，领江南东路及淮南、河南等路节度使……丰王

珙充武威都督，仍领河西、陇右、安西、北庭等路节度使……

——《资治通鉴卷第二百一十八·唐纪三十四》

不得不叹服，玄宗纵然做了逃跑帝王，却也能做到临危不乱。若按他的部署，由太子李亨负责收复黄河流域失地，永王李璘负责长江流域的经营，纵李亨在北方受阻不顺，至少也还可以偏安江南。另外，盛王李琦、丰王李珙彼时随侍玄宗左右，盛王李琦充广陵大都督，领江南东路及淮南、河南等路节度使，其领地亦在永王的势力范围之内。

司空图在《房中尉汉中》诗中曾自注言："禄山初见分镇诏书，拊膺叹曰：'吾不得天下矣'。"足见玄宗当时的宏图大略。

太子李亨和永王李璘，一北一南，各守一方。失此仍有彼，大唐仍然是李家的天下。无奈两个儿子都没按玄宗的安排来。太子李亨叛逆在先，没等"制置"之诏抵达就已自行宣布登基。这对永王李璘来说不能不是个刺激。依此"制置"之诏来看，玄宗皇帝给他的权力并不比给太子李亨的更少：李璘被任命为山南东道、岭南、黔中、江南西道四道节度使，外加江陵郡大都督，其势力范围涵盖整个富庶的江南地区，连玄宗西逃的蜀地也包括其中。

自古皇宫内苑，政治争斗连绵不绝。权势面前，父子相争，兄弟手足相残。玄宗晚年，要面对的不只是国破之恨，更有家亡之痛。外有安史之乱军践踏大唐江山，内又有李亨李璘兄弟俩相继起兵，互相残杀。曾经的血脉亲情，在战乱中荡然无存。

李璘是唐肃宗的异母弟弟，其母为郭顺仪。他比李亨小九岁，又因生母早逝，故而得到了太子李亨的格外眷顾。《资治通鉴》载："永王璘，幼失母，为上所鞠养，常抱之以眠。"

也许，正为这层原因，后来李亨才越加狠辣。爱之愈切，恨之愈

李白传

深吧。

至德元载（756）九月，永王镇江陵。此时，他原本应该为朝廷修筑江淮防线，防止安史之乱的战火向江南蔓延。然而，他所做的，完全出人意料，尤其出乎其皇兄李亨的料想。

> 璘领四道节度都使，镇江陵。时江、淮租赋山积于江陵，璘召募勇士数万人，日费巨万。璘生长深宫，不更人事，子襄城王塴，有勇力，好兵，有薛镠等为之谋主，以为今天下大乱，惟南方完富，璘握四道兵，封疆数千里，宜据金陵，保有江表，如东晋故事。
>
> ——《资治通鉴卷第二百一十九·唐纪三十五》

李璘镇江陵之后，即迅速在江陵和江夏地区集结兵力，招募数万人扩充军队，以李台卿和韦子春为谋臣，以季广深、浑惟明为大将，沿江东下直趋广陵。正因此举，史书中统一口径，将李璘视为唐王室的叛逆之徒。

郭沫若对此持有异议，他认为，实际上李亨当时是同两个方面争夺天下，一个方面是同安禄山、史思明争，另一个方面是同"圣皇"和"圣皇诸子"之间争。又言史官们偏袒李亨朝廷，而以李璘为叛逆。其实真正违背父命的是李亨而不是李璘。大有为永王李璘叫屈之意。

李璘起兵江南，到底是因为江南富庶让他起了称霸夺权之心，还是因为哥哥李亨的违诏之举让他愤而起兵，不得而知。但不管其初衷如何，从李璘后来的表现来看，他难逃谋逆叛乱之嫌。

肃宗趁乱自行登基做了皇上，名不正，言不顺，心底原本就虚。他最怕的就是诸王不服，进而夺权。永王李璘又手握军政大权，他的存在，无疑成了肃宗心头大患。听闻李璘在江南招兵买马，迅速集结兵力的消息，肃宗也立即筹划，欲剿灭李璘集团。

李家兄弟为皇权明争暗斗，各自磨刀霍霍之际，李白正在庐山五老峰下屏风叠读书堂中读书赏景。虽忧心忡忡，但到底还是远离战乱，山中岁月，日日山花鸟鸣相伴，明月清风相随，倒也清静自在。

那样的静好生活，却在至德二载（757）春日的某一天戛然而止。

那天，一个叫韦子春的男人在庐山找到了李白。他是来邀请李白加入永王阵营的。

当看到韦子春出现在自家门外，李白就已明白，该来的还是来了。年前他就收到过永王李璘召之入幕的书信数封。他一直在犹豫观望。这一次，永王李璘派其最得力的助手韦子春亲赴庐山，来请李白出山。

韦子春，世家子弟，玄宗开元中，以勇力名闻天下。天宝中，官至著作郎。天宝八载（749），他为李林甫所陷害，贬为端溪尉。安史之乱爆发后，他居于襄阳，后加入永王李璘幕中，成为永王倚重的谋主。永王兵败，韦子春被诛。尚属后话。

此时的韦子春，正是雄心万丈，准备与永王李璘共谋大业。永王李璘自是他心目中的明主。谈起国家大事，韦子春滔滔不绝，说起合纵连横的霸略王道，更是精彩纷呈。他说自己，更劝李白。曾经身为国子监秘书的他，宁可退隐故乡，也不留恋那份虚度生涯的官僚生活。可风云际会，当新的机会来临之际，他也可以放弃悠闲的田园生活，重返官场……

尽管有妻子宗氏在身侧频频示意，让李白拒绝，李白还是动心了。乱世正是英雄建功立业之时。

韦子春初访庐山，李白虽然没有明确答应出山，但从其《赠韦秘书子春》诗作的最后一句，其心思已明白如话："终与安社稷，功成去

五湖。"

功成身退，泛舟五湖。此时的李白，丝毫没有意识到自己将置身于一个危险的政治旋涡，那个旋涡足以把他这个小小的文人吞没。他满脑子都只有种种胜利的壮观图景。

妻子宗氏倒比他清醒得多，她温言相劝：她从不要什么荣华富贵，只希望丈夫能陪她白首偕老，两人在山中静静地修道……

妻子的话，并没起作用。李白认为，永王也是玄宗的儿子，帮助永王就是为李唐王朝效忠服务，也是他实现济世之志的正当之路。韦子春紧追不舍二上、三上庐山，他给李白带来了不菲的"五百金"，李白拒而不受，他又给李白捎来永王的亲笔信，这封信却让李白感动了。他想起了当年的刘备，三顾茅庐请诸葛亮出山。

至德二载（757）年初，李白别宗氏，下庐山入永王幕府。与宗氏离别之际，李白有豪迈，更有满腹的伤感。《别内赴征三首》，可知李白此时的复杂心情。

其一

王命三征去未还，明朝离别出吴关。

白玉高楼看不见，相思须上望夫山。

其二

出门妻子强牵衣，问我西行几日归。

归时倘佩黄金印，莫见苏秦不下机。

其三

翡翠为楼金作梯，谁人独宿倚门啼。

夜坐寒灯连晓月，行行泪尽楚关西。

永王前两次来请李白，李白均未前去。这一次，他下决心去了。宗氏多日的苦劝挽留终成空，临别只能再牵衣强问：这次西去，什么时候才能还家？

何时还家？李白也未知。他只能强颜欢笑，打趣妻子：想念我的时候，就去高高的望夫山上去。如果到时我还家，佩带着宰相的黄金印章，你会不会装作不认识我，连纺机都不下……

"王命崇重，大总元戎，辟书三至，人轻礼重。严期迫切，难以固辞，扶力一行，前观进退。"在《与贾少公书》中，李白向朋友讲述自己难却盛情。从此书信中知，纵然李白一向以安邦治国、拯救苍生为己任，但面对如此乱世，他亦无法预料此行是凶是吉，也只能走一步，看一步。可惜在时代的巨大洪流面前，李白亦不过一叶微不足道的小舟，投身其中，便再无自主沉浮之力，只能任其挟裹，随波逐流……

永王璘案

安禄山自起兵以来，越发沉溺于享乐，健康状况也每况愈下，后来竟至目昏不复睹物。加之病疽，他性情越发暴躁无常。左右陪侍之人，稍有不如他意者，就要受捶挞之苦甚或有掉脑袋的危险。一直陪在他身边的内侍严庄和李猪儿日日如履薄冰，尤其李猪儿，被鞭挞尤多，对安禄山的憎恨之意也越积越深。至德二载（757）正月，二人伙同急于夺位的安禄山之子安庆绪，一不做二不休，趁安禄山夜深熟睡之际，几刀下去把安禄山杀了。随后安庆绪即帝位。

平叛形势正在向着有利于唐廷的方向发展，却不料李氏王朝又后院起火——兄弟两个斗起来了。

是年正月，李白出庐山，进入永王幕。

为了迎接李白的到来，永王在一只华丽的楼船上大摆筵席，这让李白受宠若惊，也把先前存于心中的疑虑彻底扫清了。

永王这年37岁，正是年富力强之时，手握军政大权，受朝廷重托负责守卫大唐王朝的半壁江山。再看他手下那支庞大的水军部队，军旗漫卷，此起彼伏如大海万丈波涛；武器林列，寒光闪闪似江上的云烟。一个人指挥着这百万大军，张弛聚散，何等威严。

李白眼之所观，耳之所闻，皆让他兴奋。那些陪侍的御史们，皆着锦衣绣袍，个个春风满面。他们久仰李白大名，更知李白是永王请来的贵客。席间，他们频频向李白举杯，争相与李白讨论兵书兵事。

酒不醉人人自醉，恍惚中李白似乎登上了昔日的黄金台，谒见了紫霞中的神仙……

…………

> 卷身编蓬下，冥机四十年。
>
> 宁知草间人，腰下有龙泉。
>
> 浮云在一决，誓欲清幽燕。
>
> 愿与四座公，静谈金匮篇。
>
> 齐心戴朝恩，不惜微躯捐。
>
> 所冀旄头灭，功成追鲁连。

在那天的欢迎宴会上，李白挥笔写下一首《在水军宴赠幕府诸侍御》，表达自己渴望在安史之乱中建功立业、为国奉献的决心。

从此诗来看，此时的李白仍是斗志满怀，对永王充满信任，丝毫不疑，对未来更是充满自信。他相信，自己隐于民间40年，现在终于迎来展翅高飞的最好时机。

只是他们并不知此时的大唐皇上，早已不再是创下开元盛世的唐玄宗，而是违背父命皇命自登皇位的肃宗李亨。李亨借战乱中父皇西逃之际，轻松攫取皇位，又在紧锣密鼓地部署下一步的行动。闻听李璘在江南的行动，肃宗先礼后兵：

> 上闻之，敕璘归觐于蜀，璘不从。江陵长史李岘辞疾赴行在，上召高适与之谋，适陈江东利害，且言璘必败之状。十二月，置淮南节度使，领广陵等十二郡，以适为之；置淮南西道节度使，领汝南等五郡，以来瑱为之；使与江东节度使韦陟共图璘。
>
> ——《资治通鉴卷第二百一十九·唐纪三十五》

肃宗既已做了皇上，玄宗的"制置"诏就变成了一张废纸。肃宗重新任了淮南、广陵的官员，准备将永王军队一举消灭于萌芽之中。

可叹此时身在江南的永王和李白，对此都一无所知。

更让李白想不到的是，此次镇压永王、视永王为叛逆的征讨战中，主要将帅是高适。这位昔日与他和杜甫同游同吟，在梁园留下无限美好记忆的老友，已决然地站到了他的对立面。

盛大的欢迎宴会之后，李白即随永王的水军出征东巡，直下浔阳。正是在此次东巡过程中，李白写下了《永王东巡歌十一首》。这些诗，很明显是在为永王歌功颂德。在诗中，他称永王为"帝子"和"贤王"，他幻想着这位贤王出征后，定能一举摧毁安禄山大军，一直打到长安去，在长安向天子致敬……

都说李白是一个天真的诗人，成人的天真在某种意义上也可说是迟钝。李白参政议政的热情满怀，在政治上的敏感度有时却低得吓人。看他在《永王东巡歌十一首》中如何写：

> 永王正月东出师，天子遥分龙虎旗。
>
> 楼船一举风波静，江汉翻为雁鹜池。

　　这是《永王东巡歌》组诗中的第一首，表明李白对未来形势乐观，也正是这份乐观暴露了李白政治上的糊涂。

　　"天子遥分龙虎旗"，龙虎旗，皇权的象征。在李白看来，玄宗入蜀途中的"制置"诏就是将皇权"遥分"，他哪里知道，自古权力的巅峰，岂容二虎安卧。已做了大唐皇帝的肃宗怎会安心与永王共享皇权？

　　第二首，李白写自己：

> 三川北虏乱如麻，四海南奔似永嘉。
>
> 但用东山谢安石，为君谈笑净胡沙。

　　晋怀帝永嘉五年（311），刘曜陷洛阳，王公士庶死者三万余人，中原衣冠之族相率南奔，避乱江左。今天的安史之乱，叛军如乱麻，侵占河南河、洛、伊三川，正与昔日永嘉之乱有相似之处。李白我也恰如东山谢安石，谈笑之间，便可让胡尘灰飞烟灭。

　　李白的自信，源自其对政治局势的误判，也源自他对自己能力的误判。诗里的豪言壮语，如同小儿戏言。

　　组诗第九首，后世争议颇多，有人疑为伪作。

> 祖龙浮海不成桥，汉武寻阳空射蛟。
>
> 我王楼舰轻秦汉，却似文皇欲渡辽。

　　祖龙，秦始皇也。当年秦始皇想浮海却造桥不成，汉武帝在寻阳射蛟也是空忙一场，倒是我家贤王，楼舰长驱为平叛而来，其举真可轻秦、汉，最似太宗文皇帝渡海伐辽。

萧士赟曰：合十一篇观之，此篇用事非伦，句调鄙俗，伪赝无疑，识者必能辨之。

郭沫若《李白与杜甫》一书，有着严重的扬李抑杜倾向，他读此诗，大约也读出了其中的不对劲："这里把永王比作唐太宗，而且超过了秦皇汉武，比拟得不伦不类……"如此"不伦不类"的诗作，肯定不会出自李白手下，故而郭沫若以很肯定的语气为此诗下了最后结论："前人以为伪作，是毫无疑问的。"

前人的怀疑，也只是怀疑，在没有确凿的证据证明此诗的原创作者非李白之前，单凭对其内容的分析就妄下结论，总是有失严谨。其实，纵读其余十首诗，看诗中李白对永王的态度，就能明白，这诗出自李白之手，是非常有可能的。

你看李白眼中东巡的永王：水军阵势森严，战鼓声如雷鸣，旌旗如云翻浪卷，军纪严明，所过之处秋毫无犯。而那满船虎虎有生气的勇武之士，征帆一一牵引的是白马龙驹。永王率领其部队顺江而下，乘风破浪，海动山倾，直如晋武帝大举伐吴时派遣龙骧将军浮江而下……

一支如此富有战斗力的部队，又拥有如此年轻英明的首领，何愁不能早日扫净胡尘，直奔长安朝拜天子。难怪李白在组诗的最后一首中如此写道：

> 试借君王玉马鞭，指挥戎虏坐琼筵。
>
> 南风一扫胡尘静，西入长安到日边。

在随永王东巡的途中，李白重返长安的梦想再度燃烧。一路上，他"诗因鼓吹发，酒为剑歌雄"（《在水军宴韦司马楼船观妓》），为

永王大唱赞歌。却不知远在北方的肃宗，已在江南对永王布下天罗地网。

至德二载（757）二月十日，永王水军抵达润州（今江苏镇江）。

吴郡采访使李希言大抵早闻肃宗旨意，以"平牒抗威"，直书李璘之名，诘问东下之意。永王哪能受得了部下如此无礼的申斥和蔑视，竟在润州大动刀兵，大败吴郡采访使，又杀了丹徒太守阎敬之。

永王此举，令江左大骇，也坐实了他"谋逆"罪名。肃宗以璘不受命，派中官啖廷瑶、段乔福招讨之。另一路，高适和来瑱亦引兵前来。唐玄宗在震痛之际，急下诰文："降为庶人，徙置房陵。"将永王废为庶民，也是保全这个儿子的唯一途径了。肃宗却不会善罢甘休，他派出的中官啖廷瑶、段乔福率领的大军，已高举招讨"叛逆"的大旗，出现在润州对岸。

那是一场毫无悬念的对决，永王对形势判断不明，其部下更是六神无主，他们原本是出讨叛军的英勇之师，转瞬间就成了被征讨的对象。如此情形之下，很多人无心与朝廷对抗，战争还未开始就纷纷倒戈，永王部队分崩离析。

《新唐书·永王传》载："广琛知事不集，谓诸将曰：'与公等从王，岂欲反耶？上皇播迁，道路不通，而诸子无贤于王者。如总江淮锐兵，长驱雍洛，大功可成。今乃不然，使吾等名絓叛逆，如后世何？'众许诺，遂割臂盟。于是，惟明奔江宁，冯季康奔白沙，广琛以兵六千奔广陵。"

众将风流云散，永王见大势已去，也只得率子女亲信仓皇南奔晋陵。最后，永王身边只余五骑，奔鄱阳湖，鄱阳司马闭城拒之。李璘大怒，焚烧城门硬闯进去，取库里兵器，夺取余干，又继续南下，欲逃往岭南，结果在大庾岭中箭被捕，被江西采访使皇甫侁杀死。

据《新唐书》本传载，李璘死后，皇甫侁护送其妻子至蜀，已为上皇的玄宗看到儿子家人，伤悼良久。肃宗则表现得相当大度，以少所抚养，不宣其罪。对于皇甫侁，则谓左右道："皇甫侁执吾弟，不送之蜀而擅杀之，何邪？"由是不复用。肃宗在这场剿灭永王的战争中，始终保持着他的仁义与敦厚形象。

李白入永王幕，只有40余天，就遇上了这样兄弟相残的战乱。他内心的惶恐与悲愤可想而知。永王军崩溃之际，李白随乱军出逃，自丹阳郡京口（今属江苏镇江）溯江奔亡……

57岁的老人，仓皇南逃之时，哪里会想到，一场更大的灾难已在前面的路口等着他……

身陷囹圄

至德二载（757）二月，永王兵败被杀，李白在乱军之中仓皇南逃，至彭泽被捕，以"附逆作乱"的罪名被投入浔阳监狱。

一生以鲲鹏自比的李白，最终落得个身陷囹圄的下场。这样的结果显然是他无法接受的。他不过以谋士的身份被邀请入幕，入幕也不过40余天。初入狱中的李白，精神状态极度不好。他不停地号呼咆哮，一度产生严重的幻觉，双手开始不太受使唤，抖动个不停。尽管如此，他还是要不停地书写，写申诉状。

大难来临，谁可相依。或许只有远在庐山的妻子宗氏吧。无法想象，这个弱女子在听到消息之后的悲痛心情，她一定会替自己申冤的。可她要翻越吴章岭而来，那高耸入云崎岖盘结的山道，哪是她这样的娇弱女子所能走的……

李白甚至想象到日后夫妻重逢时，妻子那悲悲啼啼的样子。现在，他说不清自己是后悔内疚、心痛自责，还是绝望。在狱中，他提

李白传

笔为妻子宗氏写下《在浔阳非所寄内》：

> 闻难知恸哭，行啼入府中。
>
> 多君同蔡琰，流泪请曹公。
>
> 知登吴章岭，昔与死无分。
>
> 崎岖行石道，外折入青云。
>
> 相见若悲叹，哀声那可闻？

诗写得悲痛而又充满深情，宗氏乃冰雪聪明又明礼知义的女子，她怎能读不出丈夫其中的深意？怜惜之中更是一份嘱托啊。

宗氏很快就在浔阳狱中见到了李白，夫妻俩抱头痛哭。为了安抚李白，宗氏特意给他带了些书来。司马迁的《史记》是其中最重要的一部，李白打开它，狂躁不安的情绪渐渐平复下来。

是年三月下旬，一名叫张孟熊的男人出现在羁押李白的浔阳监狱里。他是李白的忠实粉丝，听到李白入狱的消息后，特意前来探望，也有意伸手相助。不久之后他就要前往扬州，参加高适的军队。季广琛曾是永王的得力部下，永王兵败时他率六千军队奔广陵投奔了高适，现在在高适手下做事。连他这样原本应该处死的人都能得到高适的原谅，何况高适还是李白昔日的好友呢？

张孟熊带来的这些消息，让李白既震惊又欢喜莫名。他觉得自己的机会来了。急急铺纸研墨，提笔写下一首《送张秀才谒高中丞》，以诗代简，向老朋友求助。

诗前小序，可略知李白写此诗时的心情：余时系浔阳狱中，正读《留侯传》。秀才张孟熊，蕴灭胡之策，将之广陵谒高中丞。余喜子房之风，感激于斯人，因作是诗送之。

这首诗中，李白谈古论今，先谈对古时张良的推崇，再写今对高适的赞誉：

> 胡月入紫微，三光乱天文。
>
> 高公镇淮海，谈笑却妖氛。
>
> 采尔幕中画，戡难光殊勋。

　　叛逆安禄山惊扰皇上，三色逆光扰乱了天文星象，高适公您镇守淮海，谈笑之间就扫除了永王的妖氛。皇上采纳您的谋略策划而很快克除大难，您真是功勋卓著啊。

　　墨意淋淋，李白提笔在纸上写着这样的诗句时，是否会有无奈与不安掠过心头？不久之前还被他称为"帝子""贤王"的永王，一转眼就成了妖王，妖王搅动妖氛。而面对昔日同饮同歌的文朋诗友，他也再无当年的洒脱。当年，梁园相聚时，他的名气比高适大得多。现在，他连求助也不敢写得太直白，只说："我无燕霜感，玉石俱烧焚。但洒一行泪，临歧竟何云。"

　　我倒并无冤屈的感觉，玉石俱焚也是常常发生的事情。现在我有什么要表达的呢？也许泪水的流淌能说明这一切。

　　李白的泪水，说明了一切，却不能对现实有任何改变。高适收到了李白的求助信，但一直保持沉默。大约一个月后，张孟熊寄了一首诗，算是对此事的一个回复："恨君不是季广琛，无权无势更无兵。一介布衣等尘土，管仲难救鲍叔卿。"

　　不难想象，这样一首诗抵达李白手上，会给他带来怎样的震惊与伤心。老朋友指望不上，只有靠自己了。他在狱中不停地写申诉状，申诉自己的清白无辜，也写了很多求救诗，这些申诉状和求救诗由妻子宗氏带出去，再送至那些有权有势者或李白昔日好友的手中。

　　为了救丈夫出狱，宗氏不停地在各高官门前奔走，家中银钱全用

李白传

光了。

高适的沉默，没有让宗氏放弃，她亲自去找高适，求他。高适并没有直接接见她。

高适此举，在他身后留下了不好的名声，言他待朋友冷酷无情。可此后几年，高适在蜀中为官，杜甫流落成都，他帮杜甫时实心实意，送米送面送吃送穿，给困窘中的杜甫带来不少温暖。

也许不是无情，是无奈吧。政治选择不同，高适和杜甫都是无条件地支持肃宗，李白却站到了他们的对面。

李白曾写诗给旧时相识魏少游。魏少游现在肃宗朝中任右司郎中。诗中写道：

> 南冠君子，呼天而啼。恋高堂而掩泣，泪血地而成泥。狱户春而不草，独幽怨而沉迷。兄九江兮弟三峡，悲羽化之难齐。穆陵关北愁爱子，豫章天南隔老妻。一门骨肉散百草，遇难不复相提携。
>
> ——《万愤词投魏郎中》

诗中照例对安史之乱给国家和人民带来的灾难进行了描述，这在李白其他的诗中已反复出现过，略过不提。只说他在此诗中对自己一片忠心为国却身陷囹圄的悲愤之意。兄在九江，弟在三峡，爱子在穆陵关北，老妻在豫章天南，他自己在狱中，真是呼天天不应，叫地地不灵。

也许正是这种强烈的悲愤之情，让李白在狱中不可遏制地爆发，对现实社会的强烈不满，如洪流一般冲出他的胸膛：拔出桂树栽上荆棘，关上鸾凤去宠山鸡。当年舜禅位予禹，伯成子高便回家去种地。世风日哀，我该到何处去栖息？喜欢我的人对我体恤，不喜欢我的人又如何忍心乘危落井下石……悠悠苍天啊，您居高临下，要是能听到我的申诉，那就赶快把我救出牢狱吧。如果能够识辨美玉，魏郎中啊请你将我这美玉收藏。

魏郎中有无帮助到李白，无考，但李白这些呼号声最终还是起了作用。当然，妻子宗氏功不可没。至德二载（757）秋，在友人的帮助下，李白终于走出浔阳监狱。在这个过程中最终起决定作用的是江南宣慰使崔涣及御史中丞宋若思，李白曾写诗相赠表示感谢，诗题很长，也很明了：《中丞宋公以吴兵三千赴河南，军次浔阳，脱余之囚，参谋幕府，因赠之》。从此诗题中可知，宋若思当时率吴兵三千赴河南，刚好路过浔阳，他不仅助李白脱牢狱之灾，还邀请李白加入其幕府，掌文书事务。

连旧友高适都远远躲着李白，选择作壁上观，宋若思却如此不计后果，不遗余力地出手相救。这也许源自他的父亲宋之悌。多年前在江夏，李白遇上被贬至蛮荒之地的宋之悌，曾设宴赋诗深情相送：平生不下泪，于此泣无穷。

李白待朋友真诚简单，不期这样的真诚与简单，在多年后救他出水火。

出狱之后的李白，暂时寄身宋若思麾下。大难不死，绝处逢生，让李白那颗用世之心又死灰复燃，他借宋若思之口，写了一篇向朝廷推荐自己的文章，题为《为宋中丞自荐表》：

> 臣某闻，天地闭而贤人隐。云雷屯而君子用。臣伏见前翰林供奉李白，年五十有七。天宝初，五府交辟，不求闻达，亦由子真谷口，名动京师。上皇闻而悦之，召入禁掖。既润色于鸿业，或间草于王言，雍容揄扬，特见褒赏。为贱臣诈诡，遂放归山。闲居制作，言盈数万。属逆胡暴乱，避地庐山，遇永王东巡胁

行，中道奔走，却至彭泽。具已陈首。前后经宣慰大使崔涣及臣
推覆清雪，寻经奏闻。

臣闻古之诸侯进贤受上赏，蔽贤受明戮。若三适称美，必九
锡先荣，垂之典谟，永以为训。臣所管李白，实审无辜。怀经济
之才，抗巢、由之节，文可以变风俗，学可以究天人，一命不
沾，四海称屈。伏惟陛下大明广运，至道无偏，收其希世之英，
以为清朝之宝。昔四皓遭高皇而不起，翼惠帝而方来。君臣离
合，亦各有数，岂使此人名扬宇宙，而枯槁当年。传曰：举逸人
而天下归心。伏惟陛下，回太阳之高辉，流覆盆之下照，特请拜
一京官，献可替否，以光朝列，则四海豪俊，引领知归。不胜之
至，敢陈荐以闻。

李白自年轻时代就颇受战国策士之风的影响，论说文也常运用夸
张手法，侃侃而谈。虽然经历了此次生死大劫，他的傲骨傲气却丝毫
不减。在文中，李白历叙自己的志向、才华和经历。"怀经济之才，抗
巢、由之节，文可以变风俗，学可以究天人。"看似言过其实，也是纵
横家文章常用的手法。

然而，这样一份情辞并茂的自荐表，并没有换来李白想要的结
果。朝廷的消息迟迟未至，他在宋若思的幕府中又开始不安焦躁起
来……

流放夜郎

至德二载（757）九月，李白患病，又等不到朝廷消息，就离开宋
若思幕前往宿松养病。

此时，大唐军队拉开了收复长安、洛阳的战线。元帅广平王俶、副元帅郭子仪将朔方等军及回纥、西域之众十五万，发凤翔，取长安，在长安西郊展开激战。乱军大败，一路向东奔逃。被侵占一年多的长安，终于收复。之后，官军乘胜追击，安庆绪败走河北，东京洛阳也相继收复。

十月，肃宗自凤翔返回长安。

十二月初四，玄宗由蜀返长安。

玄宗重返长安的消息传到宿松，李白作《上皇西巡南京歌十首》。关于这组诗的意旨，历来就有争议：一说是颂歌，为唐玄宗还朝而感到欣喜，为国家形势好转而高兴；另一说则以为是用反讽手法，对唐玄宗在战乱中弃国家和人民利益于不顾进行了辛辣讽刺。组诗表面上看好像对玄宗西巡充满赞叹，细品之下，无处不见诗人强烈的愤激之情。烽火遍地，百姓涂炭，身为一国之君的唐玄宗却是"地转锦江成渭水，天回玉垒作长安"，这不是讽刺指责，又是什么？

李白在为国忧为民愁，吟诗作文讽刺逃跑帝王，不知道自己的命运早已被手握皇权的肃宗决定。他入永王幕府事，并没有因为宋若思救他出浔阳监狱而结束。秋后算总账，长安收复，玄宗、肃宗相继回长安，才开始一一收拾战乱中那些捣乱分子和投机分子。对大唐不忠的变节者，不管是心甘情愿还是被迫出任安禄山的伪官，一一定罪，罪大恶极者杀，轻者关押或者流放。李白因参加永王幕，被定为"附逆罪"，罪名不浅，论罪当判死刑，李白被重新投入浔阳监狱，幸好最后时刻有人出手相救，罪降一等，这才由死刑改为长流夜郎。

是谁在那个关键时刻出手救了李白，后世成谜。有人说是郭子仪。时任左仆射兼天下兵马副元帅的郭子仪，爱惜李白之才，也只有他有那样的影响力吧。宋若思等人恐怕那时想救也是有心无力。

李白传

乾元元年（758）二月，李白被判处"加役刑"，流放夜郎。夜郎地处西南，偏远蛮荒，几千里长途跋山涉水，凶险重重，莫说是李白那样一位体弱力衰的华发老人，就是年轻力壮的小伙子，也肯定是凶多吉少。但李白知道，那已经是朝廷对他最大的恩赐了。

三月，李白自浔阳出发，前往夜郎。浔阳群官在永华寺设宴为李白送行。

> 朝别凌烟楼，暝投永华寺。
>
> 贤豪满行舟，宾散予独醉。
>
> 愿结九江流，添成万行泪。
>
> 写意寄庐岳，何当来此地。
>
> 天命有所悬，安得苦愁思。
>
> ——《流夜郎，永华寺寄浔阳群官》

送别宴上，一向飘逸豪放的李白再也笑不出来。举杯痛饮，和着流不尽的眼泪和愁苦。

妻子宗氏和其弟宗璟亦来为他送行。他们一直陪伴李白往南走了30多公里，到浔阳江，李白上船，将沿长江向上游航行。

离别在即，面对亲人眼中不舍的泪水，李白更是心痛如割，他留诗妻弟，几等同于永别：

> 君家全盛日，台鼎何陆离。
>
> 斩鳌翼娲皇，炼石补天维。
>
> 一回日月顾，三入凤凰池。
>
> 失势青门傍，种瓜复几时。
>
> 犹会众宾客，三千光路歧。

皇恩雪愤懑，松柏含荣滋。

我非东床人，令姊丞齐眉。

浪迹未出世，空名动京师。

适遭云罗解，翻谪夜郎悲。

拙妻莫邪剑，及此二龙随。

惭君湍波苦，千里远从之。

白帝晓猿断，黄牛过客迟。

遥瞻明月峡，西去益相思。

——《窜夜郎，于乌江留别宗十六璟》

乌江，即为当时的浔阳江。

这首诗，是李白踏上流放途程前的一曲含冤负屈、感慨伤怀的悲歌。诗中有对妻子及妻弟的感谢，更有对君王刻薄寡恩的无情揭露与讽刺。

因为有妻子宗氏的打点，一路上，差人对李白还算比较客气。依大唐律，他们只要在一年内到达夜郎即可，特殊情况下还可以延期。如此一来，李白可以按自己的计划，一路走一路停。沿途很多故交旧友，听说李白经过，纷纷设宴为李白饯行。

辛判官是李白当年在翰林院认识的朋友，一别多年，不期竟在李白流放途中相遇。辛判官设宴热情招待，李白却是不胜唏嘘。

昔在长安醉花柳，五侯七贵同杯酒。

气岸遥凌豪士前，风流肯落他人后。

夫子红颜我少年，章台走马着金鞭。

文章献纳麒麟殿，歌舞淹留玳瑁筵。

与君自谓长如此，宁知草动风尘起。

　　函谷忽惊胡马来，秦宫桃李向明开。

　　我愁远谪夜郎去，何日金鸡放赦回。

——《流夜郎赠辛判官》

　　往昔岁月，何其繁华荣光，眼下的光景，又是何等凄凉。人在流放途中，心却依旧恋着长安。何时回，何时回啊。

　　在前往夜郎的途中，李白似乎一直没有放弃等待，等待天子的赦还之令抵达。就在前一年的十二月十五日，朝廷为庆祝玄宗回长安，"赐民酺五日"——全城饮酒作乐五天。消息传到南方时，李白已在流放的路上。虽然不能亲自参加那盛大的庆祝活动，李白还是为之兴奋：

　　北阙圣人歌太康，南冠君子窜遐荒。

　　汉酺闻奏钧天乐，愿得风吹到夜郎。

——《流夜郎闻酺不预》

　　愿得风吹到夜郎。那股暖风，并没有如愿出现。李白还要继续沿着漫漫流放长途，走下去。从浔阳到夜郎，须溯长江西上，过三峡，过巴蜀，再至贵州。溯江而行，船行缓慢，加之李白边走边停，上岸与故交旧侣把酒相见，这年五月，李白才行至江夏。

　　于江夏弃舟登岸，故地重游，说不出是悲还是喜。登黄鹤楼，望鹦鹉洲，景如旧，人非昨。这座江畔小城，在李白的心上留下太多美好的记忆。当年他曾与风流才子孟浩然同游共醉，也曾在这里泪洒长江送别宋之悌。而今，与他们早已是天人永隔。李邕李北海，其故居亦在江夏，李白一路打听着前往，才发现曾经门庭若市的庭院，早已挂上了"静修寺"的匾额。寺庙的香火并不旺盛，寥落无人，荒草满院，香堂也已四处积灰。

盛极必衰，人生无常。谁又躲得过这样凄凉的结局？

也许因着对这座江畔小城的特殊感情，李白在江夏停留的时间较长，一直待了两个多月。那两个多月里，自然会有江夏的一些朋友不时设宴款待。

史郎中钦与李白同登黄鹤楼，不期楼上哪个角落里，竟然飞来悠悠玉笛声，是李白极为熟悉的《梅花落》。人在迁途，忽闻此曲，别有一番凄凉滋味。李白遂作《与史郎中钦听黄鹤楼上吹笛》：

> 一为迁客去长沙，西望长安不见家。
> 黄鹤楼中吹玉笛，江城五月落梅花。

西汉贾谊，因指责时政，受奸臣谗毁，贬官长沙，自己满腔报国志却落得流落蛮荒，二人境地何其相似。多少悲愤意，多少思乡情，都被那悠悠飘来的笛声勾起。此诗除表达自己无辜受害的愤懑之情，也有为自己辩白之意。

在江夏，李白还收到张镐托人捎来的赠衣、赠诗。

张镐，字从同，博州聊城（今山东聊城）人，代州司功张知古之子。张镐曾得杨国忠推荐，起家左拾遗。安史之乱爆发后，张镐从山谷徒步扈从唐玄宗逃往蜀郡，后奉命投奔肃宗。至凤翔后，因奏议多有弘益，深得肃宗器重，至德二载（757）五月，授中书侍郎、同平章事，成为宰相。史料载其"居身清廉，不营资产，谦恭下士，善谈论，多识大体"。

就在前一年五六月间，时任左拾遗的杜甫因为房琯罢相一事与肃宗据理力争，惹恼肃宗，肃宗一气之下要治杜甫的罪，是张镐站出来救了杜甫，他对肃宗言道："甫若抵罪，绝言者路。"

李白传

同样的，他也曾想方设法搭救身陷囹圄的李白。浔阳下狱事件之后，在宿松逃难养病的李白曾两次写诗向张镐求救。此时的张镐也因朝内党争而被罢相，授荆州大都督府长史，出镇荆州，他对李白仍然牵挂在心。俗语说千里送鸿毛，礼轻情义重。张镐千里相赠的衣物与诗，对此时的李白来说，是礼亦重情亦重。怎不让他泪水盈眶？他写下《张相公出镇荆州，寻除太子詹事，余时流夜郎，行至江夏，与张公相去千里，公因太府丞王昔使车寄罗衣二事，及五月五日赠余诗，余答以此诗》一诗。

> 张衡殊不乐，应有四愁诗。
>
> 惭君锦绣段，赠我慰相思。
>
> 鸿鹄复矫翼，凤凰忆故池。
>
> 荣乐一如此，商山老紫芝。

诗中有对张镐盛情的真挚感怀，亦对张镐罢相离却京阙凤凰池，发出"荣乐一如此"的感慨。张镐有着"商山四皓"般的贤德人品，故而诗的最后李白又对他发出赞誉。

没有限期，远离了朝廷的是非恩怨，李白的漫漫流放之旅中，虽然心中也有怨愤愁苦，但也不乏与文朋佳侣把酒临风的快乐。如此看来，倒更像是一趟没有归期的长途旅行。

八月，李白在沔州汉阳县与故人尚书郎张谓相遇，二人结伴同游。那次游历，李白为先前寂寥无名的南湖留下"郎官湖"之名，还留下一段诗坛佳话永传后世。在《泛沔州城南郎官湖》一诗的序中，李白记下当时游宴状况：

> 乾元岁秋八月，白迁于夜郎，遇故人尚书郎张谓出使夏口，

沔州牧杜公、汉阳宰王公，觞于江城之南湖，乐天下之再平也。方夜水月如练，清光可掇，张公殊有胜概，四望超然，乃顾白曰："此湖，古来贤豪游者非一，而枉践佳景，寂寥无闻。夫子可为我标之嘉名，以传不朽。"白因举酒酹水，号之曰郎官湖，亦由郑圃之有仆射陂也。席上文士辅翼、岑静以为知言，乃命赋诗纪事，刻石湖侧，将与大别山共相磨灭焉。

郎官湖，今日的武汉莲花湖公园，分东西两湖，中有陆岛相连。每当荷花盛开，红白争艳，清香四溢。当初李白为之命名的"郎官湖"碑石已踪迹难觅，李白的诗与序文却与世长存。

一路走，一路写，在那趟流放途中，李白共留诗20余首。《流夜郎赠辛判官》《寄王汉阳》《留别龚处士》《赠易秀才》《放后遇恩不沾》等诗，既见李白与朋友深情，又能从中读出李白的怨愤悲苦之意。

李白在江夏逗留了两个多月，直到冬天才进入三峡。

船沿江逆流上行，由开阔的江汉平原进入丘陵地带，随着行程的继续，两岸的山峰越来越高，丘陵景观渐成悬崖绝壁。江面变得狭窄，水流也变得湍急。开元十二年（724），李白离开蜀地时曾走过这条水路，但那时是顺水下行，不必像现在这样还要纤夫拉船，船走得极慢。峡州夷陵县有一座黄牛山。盛弘之《荆州记》云：南岸重岭叠起，最外高崖间有石状如人负刀牵牛，人黑牛黄，成就分明。此岩既高，加以江湍迂回，虽途经信宿，犹望见之。行者歌曰："朝发黄牛，暮宿黄牛。三朝三暮，黄牛如故。"到黄牛山附近，几乎已看不到船的移动了……

巫山夹青天，巴水流若兹。
巴水忽可尽，青天无到时。

三朝上黄牛，三暮行太迟。

三朝又三暮，不觉鬓成丝。

——《上三峡》

如此缓慢的上行船，载着李白一行，在三峡中走了几个月。从秋到冬，又从冬至春。春回大地，万物复苏，李白压抑心底的思念也开始疯长，他想起了远在豫章的妻子宗氏，不知她现在怎么样了。

夜郎天外怨离居，明月楼中音信疏。

北雁春归看欲尽，南来不得豫章书。

——《南流夜郎寄内》

送走李白后，宗氏暂居豫章（今江西南昌）。因为在流放途中，居无定所，宗氏就算有信来，却无法抵达李白的手上。故而诗中才有"南来不得豫章书"之句。此诗中不难读出李白内心的悲愤不平之意，还有对妻子的思念与愧疚之情。《古诗十九首》云："同心而离居，忧伤以终老。"李白一生浪迹萍踪，天涯孤旅之时更多，念及妻子的时候极少。流放途中却为妻子流下思念的泪水，亦可知此时李白内心的孤独与凄苦。

乾元二年（759）三月，李白抵达白帝城，他们将从那里弃舟登岸，再由陆路往南前往夜郎。

24岁离家出蜀，59岁华发衰年又重返蜀地。尽管他的老家青莲乡离此地还有千余里，家中父母也均已亡故，但蜀地熟悉的风物人情，还是让他找到了回家的感觉。当耳边响起熟悉的乡音，空气中飘来久违的家乡美食的味道，李白的眼里有了泪意……

从接到流放令到现在，整整15个月了。

乾元二年（759）三月，因关内大旱，肃宗下了一次赦令：天下现禁囚徒，死罪从流，流罪以下一切放免。

几近绝望之时，忽然天降喜讯。李白即刻登舟，迎着初升的朝阳沿江飞速而下。那份激动喜悦的心情，在《早发白帝城》一诗中展现得淋漓尽致。

朝辞白帝彩云间，千里江陵一日还。

两岸猿声啼不住，轻舟已过万重山。

这首诗旋律欢快、语言朗朗上口，吟之诵之，仿佛可见诗人乘一叶扁舟，如离弦之箭，在万里长江的碧波之上放歌而下，一日之间即抵达了江陵。

心轻，身轻，又顺水行舟，天地瞬间变得开阔。什么险滩恶浪都挡不住他的一叶轻舟。

这一年，李白59岁。

最后的飘零

乾元二年（759）初夏时节，李白抵江夏。

江夏是李白极为迷恋的地方，遇赦之后，他又在江夏停留很长一段时间。并以江夏为圆心，足迹遍及潇湘洞庭。

遇赦放还，千里飞舟疾行而下，依常理推断，此时的李白当日夜兼程，回豫章去见妻子家人。但李白在江夏停住了脚步。黄鹤楼，鹦鹉洲，滚滚长江水，他留下来，并不为游山逛水。他在等待，等待朝廷的任命消息，朝廷没有动静，他就主动出击，与城里的高官权贵们

李白传

酬唱不已，期待他们为自己搭梯建桥。

这位剑客诗仙，如今身上少了几分仙气，多了些神经质似的唠叨。他在酒宴上无数次地重复他曾经讲过的那些故事，少年求仙习剑，青年仗剑远游……在他的描述中，现实中的李白渐渐远去，出现在众人面前的是一匹俊美无敌的白马，白马充满力量，奔跑起来疾如闪电。后来，白马老了，行动不再敏捷，它被装上了挽具当役畜，背着沉重的盐包一趟趟往山上运送……

"曾陪时龙跃天衢，羁金络月照皇都。逸气棱棱凌九区，白璧如山谁敢沽。"这分明是曾陪侍天子左右的李翰林。而今的李翰林，却被朝廷无情遗弃了，他只能借一匹马的哭诉，求人引荐关注："严霜五月凋桂枝。伏枥衔冤摧两眉。请君赎献穆天子，犹堪弄影舞瑶池。"

一首《天马歌》叙述的是一匹来自西部的天马的一生，也是李白自己的一生吧。诗写完了，吟诵再三，李白却不知道该把诗送给谁。天下熙熙，天下攘攘，身处日边宫阙的皇上，彼时正为朝廷内外的斗争忙得焦头烂额。安史之乱仍未平息，朝廷内部党争激烈。谁会有心思来注意倾听一位垂老诗人的心声？就连以往很多的追捧者，也开始觉得李白发出的那些慨叹声可笑。

流放夜郎带给李白的，哪里只是那15个月的长途跋涉之苦，还有看不尽的世态炎凉。投出去的求助诗、求助信，皆石沉大海，他早已不是当年在天子面前红到发紫的李翰林。

倒是那个被远贬华州做司功参军的老友杜甫，自顾尚且不暇，听到李白被流放夜郎的消息后，连续几夜梦到李白。他的《梦李白二首》，一片深情令人读之下泪：

其一

死别已吞声，生别常恻恻。

江南瘴疠地，逐客无消息。

故人入我梦，明我常相忆。

恐非平生魂，路远不可测。

魂来枫林青，魂返关塞黑。

君今在罗网，何以有羽翼？

落月满屋梁，犹疑照颜色。

水深波浪阔，无使蛟龙得。

其二

浮云终日行，游子久不至。

三夜频梦君，情亲见君意。

告归常局促，苦道来不易。

江湖多风波，舟楫恐失坠。

出门搔白首，若负平生志。

冠盖满京华，斯人独憔悴。

孰云网恢恢，将老身反累。

千秋万岁名，寂寞身后事。

这两首诗李白是否读到过不得而知，关于李白对此诗的回应更是无从查阅。若是李白能收到此诗，怎不会为老友如此厚意而泪和一首。

李白在江夏一直从初夏待到秋天，一无所获，只得悻悻离开。江夏太守韦良宰路旁设宴，送别李白。李白为其留下了一首长诗《经乱离后，天恩流夜郎，忆旧游书怀赠江夏韦太守良宰》，此诗长度在李白诗集中罕见。

这首诗历来被认为是李白的自传体长诗。诗中再次提到自己年轻

时代求仙学剑、学习霸王之略，又言及当初幽州之行中即已发现安禄山之反意，以及安史之乱爆发后，二京沦丧，二帝避难，战火炽燃等史实。在诗文中自述生平经历，宣扬自己的才华，这在李白其他的投赠诗中也多次出现。此诗中引起后人争议的是他对自己幽州之行和加入永王幕的叙述与态度：

> 十月到幽州，戈鋋若罗星。
>
> 君王弃北海，扫地借长鲸。
>
> 呼吸走百川，燕然可摧倾。
>
> 心知不得语，却欲栖蓬瀛。
>
> 弯弧惧天狼，挟矢不敢张。
>
> 揽涕黄金台，呼天哭昭王。

当初李白在何七判官的引荐下，北上幽州，原本是要投奔安禄山幕。此诗中所言，李白却似是一位未卜先知的预言家与军事家，前往幽州，就变成了一次军事考察。难怪有后人评价李白此举，有事后诸葛之嫌。

对加入永王幕府，李白则一口咬定，当初是受永王胁迫才不得不加入："空名适自误，迫胁上楼船。徒赐五百金，弃之若浮烟。辞官不受赏，翻谪夜郎天。"被贬夜郎事，李白说起来也是怨愤满腹。

"君登凤池去，勿弃贾生才。"李白至此都没有放弃重返官场的政治理想，他希望有朝一日手握权柄的韦太守，再助他一臂之力。韦太守一介小小的地方官，又有什么力量能帮他？那一番托付，也只能成空。

这年八月，李白的身影出现在洞庭湖畔。是老朋友裴隐写信邀他月满之日共同泛舟洞庭湖，清酌夜谈。

那是李白流放归来少有的一段较轻松快乐时光。来巴陵后，李白又在此遇上老友李晔和贾至。肃宗登基，玄宗重返长安，父子二人明争暗斗展开皇权争夺战，时为刑部侍郎的李晔和中书舍人贾至成为父子二人争权的牺牲品，均被贬谪南来。

同是天涯沦落人，几人结伴同游洞庭湖，彼此倾诉满腹愤懑，也彼此互相宽慰。

深秋时节的洞庭湖，月高水寒，波光如镜。一船醉客，"且就洞庭赊月色，将船买酒白云边"，他们在月下载歌载舞，彻夜狂欢。都是不得志的人，唯狂歌痛饮方能挥散一点心头郁闷。

在此行中，李白留有《巴陵赠贾舍人》《陪侍郎叔游洞庭，醉后三首》《陪族叔刑部侍郎晔及中书贾舍人至游洞庭五首》等数首佳作。

李白原本打算前往巴陵与老友畅游洞庭湖，之后再返江夏的。不料这年八月遭遇地方战乱，直到十二月才平息。战乱阻断归途，李白只能在巴陵继续待下去。

在巴陵滞留期间，李白还曾前往零陵。零陵，今湖南永州。有贾至《洞庭送李十二赴零陵》一诗为证。在零陵，李白特意前往访书法家怀素。

怀素，零陵人，曾在芭蕉叶上练字，将废笔埋成"笔冢"，兴起之时，会在人的衣衫上狂写一通。两位狂人，一书一诗，又皆嗜酒。狂饮之后，怀素执笔，如骤雨旋风，龙腾虎跃，奔蛇走马，飞动自然，随之万变的瘦劲笔法，看得旁人惊呼连连。

李白以《草书歌行》记之："少年上人号怀素，草书天下称独步。墨池飞出北溟鱼，笔锋杀尽中山兔……飘风骤雨惊飒飒，落花飞雪何茫茫。起来向壁不停手，一行数字大如斗。恍恍如闻神鬼惊，时时只见龙蛇走。左盘右蹙如惊电，状同楚汉相攻战。"

诗仙之诗，草圣之书，珠联璧合。有人曾疑此诗为伪作，可世间哪位高手，能模仿出这样的手笔来？

李白传

乾元三年（760）闰四月，肃宗改元为上元，这一年为上元元年。

从李白年表来看，这年早春时节，李白已重返江夏。

冬去春来，此时距离李白被赦还已过去了近一年的时间。鹦鹉洲的草树又换了新颜，春风和暖云烟缭绕，送来浓郁的兰香。江两岸的桃花正在盛开，映照得江面绚丽如锦。李白再一次登上鹦鹉洲，极目远眺，眼前融融春景带给他的却只有无边的愁。

这个小小的江中沙洲，因祢衡曾作《鹦鹉赋》于此而得名。昔年黄祖长子黄射在此沙洲上大宴宾客，有人向其献上一只俏丽的鹦鹉，黄射让祢衡为之作赋以娱宾客，祢衡提笔，文不加点，一气呵成，写成一篇辞采华丽的《鹦鹉赋》。如此才气纵横的才子，最终却因其狂傲不羁而为黄祖所杀。祢衡死后，即葬于此处，后人遂称这个沙洲为鹦鹉洲。

每次登临鹦鹉洲，李白都会怀想起远去的祢衡。为之吟咏凭吊，为之愤愤鸣不平。

"迁客此时徒极目，长洲孤月向谁明。"（《鹦鹉洲》）这个春天里，李白漫步于鹦鹉洲上，心中悲愤之意更添一层。白头老迁客，前路何茫然。他自己的命运，又何曾比祢衡更好一些？

李白重返江夏逗留的日子里，又意外遇到了长安故人，时任南陵县令的韦冰。

劫后余生，又骤逢故人，惊喜之余，犹恐是梦。筵席上玉箫金管齐鸣，李白苦涩的心情无法用任何语言来表述了。唯有饮酒。一杯一杯复一杯，醉了。醉眼蒙眬中，往昔的岁月又云烟一样飘荡而来：那时他骑着天子赐予的大宛马，气宇轩昂地行走在长安大道上，多少王侯巨公都向他俯首媚笑。而今，骑一匹劣马步履艰难奔走在侯门，受到的只有嘲弄与奚落。

谁之错？谁之过？

李白满腔的悲愤终于火山岩涌一般爆发了："我且为君捶碎黄鹤楼，君亦为吾倒却鹦鹉洲，赤壁争雄如梦里，且采歌舞宽离忧。"（《江夏赠韦南陵冰》）

这份歇斯底里的呐喊，写满了流浪至今的李白的痛与悲。

暮年悲歌

在江夏一带游荡了一年多时间，求荐诗求助信发出了一大摞，结局依然让人失望。失望多了，倒坦然了。不如再赴庐山，赏山河美景，寻仙访道去也。

上元元年（760）秋，李白离开江夏，返回豫章。途中，他又顺道上了一趟庐山。《庐山遥寄卢侍御虚舟》一诗，即为此时所写。

> 我本楚狂人，凤歌笑孔丘。
>
> 手持绿玉杖，朝别黄鹤楼。
>
> 五岳寻仙不辞远，一生好入名山游。

放下心头所有的希望与失望，李白的步履不再那么犹豫沉重。这一年，他已经60岁，再没有了年轻时的大步流星。

"我本楚狂人，凤歌笑孔丘"（又作"哭孔丘"）一句，常被后世读者误解，言李白有轻视孔圣人之意。其实，这一句，李白是引用了一个历史典故：楚人陆通，重修身养性，躬耕以为食。楚昭王时，朝政黑暗，陆通乃佯狂不仕，时人谓之楚狂。当时孔子周游列国入楚，陆通对孔子曰："凤兮凤兮，何如德之衰也。来世不可待，往世不可追也。"孔子下车欲与之交谈，陆通却飘然远去。楚王闻其贤，花重金请

李白传

他出山做官，陆通笑而不应，随后改名易姓，隐于峨眉山，如闲云野鹤般长寿而终。

李白以陆通自喻，表明自己归隐之志。

庐山秀景，不止一次落入李白的诗。好友卢虚舟曾写有《通塘曲》夸赞庐山之美，李白曾和《和卢侍御通塘曲》曰："君夸通塘好，通塘胜耶溪。通塘在何处？远在寻阳西。"

此次再登庐山，李白看得细致，也看得深情。秋日的庐山，秀美不同寻常，九叠云屏像锦绣云霞铺张，湖光山影相互映照，泛着黛青色的光，金阙岩前双峰耸立直入云天，三叠泉如银河倒挂三石梁。香炉峰瀑布，李白前番登临曾为它留下《望庐山瀑布》千古名句，再来看它，重峦叠嶂，翠云红霞，映衬得它愈发壮观……

登高望远，长风猎猎掀动诗人的衣角。此时天宽地阔，远处茫茫大江滚滚不息，天上万里黄云彼此追逐变幻，江流波涛洁白如雪山奔淌……面对此情此景，李白诗兴大发，再次高声为庐山歌唱：庐山秀出南斗旁，屏风九叠云锦张，影落明湖青黛光。金阙前开二峰长，银河倒挂三石梁，香炉瀑布遥相望……好为庐山谣，兴因庐山发……

当年谢灵运的足迹早已被青苔掩藏，李白却依然愿追随前人的踪迹，纵逸于青山绿水之间，闲窥石镜以清心，炼丹学道，远离尘世喧嚣而遨游太清："早服还丹无世情，琴心三叠道初成。遥见仙人彩云里，手把芙蓉朝玉京。先期汗漫九垓上，愿接卢敖游太清。"

李白再登庐山，似有摆脱世俗羁绊而入缥缈仙境之意。其实，这种想法，在李白以往很多山水诗、赠人诗中都曾出现，也只能代表他那片刻之所想。下庐山，一旦置身滚滚尘世洪流，李白的思想又发生了变化……

这年岁末，李白抵豫章。

自李白被流放夜郎，同妻子宗氏于乾元二年（759）三月在浔阳江边相别，已过了两年多。如今再回到宗氏当年寄居的地方，已是人去楼空，多方打听寻找，不见佳人影。

宗氏就此退出李白的生命。她去了哪？

有人猜测，李白被流放，生死两茫茫，宗氏看破红尘，遁入空门。也有人猜，宗氏或殁于战乱。总之，此后李白的诗文中，再没有出现过宗氏的影子。

时令已进入冬季，北风呼啸，急景凋年，彼时的大唐朝仍然处在战乱之中。这一年，安史军内部的自相残杀已使他们的军力大不如前，但乱军的残余势力，在中原一带依然猖狂。为了彻底平息战乱，朝廷还要在民间大肆征兵。

连年战争，百姓已是精疲力竭，几乎无丁可征了。地处东南的吴越百姓也不得不送其子弟应征入伍，奔赴前线。

十二月的江南，天寒地冻，呵气成冰。那一日，李白冒着纷纷扬扬的大雪步出家门，在豫章城里随便走走，恰就遇上了新征的士兵正准备出征西上。他们要在上辽津渡水，当时的上辽津渡口，黄云惨淡，大雪漫天，母别子，妻别夫，呼天抢地的哭声连成一片。那凄惨一幕真是让人悲不忍视。那些战马似乎也受到感染，绕着战旗悲鸣不已……

李白早已把寻妻不遇的个人悲伤放下了，那样的乱世里，有多少人正上演着生离死别的悲剧啊。那些未成年的孩子，他们还满脸稚气，哪里曾摸过武器上过战场？但保家卫国也是义不容辞的责任。李白心疼他们的被征，又矛盾地希望他们能在战场上英勇杀敌。

官军们上船了，巨大的楼船像一只只长鲸，在江中乘风破浪，飞驰而去。送行的人群也渐渐四散而去，李白的一曲悲歌从心底直冲而出：

李
白
传

胡风吹代马，北拥鲁阳关。

吴兵照海雪，西讨何时还。

半渡上辽津，黄云惨无颜。

老母与子别，呼天野草间。

白马绕旌旗，悲鸣相追攀。

白杨秋月苦，早落豫章山。

本为休明人，斩虏素不闲。

岂惜战斗死，为君扫凶顽。

精感石没羽，岂云悍险艰。

楼船若鲸飞，波荡落星湾。

此曲不可奏，三军发成斑。

——《豫章行》

这首《豫章行》，是李白诗中名篇。诗借乐府旧题，一方面对出征战士及百姓寄予深切同情，另一方面又鼓励征人顾全大局，支持平叛战争，战场上英勇杀敌。如此矛盾的心情，让这首诗既凄惨沉痛，又慷慨激昂。其震撼人心的艺术力量，堪与杜甫的《兵车行》相媲美。

无论诗人对这些出征将士寄予怎样的厚望，都改变不了大唐江河日下的现实。此时，安史之乱已近尾声，新的战乱却频频发生，内忧外患，大唐王朝已是千疮百孔。

上元二年（761）三月，继安禄山死于儿子刀下之后，史思明也为其子史朝义所杀，史朝义继承帝位；四月，梓州刺史段子璋反，攻陷绵州，自称梁王，高适又率兵平之……

兵火连连，百姓苦不堪言，又遇岁荒，江淮大饥，斗米千钱，百姓无粮可吃，竟然到了人相食的地步。

此时的李白，已是"天涯失乡路，江外老华发"（《江南怀

293

春》）。无家，无亲，衣食不周，饥肠辘辘，李白遂在金陵、宣城等地来回穿梭，靠人周济为生。无非是靠着手中一支笔，还有多年积累的名声，投人所好，写些应酬诗，聊以糊口。

那段日子，李白后在《献从叔当涂宰阳冰》诗中曾有提道："小子别金陵，来时白下亭。群凤怜客鸟，差池相哀鸣。各拔五色毛，意重太山轻。赠向所费广，斗水浇长鲸。弹剑歌《苦寒》，严风起前楹。"

尽管朋友们热情相助，但在那样的饥荒灾年，人人自危，又能帮得了多少？杯水车薪而已。

史朝义弑父称帝之后，贼焰复炽。上元二年（761）五月，李光弼为河南副元帅、太尉兼侍中，都统河南、淮南、荆南、浙江等八道节度使，出镇临淮。李光弼先出兵徐州，败史朝义，随后又赴浙东镇压起事的袁晁。这样振奋人心的消息，再度点燃了李白心中的报国之志。老骥伏枥，壮心不已，他不顾自己的老迈之身，径投李光弼。若不是半道患病只得中止行程而重返金陵，李白也许真就投军了。

从军未果，给李白留下了无限遗憾。在《闻李太尉大举秦兵百万出征东南，懦夫请缨，冀申一割之用，半道病还，留别金陵崔侍御十九韵》一诗中，他写道："天夺壮士心，长吁别吴京。"

参军不成，回金陵不久之后李白就别金陵诸友，去了当涂。天涯倦客，孤老之际总得找个依靠。彼时，李白族叔李阳冰，正在当涂任县令。除县令身份之外，让李阳冰扬名后世的，是他的书法和文学，史称他"善词章，工书法，尤精小篆"。

这位族叔与李白，恐也无什么血缘关系，倒是借着对艺术的挚爱，彼此惺惺相惜。在《献从叔当涂宰阳冰》一诗中，李白对这位"季父"的篆书文字与道德文章大加赞誉，言其"激昂风云气，终协龙虎精""落笔洒篆文，崩云使人惊。吐辞又炳焕，五色罗华星。秀句满江国，高才挼天庭"。

李白传

294

李白所赞，应非虚言。后世对李阳冰的评价也非常高，后人评其篆书："后千年无人，篆止于斯。"言李斯之后，李阳冰篆书为千年第一人。清代王琦评曰："方时颜真卿以书名世，真卿书碑，必得阳冰题其额，欲以擅连璧之美，盖其篆法妙天下如此。"宋代《宣和书谱》中亦称李阳冰为三唐卓越篆书家。宋代著名金石学家赵明诚，女词人李清照的丈夫，对李阳冰的书法也极是崇拜。

李白从金陵前往当涂，当是上元二年（761）冬日。正当严霜铺地、寒风四起之时，李白又病着。白发苍颜，病体支离，好在李阳冰热情收留了他，让这位老诗人在最后的岁月中不至于飘零无依。

从李白所留诗作来看，李白来当涂之后，曾出游历阳郡。历阳（今安徽和县）与当涂隔江相望，此次历阳行，李白留下《醉后赠王历阳》《嘲王历阳不肯饮酒》《对雪醉后赠王历阳》等诗。在《对雪醉后赠王历阳》一诗中，李白对自己流放夜郎之事仍耿耿于怀："有身莫犯飞龙鳞，有手莫辬猛虎须。"转念又自我宽慰："君家有酒我何愁，客多乐酣秉烛游。"

从历阳归当涂，李白的旧病又复发了，大约是这趟出游喝了太多的酒。他早就患有"腐胁疾"，即慢性脓胸穿孔，这种病多与常年饮酒有关。这一次，李白似乎病得特别厉害，连床也下不了，他躺在榻上过了整整一个冬天。李阳冰给他请了医生，医生看后直摇头叹息：哪怕华佗再世，恐也无力回天。

对于这样的宣判，李白似乎已经坦然接受了。现在的他就像一截枯木，蜷缩在被子里，鸡皮鹤发，双目无神。他的脑子偶尔会清醒一下，清醒时他会想到自己的妻、子，如今他们都身在何方？更多时候，他的大脑是混沌错乱的。他一会儿觉得自己已成仙飞升而去，一会儿又觉得自己身堕地狱，正在遭受着油煎火烧般的痛。

窗外的寒风，呼呼地拍击着窗棂儿。狂放一生的诗仙，还能不能看到下一个春天……

大鹏远去

上元二年（761）的整个冬天，李白都缠绵病榻，随时都有离去的危险。李阳冰眼看着李白越来越虚弱，不得不悄悄替他作下一步的打算。

这年年底，李阳冰在当涂的任期已满，他要回京城复命。离任之前，李阳冰派人去找李白的妻子和儿子。没有找到宗氏，但找到了李白的儿子伯禽。伯禽来到当涂，李阳冰又在当地的一家盐场为他谋了一份差事。如此一来，他可以一边挣钱养家，一边照顾父亲了。李阳冰又倾其所能，给了他们一笔钱，还留下了不少他的书法作品。

也许是李阳冰这一系列的暖心举动感动了李白，李白把自己平生最为看重的诗作手稿都交给了他，嘱咐由他整理出版，并为诗集作序。病榻上，李白紧紧握着李阳冰的手，开始了缓慢而悠长的讲述。往昔岁月，点点滴滴，如烟似雾，从遥远的地方飘来：

……神龙之始，逃归于蜀，复指李树而生伯阳。惊姜之夕，长庚入梦，故生而名白，以太白字之……不读非圣之书，耻为郑、卫之作，故其言多似天仙之辞。凡所著称，言多讽兴……天宝中，皇祖下诏，征就金马，降辇步迎，如见绮、皓。以七宝床赐食，御手调羹以饭之……丑正同列，害能成谤，格言不入，帝用疏之。公乃浪迹纵酒，以自昏秽。咏歌之际，屡称东山……天子知其不可留，乃赐金归之……

李
白
传

61年的生命长途，可数可列的大大小小的事实在太多太多。李白只能择其紧要节点处来讲。他的体力与精力已无法支撑他做太漫长的回忆与讲述。这是一部李白小传，将来可作诗集序言，亦可作自己的墓志铭。

李阳冰一字一字地费力倾听、记录着，有时需要反复询问确认才敢下笔。

> 阳冰试弦歌于当涂，心非所好，公遐不弃我，乘扁舟而相顾。临当挂冠，公又疾亟。草稿万卷，手集未修，枕上授简，俾予为序。论《关雎》之义，始愧卜商；明《春秋》之辞，终惭杜预。自中原有事，公避地八年，当时著述，十丧其九，今所存者，皆得之他人焉。时宝应元年十一月乙酉也。

在《草堂集序》一文的最后，李阳冰记录下当时李白枕上授简求自己为其诗集作序之事，那时李白尚在人世。此文最后面世，却是在次年十一月，李白病逝于当涂之后。

李阳冰带着李白的重托和对他的无限牵挂与不舍离开当涂。在李阳冰的眼中，这位老人的才华可谓"千载独步，唯公一人"。他庆幸与李白的相遇，更深感自己肩头责任的重大。他决定要把李白"十丧其九"的著作认真编辑整理出版，以完成老人的心愿，也为后世读者留下一笔宝贵的精神财富。

冬去春来，转眼又是一年春来到。

762年，大唐历史上的宝应元年，这一年，大唐王朝大事连连：

四月，78岁的玄宗和52岁的肃宗相继去世，时间仅隔半个多月。张后与越王系图谋废立，欲除宦官李辅国，反倒为李辅国杀。太子李豫即位，是为代宗，改元宝应。代宗登基，大加封赏，李辅国被封为尚父。

七月，以高适为成都尹出镇蜀地。剑南兵马使徐知道起兵造反，被高适击败。

十月，以雍王李适为天下兵马大元帅，讨伐史朝义，再得洛阳，河北州郡悉平……

这一切，与李白的关系都不大了。即便他还对国事满怀关心，也是有心无力，再也不能对未来期许什么了。眼下的李白，只贪婪地享受着那个春天的一切。父子重逢之喜，儿子的精心照顾，都给李白带来了安慰。他挨过了那个寒冷的冬天，春天来临时，他的身体竟然一天天好转起来。

他又可以慢慢走动了，到后来可以在儿子的搀扶下到院子转一转，再后来，他自己拄着拐杖走出家门。春天如此美好，草木新萌，散发着清芬之气，鸟儿啾鸣，杏花、桃花、梨花次第开放，空气中到处都弥漫着花的香味。李白在那一路的花香鸟鸣中走向大自然的怀抱，也走进邻家小院。邻家老田翁也喜欢这位白头老诗人，一壶酒，三两个简单小菜，边喝边聊。直喝到明月东升才想起回家。慢悠悠踏着月色回家，发现儿子早已翘首等在家门口……

"醉罢弄归月，遥欣稚子迎。"（《游谢氏山亭》）按时间推算，伯禽这年至少也是20多岁的成年人了，在李白的眼中，他仍然是个孩子。

随着李白身体的不断康复强壮，他出游的半径也越来越大了。这年三月，李白又想起了距此地不远的宣城。他又一次启程了。这是他生命中最后一次踏上那片土地。

三月宣城，杜鹃花开得漫山遍野，杜鹃鸟的啼叫声此起彼伏。那一切，带给诗人的不是春之欣喜，却是让人肝肠寸断的悲苦。杜鹃啼血，声声皆是"不如归去"。

不如归去。何处归去。24岁离蜀，大半生天涯漂泊，再也回不去了。无限伤感之中，李白为宣城留下又一首千古名诗《宣城见杜鹃花》：

蜀国曾闻子规啼，宣城还见杜鹃花。

一叫一回肠一断，三春三月忆三巴。

李白知道，这次宣城之行，将是他与这座小城的最后一次相见。那些熟悉的老友，他必须一一前往相见。他去看纪叟，善酿酒的纪叟，早已踏入黄泉，李白只能以诗代哭："纪叟黄泉里，还应酿老春。夜台无晓日，沽酒与何人。"还有蒋征君华，与他也是阴阳两隔了。《哭宣城善酿纪叟》《宣城哭蒋征君华》，李白的诗中，哭声处处。暮年抱病，故地重游，众好友已风流云散。李白歌哭他人，更为自己的凄凉晚景而伤怀。

宝应元年（762）秋天，李白又回到了当涂。重阳之日，与朋友登上当地名胜龙山，举杯同饮，却再无昔日的飘逸之姿。

九日龙山饮，黄花笑逐臣。

醉看风落帽，舞爱月留人。

——《九日龙山饮》

好像连满山的黄花都在嘲笑自己这个放逐之臣。可见李白此时的心境之悲苦。

李白生命的最后一段岁月里，他的身体和精神都近乎被摧毁了。人很虚弱，情绪也反复无常。他时歌时笑，时悲时啼，如此疯疯癫癫中，又写了《笑歌行》和《悲歌行》：

笑矣乎，笑矣乎。宁武子、朱买臣，叩角行歌背负薪。今日逢君君不识，岂得不如佯狂人！

——《笑歌行》

悲来乎，悲来乎！天虽长，地虽久，金玉满堂应不守。富贵百年能几何？死生一度人皆有。孤猿坐啼坟上月，且须一尽杯中酒。

——《悲歌行》

也许正因为这样的语无伦次，反复无常，后世的苏轼、朱谏、沈德潜等人均以为这两首诗是伪作：诗中哪里还有诗仙半点飘逸高远之风。安旗、薛天纬却对此持异议，在《李白年谱》中道："此不察李白作二诗时境况故也。夫李白于病笃之时，以精神失常之人，焉能好整以暇，为飘逸之辞乎？《笑歌行》多反语，《悲歌行》多绝望语，皆至忿至悲至痛之辞也。诗为心声，若无至忿至悲至痛之身世，其何能至此！"

李白最终在当涂去世，当在由宣城归当涂的年末。《临路歌》是他留在这个世界的最后一首绝笔诗：

大鹏飞兮振八裔，中天摧兮力不济。馀风激兮万世，游扶桑兮挂石袂。后人得之传此，仲尼亡兮谁为出涕。

此诗题为《临路歌》，清王琦注《李太白全集》在此诗前按曰："李华《墓志》谓太白赋《临终歌》而卒，恐此诗即是。'路'字盖'终'字之讹。"

李白终生以大鹏自比，这只大鹏拼尽一生的力气展翅奋飞，却于半空遭摧折，余风激荡可以激励万世，却偏偏挂住了李白东游扶桑的

衣袖。多少眷念，多少深沉的惋惜，又有多少欲说不能的悲怆与委屈，都在这一首临终绝笔里了。

一位天才诗人，就这么悄无声息地凋零了，在异乡的寒风冷月中。

因家贫无资，儿子伯禽只能把父亲草草埋葬。

李白的人生传奇并没有因为他的去世而结束。

广德元年（763），朋友魏颢终于兑现了自己对李白的承诺，将李白的诗歌结集出版，题名为《李翰林文集》。书中收录的除李白交付他的一些诗稿之外，还有他自己搜集的一些李白诗。大约同期，李阳冰也出版了李白诗集《草堂集》。这两部诗集构成了今天李白作品的基础内容库，连诗加文总计千余篇。

广德二年（764）一月，一纸朝廷诏书抵达当涂，任命李白为左拾遗，并宣李白即刻进京上任。而此时的李白已经去世一年多了。

李白生前名动大唐，死后也深深地影响着后世诗人。中唐的韩愈、孟郊，稍后的李贺、卢仝，都曾从李白的作品中汲取营养，形成自己的风格。宋代诗人苏轼、陆游、辛弃疾，明代的高启、杨慎，清代的魏源、龚自珍，无不从李白的诗歌作品中受到教益和启迪。李白虽逝，他对后世的影响却不会因时间的推移而泯灭，李白的诗作是中华民族一份珍贵的文化财富。

图书在版编目（CIP）数据

李白传 / 梅寒著. — 杭州：浙江人民出版社，
2023.9
　ISBN 978-7-213-11153-2

　Ⅰ.①李…　Ⅱ.①梅…　Ⅲ.①李白（701-762)-传
记　Ⅳ.①K825.6

　中国国家版本馆CIP数据核字(2023)第138681号

李白传
LIBAI ZHUAN
梅　寒　著

出版发行	浙江人民出版社（杭州市体育场路347号　邮编 310006）
	市场部电话:(0571)85061682　85176516
责任编辑	余慧琴
责任校对	姚建国　马　玉
责任印务	刘彭年
封面设计	琥珀视觉
电脑制版	杭州兴邦电子印务有限公司
印　　刷	浙江新华数码印务有限公司
开　　本	710毫米×1000毫米　　1/16
印　　张	19.5
插　　页	2
字　　数	242千字
版　　次	2023年9月第1版
印　　次	2023年9月第1次印刷
书　　号	ISBN 978-7-213-11153-2
定　　价	68.00元

如发现印装质量问题,影响阅读,请与市场部联系调换。